Roncegno
Lévico Terme
Vetriolo Terme
Cma. Storta
M. Panarotta
Novaledo
Marter
Campregheri
Barco
S. Giuliana
Selva
F. Brenta
Lago Morto
Cma. di Vezzena
ex Forte Spitz Verle
Cma. Manderiolo
Mga. di Porta Manazzo
il Pizzotto
il Camin
Mga. Busa Verle
ex Forte di Forte la Pozzona Busa Verle
Pso. di Vezzena
M. Basson di sopra
Mga. Basson di sotto
Mga. Basson di sopra
M. Cucco
ex Forte di Campo Luserna
Campo di Luserna
Luserna
M. Verena
ex Forte di M. Verena
ex Ricovero Verena
Cma. di Campolongo
M. Agro
M. Erio
Cma. Làrici
Val d'Assa
Dosso di Sotto
Bosco Val d'Anime
Valle Giuliana
Valle Postesina
Pedemonte
Scalzeri
Casotto
Brancafora
C. della Stanga
Sasso Alto
Vézzena
349
47

LUIS TRENKER

Sperrfort
ROCCA ALTA
Der heroische Kampf um das Panzerwerk Verle

Meine Zeit 1914–1918

Mit 28 Abbildungen

VERLAG J. BERG · MÜNCHEN

Bildnachweis:
Bildarchiv der Österreichischen Nationalbibliothek: 11 Abb.;
Bildarchiv Luis Trenker: 17 Abb.
Auf dem Vorsatz wurde ein Ausschnitt der
Kompaß-Wanderkarte 1:50000
des Verlages Heinz Fleischmann GmbH & Co.,
Geographischer Verlag, abgebildet.

Schutzumschlag:
Luis Trenker als k. k. Oberleutnant
der Artillerie – 1916

2. Auflage

ISBN 3-7634-0205-5
Gesamtherstellung: Mohndruck Reinhard Mohn GmbH, Gütersloh
Printed in Germany

Zum Geleit

Aus dem sommerlichen Frieden der Heimat riß mich im August des Jahres 1914 der Erste Weltkrieg in den wilden Taumel des russischen Kriegsschauplatzes. Von dort wurde ich einige Monate später nach dem Süden Tirols auf das Panzerwerk Verle abkommandiert.

In Voraussicht der zweideutigen Haltung des an den Dreibundvertrag mit Deutschland und Österreich verbundenen Italien hatte der österreichische Generalstabschef Conrad von Hötzendorf im zähen Kampf gegen das Parlament die Errichtung von sieben, für die damalige Zeit hervorragend ausgerüsteten Sperrforts auf der Hochebene von Lavarone-Folgaria südöstlich der Festung Trient durchgesetzt. Diese Panzerwerke hatten die Aufgabe, bei einem eventuellen Eintritt Italiens in den Krieg gegen Österreich den Angreifer abzuwehren. Während die alpenländischen Soldaten an der russischen Front der Reihe nach verbluteten, war die von Verteidigern entblößte südliche Grenze Österreichs tödlich bedroht, die Monarchie in schwerster Bedrängnis.

Trotz der Warnungen bedachter italienischer Minister, welche die kaum vertretbaren Ansprüche Italiens gegen das konzessionsbereite Österreich ablehnten, wurde der italienische Botschafter in Wien beauftragt, zugleich mit der Kündigung des seit 1882 bestehenden

Bündnisses dem österreichischen Außenminister am 24. Mai 1915 die Kriegserklärung zu überreichen.

Die Entente Kordiale war damit ihrem Ziel, die Donaumonarchie zu zerschlagen und das Haus Habsburg zu entthronen, einen bedeutenden Schritt näher gekommen. Um seine Existenz zu sichern, war nun Österreich gezwungen, innerhalb kürzester Frist und mit unzureichenden Mitteln eine zweite Front zu errichten, die 450 Kilometer weit vom Stilfserjoch über die Ortler- und Adamellogruppe, Rovereto und die Dolomiten bis zum Isonzo reichte.

Im Rahmen jener kriegerischen Ereignisse bringt der vorliegende Tatsachenbericht einen begrenzten Ausschnitt der Erlebnisse einer kleinen Schar von Männern, die in höchster Not, teilweise nur auf sich selbst gestellt, die schweren Durchbruchsversuche der italienischen Divisionen auf den Hochebenen der sieben Gemeinden mitaufzufangen hatte.

Wenn ich das dramatische Ringen um das Panzerwerk Verle/Rocca Alta, zu dessen Verteidigern ich von 1915 bis 1917 gehörte, schildere, so geschieht dies weder aus politischen Motiven noch um in irgendeiner Weise den Wahnsinn des von 1915 bis 1918 dauernden Krieges zu verharmlosen, sondern um den Besatzungen der Forts, die an der Verteidigung Tirols entscheidenden Anteil hatten, ein bescheidenes Denkmal zu setzen.

In jenen Jahren habe ich erfahren, was Kameradschaft, Treue und Disziplin bedeuten und welch verheerende Folgen das Versagen einzelner haben kann.

Aus naheliegenden Gründen habe ich Namen und Handlungen nach eigenem Ermessen geändert, fortgelassen oder ergänzt, im großen und ganzen jedoch versucht, den Lesern ein getreues Bild jener dramatischen Geschehnisse vor Augen zu führen.

Verle/Rocca Alta ist heute eine Ruine, aus deren Trümmern die Tragik der schicksalhaften Grenze von Sprache und Volkstum zwischen zwei Staaten spricht. Die daraus entstandenen Opfer, Irrtümer und Ungerechtigkeiten, zu denen nicht zuletzt das Friedensdiktat von St. Germain zählt, haben Tirol gegen den Willen seiner Bewohner in zwei Teile zerrissen.

Südtirol ist ein Land, in dem der deutsche Kulturkreis dem romanischen die Hand reicht. Südtirol ist aber auch ein Land, das Schweres erleiden mußte, weil es als Folge der beiden Weltkriege vom gesamtdeutschen Raum getrennt wurde. Nur ein geeintes Europa, auf das wir alle hoffen, kann helfen, diese Wunden zu heilen.

Juni 1977 Luis Trenker

Wenn ich an die Zeit vor dem Ersten Weltkrieg zurückdenke, erscheint sie mir in ein Licht getaucht, wie es die Sonne seither nie wieder gespendet hat. Dieser Glanz ging von einer unbeschwerten Jugend aus, und wir alle, die wir damals um die Zwanzig waren, hatten die feste Überzeugung, daß es immer so bleiben werde.

Doch der Schleier, der seit dem Sommer 1914 über der Welt lag, rollte rasch nieder, in wenigen Stunden. Ein jäher Sturz in den Abgrund, und alles hatte sich verändert. Aus der unbeschwerten Jugend war bittere Ungewißheit geworden, aus der Heimat eine brennende Wunde, aus dem Leben ein Fragezeichen. Das große Völkerringen begann, und es dauerte vier Jahre. Als es vorüber war, hieß es, daß wieder Friede sei.

Ein gütiges Geschick wollte es, daß mir der Tod in Polen erspart geblieben ist. Doch viele meiner Kameraden starben diesen Tod, der im Verlauf von kaum drei Monaten Tirols beste Jugend in fremder, ferner Erde begrub.

Das Sterben in den galizischen Schlachten hat in den Alpen seltsame Spuren hinterlassen. Da findet man auf den Friedhöfen in Stadt und Land Kreuze aufgereiht, auf denen Namen um Namen verzeichnet sind. Unter den Hügeln aber schläft niemand. Wo die Toten ruhen, denen fromme Hände ein Denkmal setzten, weiß keiner.

Bei Rawa-Ruska vielleicht, am San, in den Karpaten . . . Die Welt war ja so groß geworden!

Es mag wohl sein, daß mich damals manch einer beneidet hat um den Zufall, der mich vor dem galizischen Sand bewahrte, und doch gab es Stunden, Tage, Wochen, in denen mir das Schicksal meiner Kameraden fast gütig erschienen ist. Der Soldatentod kann einen hinterrücks niederreißen, er kann seinen Opfern Martern ohnegleichen auferlegen, doch nicht weniger qualvoll ist es, in ein Betonverließ verbannt zu sein, dessen Tore nur mehr ein Wunder öffnen kann.

Das war das Schicksal all jener, die in den Befestigungsanlagen dem pausenlosen Einsatz schwerster technischer Kampfmittel ausgesetzt waren. Einerlei, wo sie standen, hüben oder drüben: Diese Männer mußten Woche um Woche, Monat um Monat ausharren in den düsteren, feuchten Kasematten zwischen Beton und Eisen, Panzerkuppeln und zertrümmerten Wänden in engster Nachbarschaft mit dem Tode.

Da wurden Tag und Nacht zu einer endlosen Kette aneinandergereihter Stunden, die der schwache Lichtschein elektrischer Lampen, das Brummen der Ventilatoren und der dröhnende Hammerschlag krepierender Geschosse erfüllte. Da hockte das Verhängnis in jedem Winkel, und sein Atemhauch verfolgte die Eingeschlossenen in Schlaf und Wachen. Sie waren einem kaum erträglichen Maß an Nervenanspannung ausgesetzt und vegetierten schließlich wie Gefangene in dem immer enger werdenden Bau, den sie nicht verlassen durften.

Sperrforts sind Kampfstätten eigener Art, eine enge Welt, die den Kämpfer auf eine besondere Weise formt: Er wird zäh, verschlossen und verbittert, aber trotz allem zu jedem Opfer bereit – ein Bestandteil der Festung, in die man ihn verbannt hat.

Ich habe unter solchen Männern gelebt, und wenn ich von ihrem Leben und Sterben erzähle, so geschieht es um ihretwillen, denn es war ein hartes und bitteres Schicksal, das ihnen die Vorsehung zugedacht hatte.

Gegen Ende Juli ist in den Bergen Hochbetrieb. Wo immer Männer zusammenkommen, sprechen sie von Kletterfahrten, die sie hinter sich gebracht haben, und solchen, die sie noch vollbringen wollen. Jeder kennt jeden. Freundschaften sind rasch geschlossen, und sie halten meist fürs ganze Leben, denn die Liebe zum Berg, Gefahr und drohende Wetter haben sie besiegelt.

Als ich Dr. Delapina die Hand zum Abschied drücke, weiß ich, daß wir Freunde geworden sind und bleiben werden. Wir kennen uns erst seit kurzem, er ist Rechtsanwalt in Mailand und war nur »auf einen Sprung« hier, um sich unsere Berge anzusehen. Ende August will er wiederkommen.

Bei unserer ersten gemeinsamen Klettertour hatte er das Pech, mir am Murfreitturm bei der Querung eines überhängenden Wulstes aus der Wand in das Seil zu stürzen. Es war kaum Zeit, den Atem anzuhalten, so schnell ging alles. Das Leben Dr. Delapinas sowie mein eigenes hingen an jenem denkwürdigen Nachmittag einzig und allein von der Güte einer kinderfaustgroßen Felsnase ab, die den Ruck des freien Sturzes aushalten mußte.

Ein-, zwei-, dreimal pendelte der Körper Delapinas über dem dunklen Abgrund der Sellaschluchten, dann fing er sich an einer vorspringenden Rippe, seine Füße fanden Stand – und erst nach einigen Sekunden atemlosen Wartens rief der Gerettete zu mir herauf:

»Das haben Sie gut gemacht, Sie haben sich ein Andenken von mir verdient . . .« Meine Hände zitterten noch so stark und mein Herz klopfte noch so sehr, daß ich nur etwas von besser aufpassen vor mich hin brummen konnte. Liebevoll streichelte ich den Felszahn, der gehalten hatte. Wer selbst einmal in solcher Lage war, weiß, wie entscheidend und unauslöschlich der Eindruck ist, den ein Erlebnis dieser Art bei den unmittelbar Beteiligten hinterläßt.

Beim Abschied dankt mir Delapina noch einmal für meine Hilfe. Ich lache und meine, daß wir hoffentlich bald wieder gemeinsam klettern würden; dann könne er mir als Andenken eine Tabakspfeife mitbringen.

Ich blicke dem Wagen nach, der Dr. Delapina nach Waidbruck bringt. Ende August, in vier Wochen, also nur eine kurze Spanne Zeit. Daß ich mit Millionen anderer in diesen Sommerwochen des Jahres 1914 längst in einer Gegend sein sollte, von der ich mir nie hätte träumen lassen, ging nicht einmal als blasser Schimmer durch mein Gemüt.

Einige Tage später mache ich mit einem anderen Touristen, einem Dr. Hans Pfeifer aus Wien, die Überschreitung der Fermedatürme. Der Himmel ist klar und die Kletterei ein herrliches Vergnügen. Doch scheint mein Begleiter darüber nicht so glücklich zu sein. Vor dem Einstieg und am Abend, als wir aus den Wänden sind, sagt er, daß dies wohl für lange Zeit seine letzte Tour gewesen sein werde, denn er spüre, daß wir schweren, sehr ernsten Zeiten entgegengingen.

»Die letzte Tour für lange Zeit?« sage ich. »Wie wär's mit morgen?«

»Kann ich nicht.«

»Also übermorgen?«

Er zuckt die Achseln. »Vielleicht. Ich werde Sie verständigen. Muß erst die Zeitungen abwarten.«

Ja, Himmelherrgott, seit wann steht denn in den Zeitungen, ob Dr. Pfeifer eine Bergfahrt unternehmen soll oder nicht?

Auf der Regensburger Hütte treffe ich einen Mann, der mich im Augenblick auf andere, mir weit wichtigere Gedanken bringt: Hans Dülfer. Er ist der beste deutsche Kletterer, den es je gab, er ist mehr als ein Kletterer, er ist ein Künstler im Fels, er vermag das Unmögliche.

Während ich ihm die Hand reiche, ahne ich, was ihn hergeführt hat. Es gibt immer Pläne, die in der Luft liegen, auch wenn sie noch so geheimgehalten werden.

»Dülfer!« sage ich. »Was machen Sie denn hier?« Er lächelt.

»Nichts Besonderes, ich schau nur ein bißchen nach. Aber vielleicht gehen wir mitsammen? Haben Sie Lust?«

»Wohin denn?«

»Das wissen Sie doch schon, Trenker.«

»Also die Furchetta-Nordwand?«

»Selbstverständlich.«

»Und wann?«

»Morgen. Haben Sie gehört? Der Tita Piaz ...«

Ich weiß. Es sprach sich längst herum, daß Tita Piaz die Nordwand durchklettern will, der ist imstande und schnappt uns diese großartige Neutour weg. Hans Dülfer hat eine gute Nase.

Die Furchetta-Nordwand ist noch unbezwungen. Vor einigen Wochen bin ich mit meinem Freund Hans

Pescosta über den Südgrat hinaufgeklettert, um die Möglichkeit einer Durchsteigung zu erkunden. Wir kamen ernüchtert zurück. Wer einmal von oben einen Blick über die Nordwand hinuntergeworfen hat, dem läuft es noch in der Erinnerung kalt über den Rücken. Tausend Meter geht es in die Tiefe, und man sieht nur einen Vorsprung etwa im obersten Zehntel dieses ungeheuren Abfalls. Was darunter ist, ist so steil, daß es durch diese Rippe verdeckt wird. Man müßte wie eine Fliege im Überhang kleben können, um dort durchzukommen.

Und doch! Wenn es Dülfer für möglich hält und wenn er gleich morgen losgehen will, damit ihm Tita Piaz nicht zuvorkommt, dann kann man auch diese Mauer durchklettern. Dibona und Mayer haben es zwar schon im vergangenen Jahr versucht, sie mußten aber nach kaum einem Drittel umkehren; neben dem Können braucht man halt auch ein wenig Glück, und vielleicht haben wir mehr Glück als die beiden.

Dennoch möchte ich ablehnen, weil ich mit Hans Pescosta vereinbart habe, die Durchsteigung der Wand zu versuchen. Mit ihm bin ich auf Gedeih und Verderb verbunden. Sein goldenes Herz, sein Lachen, sein Humor, seine Ruhe in den gefährlichsten Situationen machen ihn zum idealen Bergkameraden und besten Freund. Doch kann ich ihn in diesen entscheidenden Stunden nicht erreichen; er ist seit Tagen in der Rosengartengruppe unterwegs.

Dülfer drängt. Ich spreche mit Hans Pescostas Vater. Der schüttelt skeptisch den Kopf. Alles morsch und brüchig, meint er; tausend Meter Wand, fast senkrecht – zu gefährlich!

»Tita Piaz spekuliert darauf, und wenn ich absage,

findet Dülfer einen anderen, das würde Hans aber ärgern.«

»Nehmen dürft ihr euch die Chance nicht lassen, dann geh halt du für euch beide.«

Also sage ich Dülfer zu, der auch Hans heißt. Noch am selben Abend packen wir unsere Ausrüstung in die Rucksäcke. Außer den zwei 40-Meter-Seilen, einigen Haken, Karabinern, Hammer und Seilschlingen nehmen wir Brot, Speck, Käse und ein paar Äpfel mit.

Um ein Uhr morgens verlassen wir die Regensburger Hütte. Auf dem Weg zur Mittagsscharte erzählt mir Dülfer von seinem Vater, seinem Studium und seinen Klettererfolgen im Wilden Kaiser und den Dolomiten. Wir gehen leicht und rasch, sind beide in allerbester Form. Um sieben Uhr früh stehen wir bereits am Fuß der gewaltigen Felsmauer, steigen ein. Dülfer klettert vor, ich nach. Ein heller weißer Fleck hoch oben, etwa 150 m unter dem Gipfel, weist uns Weg und Ziel. Erst gegen zwei Uhr nachmittags erreichen wir die markante Wandstelle. Auf einer luftigen Rippe, die unsere Nachfolger einmal Dülferkanzel taufen werden, sitzt er und hält, heftig Pfeife rauchend, nach einer weiteren Möglichkeit, die Wand zu bezwingen, Ausschau.

Doch alle Versuche, die brüchige, senkrecht zum Himmel ragende Gipfelwand zu durchsteigen, schlagen fehl. Immer wieder versucht Dülfer das Äußerste. Er will nach links und muß zurück, ich versuche, von ihm so gut wie möglich gesichert, nach rechts durchzukommen, es geht nicht. Wir sehen ein, daß mit dem einzigen Haken, der uns von unserer spärlichen Ausrüstung noch blieb, kein Weiterkommen möglich, die Absturzgefahr zu groß ist. Daß ein furchtbares Unwetter zu kommen droht, übersehen wir lieber, weil uns davor graut. Erst als gegen fünf Uhr der wütende Sturm einen gewaltigen Felsblock vom Gipfelgrat wirft, der wenige Meter neben uns wie ein böses Tier in die grausige Tiefe geschleudert wird, entschließen wir uns umzukehren. Blitz, Donner, Hagel, wütende Windstöße, die uns mehrmals aus dem Stand zu werfen drohen, jagen uns, an den glitschig-eisigen Seilen hängend, in die Tiefe.

Gegen sieben Uhr abends sind wir, völlig durchnäßt und durchfroren, wieder am Einstieg, um ein Uhr nachts treffen wir – nach vierundzwanzig Stunden – bei schuhtiefem Neuschnee in der Regensburger Hütte ein . . . Der alte Pescosta fragt, warum wir auf dem Gipfel kein Lichtzeichen gegeben hätten, will nicht glauben, daß wir im wahrsten Sinne des Wortes »abgeblitzt« sind!

Die ganze Nacht hindurch fällt das grelle Licht der Blitzschläge, das jähe Krachen des Donners in den Schlafraum der Führerbaracke. Der neben mir liegende Vater Pescosta brummt im Halbschlaf: »Dankt dem Herrgott, daß ihr rechtzeitig umgekehrt seid, bei dem Unwetter wäret ihr nie mehr lebend aus der Wand gekommen.«

Am Morgen ist die Tschislesalm zur tiefen Winterlandschaft geworden, die Sonne scheint, vorläufig ist nichts zu machen. Ich begleite Dülfer nach St. Ulrich, winke ihm, als er in die Postkutsche steigt, noch lange nach, ohne zu ahnen, daß wir uns nie wiedersehen werden.

Trotz Dr. Pfeifers düsterer Prophezeiung scheint alles seinen gewohnten Gang zu gehen. Rauch steigt aus den Schornsteinen, die Glocken der Viehherden bimmeln; daß auffallend wenig Fremde zu sehen sind, ist wohl nur auf den jähen Wettersturz zurückzuführen.

Der Stuflesser Johann ruft mir über die Straße her zu, daß ein Ultimatum abgelaufen sei, aber ich habe Hunger, bin müde und erwidere nur »Soso«, was ihn sichtlich verwundert. Doch kurze Zeit später ist mir nicht mehr so privatmenschlich zumute, denn kaum habe ich mein Elternhaus betreten, sagt der Vater: Gegen Serbien wird mobilisiert, und es könne jede Stunde auch mit Rußland losgehen, was eine allgemeine Mobilisierung zur Folge hätte. Er meint, ich solle in St. Ulrich bleiben, denn da ich gemustert sei und nur wegen meines Studiums Erlaubnis habe, später zu dienen, werde ich wahrscheinlich gleich einrücken müssen.

Das mag alles richtig sein, aber ich will es trotzdem nicht glauben. Seit ein paar Jahren wird schon vom Krieg geredet, jeder gestohlene Hammel auf dem Balkan wird zum Feuerzeichen; und doch dreht sich die Erde weiter wie bisher. Im übrigen liegt da ein Zettel von Dr. Pfeifer, er engagiere mich zu einer Tour auf die Clark-Spitze, ich möge morgen am frühen Vormittag auf dem Grödner Joch sein.

Am nächsten Morgen, dem 30. Juli, mache ich mich frühzeitig auf den Weg. Der Tag ist strahlend schön, der Neuschnee auf den Höhen schwindet rasch unter der hochsommerlichen Sonne. Unterwegs kehre ich beim Dosseswirt ein, da fällt mich noch einmal die Drohung an, die alle Herzen und Hirne plötzlich in ihren Bann zu zwingen scheint: Ich finde in der Gaststube einige Zeitungen, in denen der Krieg als eine feststehende, unumstößliche Tatsache behandelt wird. Rußland unterstützt die Haltung Serbiens. Vielleicht ist die allgemeine Mobilmachung schon verkündet, und ich bin Soldat, ohne es zu wissen . . .

Ach, Herrgott, Dr. Pfeifer wartet auf mich. Schnell

trinke ich meinen Kaffee, packe Seil und Rucksack und bin schon auf dem Weg zum Grödner Joch.

Den ganzen Tag über vermeide ich es, durch ein Gespräch mit Dr. Pfeifer an die fatale Situation erinnert zu werden. Auch er spricht kein Wort davon, er scheint heiter und sorglos zu sein. Wir überschreiten die Clark-Spitze, halten da und dort und erfreuen uns an dem so oft bestaunten Wunder der Sellawände. Wie erhaben ist das alles, wie einsam und voller Frieden.

So weit der Blick reicht, kein Mensch, das bedrückt mich. Ein solch herrlicher Tag und nirgends Touristen? Dafür gibt es nur eine Erklärung: Der drohende Krieg hält die Menschen bereits in seinem Bann.

Wenn ich heimkomme, ist sicher schon der Einberufungsbefehl da.

Im Geiste lasse ich die Namen all derer, die gleich mir ins Unbekannte gehen werden, vorüberziehen. Familienväter sind darunter, Männer in der Vollkraft ihres Daseins, junge Burschen wie ich. Kaum ein Haus, ein Hof, von denen nicht einer wird fort müssen. Mein Gott, wie leer und verlassen werden die Dörfer sein, St. Ulrich, St. Christina, Wolkenstein, Plan, Kastelruth, Seis am Schlern – und weiter, weiter, über all die Joche und Gipfel hinweg!

Am Abend kehre ich mit Dr. Pfeifer auf das Grödner-Joch-Hospiz zurück. Vor dem Haus kommt uns die Wirtin entgegen, weinend, verzweifelt, nur von dem Wunsch beseelt, irgendeinem Menschen ihr Leid zu klagen. Ihr Mann habe einrücken müssen, erzählt sie uns, er sei schon fort. Und wenn jetzt die Russen und die Serben . . .

Da muß ich herzlich lachen. Der Franzelin beim Militär! Und gar im wilden Kampf mit Kosaken und Komitadschis! Der brave Franzelin ist schon fast vierzig und rundlich wie ein kleines Weinfaß.

»Nein, nein«, sage ich, »da brauchst keine Angst zu haben! Deinen Franzelin werden sie höchstens in eine Feldbäckerei stecken. Da hat er es immer warm und zu essen genug. Um Weihnachten sind wir alle wieder daheim. Der Franzelin wird dir einen Weihnachtszelten mitbringen und auf seiner Zither den Gästen wieder lustige Schnadahüpfln aufspielen.«

»Glabst wirkli?«

»Aber ganz g'wiß!«

Sie lächelt unter Tränen. Es ist ihr klar, daß der Franzelin nur als Feldbäcker zu verwenden sein wird. Bis Weihnachten will sie schon durchhalten, Gäste werden ohnedies kaum mehr kommen.

Schweigsam und jeder in seine eigenen Gedanken versunken, essen wir unseren Speck, trinken ein Viertel Roten und machen uns auf den Weg. Morgen werden wir mehr wissen.

Seit etlichen Sommern saß in einem der größeren Gasthöfe, die sich alle mit der Zeit »Hotels« nannten, ein Mann, der sich auf das Debattieren verstand. Er hieß Karl Kirsch, war von auswärts und ließ sich von solchen, die es taten, als »Herr Direktor« titulieren. War die Saison vorüber, so streifte der Herr Direktor verschiedene Zwangsläufigkeiten seines »Berufes« ab und erschien häufig in den Wirtsstuben anderer Gasthöfe, wo er dann meist das große Wort führte. Um mich machte er immer einen großen Bogen, denn er wußte, daß mir seine Großmäuligkeit nicht imponierte. Trat ich aber zufällig ein, so verstummte er. Er kam sich ungeheuer fortschrittlich und gebildet vor, warf mit dummen Redensarten nur so um sich, und die Grödner konnten oft hören, daß sie arme Hinterwäldler seien, denen mit der Zeit schon ein Licht aufgehen würde.

Von denen, die so belehrt wurden, hatte nur einer einmal den Mut gehabt, nicht nur mit offenem Mund dazusitzen, sondern dem Herrn Direktor eine auf das Maul zu geben, nämlich der Bergführer und Bildhauergeselle Raffael Delago. Delago und ich hatten gemeinsam die Schulbank gedrückt, wir waren immer gute Freunde gewesen. Was er mit Kirsch gehabt hat, weiß ich nicht recht, wahrscheinlich hat aber auch die Stina Strugger, damals Kellnerin im »Weißen Kreuz«, dabei eine Rolle gespielt. Kurz, Raffael Delago hatte nach einem heftigen Wortwechsel den Herrn Direktor Kirsch hinter dem Wirtshaustisch hervorgeholt und ihn vor die Tür gesetzt. Seitdem gab es bei uns keine »politischen« Debatten mehr.

Wenn ich von diesen Dingen berichte, so hat das seinen guten Grund, denn Karl Kirsch war ein Mensch, der in meinem Gedächtnis förmlich zum Urbild dessen wurde, was vier Jahre später zu unserem Untergang seinen Teil beigetragen hat.

Als ich an diesem letzten Julitag 1914 nach St. Ulrich zurückkomme, finde ich das ganze Dorf aufgestört und verändert. Vor dem Gemeindeamt stehen Männer in Festtagskleidung und lesen immer wieder den Mobilisierungsbefehl und die jüngsten Nachrichten. Von allen Seiten ruft man mir zu, daß wir morgen ausziehen werden. Kinder stehen zwischen den Erwachsenen herum, ohne etwas von der allgemeinen Aufregung zu begreifen. Die Frauen aber sind nicht zu sehen. Sie sind es, die der Krieg am ärgsten trifft; sie packen in den Stuben und Kammern Rucksäcke und Koffer ihrer Männer und weinen heimliche Tränen.

Den amtlichen Befehl daheim brauche ich erst gar nicht zu lesen, wir sprechen auch nicht darüber. Ich sehe meiner Mutter zu, wie sie Wäsche zusammenrichtet, und gäbe etwas darum, wenn mir ein befreiendes Wort einfiele. Doch es bleibt mir nichts, als über Nächstliegendes und Unwichtiges zu sprechen, um nicht plötzlich aus der Rolle des Gefaßten zu fallen und die Mutter mitzureißen. Diese stumme Zwiesprache zwischen Mutter und Sohn, dieses vorsichtige Nicht-am-Innersten-Rühren ist schwer genug.

Als es zu dämmern beginnt, gehe ich nochmals ins Dorf, ohne recht zu wissen, was ich dort suche, und mit dem bangen Gefühl, die letzten Stunden daheim ganz ungerechtfertigt zu verkürzen. Aber ich bin nicht allein. Viele von denen, die morgen fort müssen, treibt es so wie mich auf den Kirchplatz. Wir sind alle ernst und still.

Ich treffe Hans Pescosta und Raffael Delago. Wir gehen lange vor der Kirche auf und ab und sprechen über das, was sein wird. Über dem dunklen Wald am jenseitigen Talhang verblaßt im letzten Leuchten der Langkofel, blinkt da und dort in einem Fenster ein Licht auf.

Früh am Morgen schon stehen wir noch einmal vor der Barockkirche, deren Stufen ich schon als Kind auf allen vieren erstiegen habe, die ein Stück der Landschaft meiner Seele geblieben ist; stehen da – etwa vierhundert Mann – mit Rucksäcken, Köfferchen und Bündeln. Und rings um uns herum Mütter, Väter, Frauen, Kinder, ein murmelnder Kreis von rotgeweinten Augen und mühsam verhaltenem Schmerz.

Drinnen braust die Orgel auf, Kinderstimmen ertönen, und die Berge in der Runde schauen schweigend auf uns nieder. Hell glänzt die Morgensonne, die Turmspitze funkelt, die Fenster blinken. Und doch rollt der dunkle Schleier nieder, der uns das alles rauben soll, immer dichter, immer dichter.

Der Pfarrer erscheint mit der Monstranz in der Kirchentür. Wir knien nieder, er segnet uns.

Tränen fallen in den Staub, an dem sich jeder von uns festklammern möchte, in den Staub der Heimaterde.

Hochsommerlich brennt die Sonne über den Bergen, sie scheinen mir schöner und vertrauter, als ich sie jemals sah. Die Menschen, die Häuser, Bild an Bild, graben sich tief ins Herz. Überall Rufen und Tücherschwenken. Noch ein kurzer Abschiedsblick von Mutter und Vater, und wir marschieren talauswärts.

Ein Wasserfall bricht rauschend über Felsblöcke herunter. Wir sind schon lange an ihm vorbei, als er mir noch immer in den Ohren klingt. Das Tal senkt sich mehr und mehr der Eisack zu, Weingärten decken die Hänge bis hoch hinauf, Edelkastanien heben ihre buschigen Kronen in den blauen Himmel. Viele von denen, die mit mir sind, die ihre Rucksäcke und Bündel in eine ungewisse Fremde tragen, gehen zum ersten Mal aus der Heimat. Die Ferne lockt sie, das Abenteuer, der Krieg.

Voraus geht der junge Mondscheinwirt, schwingt wie ein Tambourmajor seinen Stock im Takt der Ziehharmonika; alle singen, schwenken die Hüte, rufen, jodeln. Neben mir der Stuflesser Johann jedoch ist still und in sich gekehrt.

»Was hast denn«, frage ich, »kommst ja daher wie ein Greisler.«

»Merk dir's, Luis«, sagt er, »von denen, die da vor

uns so schneidig dahinmarschieren, kommen keine zehn Prozent mehr heim. Ich habe die Welt gesehen, war in England, in Nord- und Südamerika, ich weiß, wie groß sie ist. Glaube mir, dieser Krieg geht nicht gut aus für unseren Völkerstaat Österreich!«

»Um Gottes willen, du ruinierst ja mit deinem Pessimismus eine ganze Kompanie.«

»Warte nur ab, der Krieg wird Jahre dauern«, antwortet er.

Aber ich behaupte, fest von der Richtigkeit meiner Ansicht überzeugt: »In zwei, drei Monaten sind wir wieder daheim.«

In Waidbruck stauen sich die Männer aus den umliegenden Dörfern auf dem kleinen Bahnhof. Alle haben ihre Hüte mit Blumen und Bändern geschmückt, Frauen und Kinder winken nur mehr vom Zaun her, als wir in die alten Waggons steigen, die uns nach Norden bringen sollen. Der Abend breitet seine ersten Schatten über den Talgrund. Die Heimat versinkt mit jeder Umdrehung der Räder mehr und mehr im Dunkel der Nacht, durch das in hastigen Atemstößen das Pusten unserer Lokomotive geht.

Entspannung liegt auf den braunen Gesichtern, die sich in den Falten eines Mantels, an der Schulter des Nachbarn bergen. Der Schlaf kommt. Da und dort noch ein leiser Wortwechsel, ein Gelächter, dann wird es still. Draußen fliehen schemenhaft Dörfer und Städtchen, die Umrisse der Berge vorbei, sie tauchen auf und verschwinden. Wir gehören nicht mehr ihnen, wir gehören einem Ungeheuer, das flammend am Horizont steht: dem Krieg.

In Innsbruck, in Hall, in Schwaz steigen viele von uns aus, weil ihre Truppenkörper hier in Garnison liegen.

Hände werden geschüttelt, Zurufe gewechselt – ein Lokomotivpfiff, und es geht weiter. Immer mehr fremde Gesichter sind um mich, die Menschen sprechen in anderer Mundart, und was sie erzählen, die kleinen Sorgen vieler, es berührt mich nicht mehr so unmittelbar wie das, was bisher ringsum war. Schließlich sind wir nur mehr drei aus der engeren Heimat: Delago, Kirsch und ich. Die beiden sprechen kein Wort miteinander, sie haben sich in verschiedene Abteile gesetzt, um Frieden halten zu können. Auch der Gang in die Fremde, in das dunkle, ungewisse Schicksal, vermag nicht, den alten Groll zu schlichten.

Als Student der Technischen Hochschule in Graz war ich schon vor zwei Jahren ausgemustert und keiner alpinen Truppe, sondern einem Festungsartillerieregiment zugewiesen worden. Anlaß dazu war ein schrecklicher Traum, den ich als Neunzehnjähriger vom Krieg gegen Rußland hatte. Da befand ich mich irgendwo in Russisch-Polen, mitten unter Tiroler Kaiserjägern, in einer Schwarmlinie. Wir stürmten im starken Infanteriefeuer einen steilen, mit Herbstlaub übersäten Hügel hinauf. Maschinengewehrsalven schlugen erbarmungslos in unsere Reihen, plötzlich brach ich von Kugeln getroffen nieder, Blut floß aus meinem Mund, nahm mir den Atem, färbte das Laub. Die Lunge war zerschossen, ich erstickte, und im qualvollen Sterben erwachte ich. – Akademiker hatten die Möglichkeit, ein Gesuch einzureichen mit der Bitte, welcher Waffengattung sie zugeteilt werden möchten. Ich hatte unter dem fatalen Eindruck des Traumes davon Gebrauch gemacht und um Einstellung in die schwere Artillerie gebeten. Von meinem Traum habe ich niemandem, nicht einmal meinen Eltern etwas erzählt.

Der Ersatzkörper des Bataillons, dem ich zugeteilt bin, liegt in Krakau. Die Fahrt dorthin dauert drei Tage und Nächte. Wir rumpeln durch fremde, flache Gegenden, halten in kleinen Bahnhöfen oder auf offener Strecke, lassen andere Züge vorfahren. Soldaten und Pferde dampfen an uns vorüber, Geschütze heben drohend ihre Mündungen zum Himmel. Alle Sprachen der Doppelmonarchie schwirren umher, Parolen in Deutsch, Serbisch, Kroatisch, Tschechisch und Ungarisch sind mit Kreide auf die Wagenwände gemalt. Es ist ein Aufbruch wie niemals vorher, eine Völkerwanderung von ungeheurem Ausmaß.

Ich bin völlig zerschlagen und tauschte gern alle Eisenbahnen der Welt gegen einen Strohsack, als wir endlich in Krakau ankommen. Auf dem Bahnhof herrscht ein beängstigendes Treiben, jeden Augenblick dampft ein neuer Zug ein oder fährt ein Transport hinaus gegen Osten, den Russen entgegen. Außer den ärmlich gekleideten alten Juden, die sich, kleine Geschäfte machend, zwischen den Soldaten durchwinden, scheint es keine Zivilisten mehr zu geben.

Nachdem wir uns seit Tagen von Brot, Speck und Obst ernährt haben, trachten wir, an eine der zahlreichen Fahrküchen heranzukommen, die unter Flugdächern an den Flanken des Bahnhofsgebäudes stehen. Wir haben keine Blechschalen, aber wozu sind die Zivilisten da? Ich spreche einen an, er antwortet in einem merkwürdigen Deutsch. Es vergehen nur ein paar Minuten, bis er mit drei, sichtlich schon lang in Gebrauch stehenden Eßschalen samt Löffeln wiederkommt.

Die Leute an den Fahrküchen sind sehr großzügig. Wer ihnen eines dieser zerbeulten Gefäße entgegenstreckt, erhält einen Schöpflöffel voll Gulasch mit Kartoffeln. Er kann in zehn Minuten wiederkommen, der Schöpflöffel liegt für ihn bereit. Wir wiederholen dieses Spiel einige Male, denn unser Hunger ist groß. Dann spült Delago die drei Blechnäpfe aus und verkauft sie einem anderen. Verlust sechzig Heller; aber das war die Mahlzeit wert.

Nach vielem Fragen erfahren wir, daß unser Bataillonskader nicht in Krakau, sondern weit draußen am äußeren Frontgürtel, in der Ortschaft Podgorze, liegt. Es gelingt mir sogar, die Straße festzustellen, die in dieses kleine polnische Nest führt, und wir machen uns auf den Weg. Er ist »landesüblich«, das heißt bei Schönwetter mit fußhohem Staub, bei Regen mit einer doppelt so starken Schlammschicht bedeckt. Wir erreichen diese »Ausfallstraße« nach längerem Herumirren in der Stadt und mit Hilfe des unvermeidlichen Juden, der uns in größter Geschwindigkeit Taschenspiegel, Zahnbürsten, eine Flasche Schnaps und sonstige Kleinigkeiten besorgt.

Schon nach kurzer Zeit machen wir mit der zweiten, unvermeidlichen Erscheinung dieses Landes Bekanntschaft, mit dem polnischen Bauernwagen. Gezogen von zwei struppigen Pferdchen, holpert er im Zuckeltrab auf unwahrscheinlich schmalen Rädern durch den Staub, poltert in Löcher hinunter, wird wieder hochgezogen, droht in seine Bestandteile zu zerfallen, bleibt aber doch ganz, während ein kleiner brauner Bursche unter dem hochgewölbten Plachendach hockt und durch Schnalzen und Geschrei die Pferdchen munter hält. Wir rufen »Podgorze! Podgorze!«, er winkt freundlich, wir mögen nur Platz nehmen, bleibt aber nicht stehen, sondern zwingt uns, das Gepäck im Laufen von rückwärts in den Wagen zu werfen und dann selbst nachzuklettern. Unterwegs erzählt er uns alles mögliche, wahrscheinlich sehr Lehrreiches, doch wir verstehen kein Wort und haben auch Mühe, uns bei Sprechversuchen nicht die Zunge abzubeißen.

Kirsch sitzt vorne neben dem Kutscher, Delago läßt hinten neben mir die Beine vom Wagen baumeln. Wir ziehen eine Staubwolke hinterdrein, als ob eine Schwadron anreiten würde, aber seitwärts kann der Blick frei umherschweifen. Gegend, nichts als Gegend; sanfte Hügel, ferne Kirchtürme und Wälder; aber nirgends ein Punkt, der das Auge festhält, kein Gipfel, kein Felsgebirge, auf dem der Himmel zu ruhen scheint.

Endlich Podgorze, ein Dorf in der Gürtelfestung Krakau. Das Bataillon ist in einer Fabrik untergebracht, deren Maschinen abmontiert und weggeschafft wurden. Eigentlich sollten auch die Gebäude dem Erdboden gleichgemacht werden, so steht es im Verteidigungsplan der Festung. Aber die Russen sind noch Hunderte Kilometer weit, sie stehen jenseits der Reichsgrenzen und tief in Polen, noch ist alles voll Siegeszuversicht. Kein Mensch denkt daran, daß es um Krakau herum einmal ernst werden könnte. Und so herrscht auch in Podgorze jener Friedensbetrieb der Ausbildung, der in Altösterreich bezeichnenderweise »Abrichtung« hieß und bei dem es auf den Humor des einzelnen ankam, wie diese Abrichtung für ihn verlief.

Wir erhalten Uniformen, Gewehre, Bajonette und Patronentaschen, Strohsäcke und Decken. Wir lernen Marschieren, Salutieren, Melden und Warten. Melden und Warten gehören zu den Haupttugenden des Rekruten. Wessen Nerven dabei versagen, der wird es nie zum richtigen Soldaten bringen. Der Tag beginnt mit Trompetengeschmetter und einer Fülle von Meldungen, die den Anfänger verblüfft. Dann wird gewartet. Denn wenn ich vorhin in einem Satz aufgezählt habe, was wir alles erhielten, so habe ich der Einfachheit halber die Zeiträume weggelassen, in denen das alles vor sich ging. Stunden und Tage lagen zwischen Uniformen, Gewehren, Strohsäcken und Patronentaschen; sie wurden mit zielbewußtem und zweckbedingtem Warten ausgefüllt.

Der Anfänger oder Rekrut zeigt naturgemäß Eifer, er will dartun, daß er ernstlich gewillt ist, möglichst bald ein guter Soldat zu werden. Diesem Drange aber stehen uralte Erfahrungen entgegen, wohl noch aus jenen Zeitläufen, in denen man sechzehn Jahre diente und daher mit seinen Erwartungen haushalten mußte. Und so zielte denn auch anno 1914, als uns die große Not noch nicht im Nacken saß, ein wesentlicher Teil der »Abrichtung« auf die Kunst, zu warten und warten zu können, hin. Besonders eindringlich war darin das Verfahren eines Feuerwerkers namens Ohrfandl.

Wir – nämlich Ohrfandls Zug – marschierten frühmorgens eine Stunde im Fabrikhof herum und übten Wendungen. Dann dirigierte uns der Feuerwerker vor eine kahle Rohziegelwand und ließ uns dort, das Gesicht der schmutzigroten Fläche zugekehrt, eine Stunde lang abwechselnd »Ruht« und »Habt acht« stehen. Niemand wußte, weshalb wir so sorgfältig diese Mauer besichtigen mußten, das war Ohrfandls Geheimnis.

Eines Tages aber wird dem Feuerwerker das Geheimnis entrissen. Ein Leutnant, der uns schon die längste Zeit beobachtet hat, kommt näher und fragt Ohrfandl nach dem Sinn dieses An-die-Wand-Glotzens. Er erhält folgende Auskunft:

»Herr Leutnant, melde gehorsamst, wann die Kerln zum Militär kommen, rennen s' wie die g'reizten Affen umeinander, hauen von der Früh bis auf die Nacht die Türen auf und zu. Das muß man ihnen abg'wöhnen. Jetzt laß ich sie alle Tag eine Stund' an die Wand schauen, damit sie wissen, daß man beim Militär Zeit hat –«

Nun wußten es auch wir und hüteten uns künftighin, »wie die gereizten Affen umeinanderzurennen«.

Die Perle der Kompanie ist der Einjährig-Freiwillige Windspiel, der ohne Weltkrieg und Russengefahr wohl niemals in die Lage gekommen wäre, bei Feuerwerker Ohrfandl Marschieren, Salutieren und Gewehrgriffe zu lernen. Windspiel trägt fingerdicke Brillengläser; in seinem Gesicht spiegeln sich ständig Unsicherheit und Ratlosigkeit. Er erfreut sich Ohrfandls besonderer Fürsorge, der seinen ganzen Ehrgeiz einsetzt, gerade aus ihm einen Mustersoldaten zu machen. Windspiel genießt jeden Tag eine halbe Stunde »Einzelabrichtung«, was im bürgerlichen Leben etwa einem Hauslehrerkurs für schwache Schüler entspricht. Der Hauslehrer ist ein Korporal. Er arbeitet mit Hingabe, nein, mit stiller Verzweiflung an Windspiels Talentlosigkeit herum, er tobt, schreit und fleht schließlich seinen schweißglänzenden Zögling an, einfach nachzumachen, was man ihm vormacht.

Während der halben Stunde »Einzelabrichtung« schallt es dauernd über den Hof: »Windspül, hörn S', i bitt Ihna, schaun S' her! Wann i kommandier: ›In die Hands‹ (heißt nach österreichischem Exerzierreglement ›In die Balance‹), so schnappen S' das Gewehr beim Riemen, reißen's auffi, packen's übern Magazinkasten, schliafen mit 'n rechten Arm außa, haun mit der rechten

Pratzen auf'n Vorderschaft, und die G'schicht hat sich g'spitzt. Alsdann!«

Eines Tages erklärt der Korporal, daß Windspiel nun so weit sei, um in der Einteilung »Schultert« und »In die Hands« ausführen zu können, ohne dem Zug zur Schande zu gereichen. Ohrfandl dankt dem Einzelabrichter für seine Bemühungen, läßt Windspiel eintreten und will eine Probe aufs Exempel machen. Windspiel überlegt noch einmal jeden Griff, das »Auffireißen« und »Einischliafn«, »Schnappen« und »Draufhaun«. Er ist seiner Sache jetzt so sicher wie bei den verschiedenen Examen seines kurzen Gelehrtenlebens, die er alle mit Auszeichnung bestanden hat. Es muß ihm gelingen, das Gewehr aus der Lage »bei Fuß« auf die rechte Schulter zu bringen, es ist nicht schwieriger als gewisse verzwickte Begriffe des Römischen Rechts.

»Habt acht!« kommandiert Ohrfandl. Wir stehen wie eine Mauer. »Schultert!«

Neunundzwanzig Gewehre fahren mit schöner Gleichmäßigkeit durch die Luft und landen auf den Schultern, das dreißigste aber wird drei, vier Sekunden lang wild herumgerissen und haut dann seinem Bändiger dermaßen vor den Kopf, daß die Kappe in den Sand rollt und ihr Träger aus der Einstellung taumelt.

Windspiel ist völlig vernichtet. Eine Beule schwillt auf seiner Stirn, das rechte Brillenglas hat einen Sprung. Und am Rand dieses fatalen Mißgeschicks tauchen unzählige Stunden »Einzelabrichtung« auf, mit »Schnappen«, »Draufhaun«, »Auffireißen« und »Einischliafn«. Das Toben des Feuerwerkers übersteht er in einem Zustand halber Ohnmacht. Und wenn er noch einen Wunsch hat, so ist es der, jetzt sanft in ein besseres, von Gewehrgriffen freies Leben hinüberzuschlummern.

Der Korporal murmelt ingrimmig: »I derstöß'n no', den damischen Paragraphenreiter, meiner Seel' und Gott!«

Wir haben unser Nachtlager in einer ehemaligen Mühle, deren Erdgeschoß zwar nicht sehr hoch, aber geräumig ist, und in dem etwa zweihundert Mann auf Stroh schlafen. Das ist nun keineswegs nach meinem Geschmack, denn die Luft wird schon nach kurzer Zeit unerträglich schlecht. Außerdem gibt es Flöhe, Wanzen und Heuschrecken, die uns kriechend und springend den Schlaf stören.

Mir gefällt die Sache gar nicht, und ich schaue mir das Gebäude genauer an, durchsuche die Stallungen, klettere über Gerümpel, herabgeworfene Maschinenteile, Schutt und Ziegel ins erste Stockwerk und gelange schließlich in das sieben Stock hoch liegende Dachgeschoß hinauf. Da die primitive Eisentreppe der Fabrik zerstört worden war, helfe ich mir mit Brettern, Mauerhaken, Seilen und Spreizschritten in die Höhe. Die Böden aller Stockwerke weisen große, fast viereckige Löcher auf, es scheinen dort die Transmissionen und Maschinenfundamente gestanden zu haben. Man kann vom siebenten Stockwerk aus durch diese Luken bis auf den ersten Stock hinunterschauen.

Stroh liegt in einer Ecke, und vorn an der Frontmauer des Gebäudes finde ich einen Raum mit zwei breiten, niedrigen Fenstern, einem Tischchen und drei Stühlen.

Wieder unten, rufe ich Delago und zeige ihm meine Entdeckung. Sofort sind wir einig. Wir werden dort unser Privatquartier einrichten. Die Strohsäcke sind bald gefüllt, mit Eifer richten wir uns alles her, sogar die Fenster wollen wir putzen. Immer wieder klettern wir die Takelage der sieben Stockwerke auf und ab. An einigen

Stellen binde ich Seilschlingen fest und lege Bretter über gar zu gefährliche Aufbrüche. Man kann nie wissen, vielleicht gibt es einmal Nachtalarm.

Oben ist es ruhig, es kommen keine Unteroffiziere, keine Inspektoren, es gibt kein »Habt acht«, kein Geschnarche und auch kein Ungeziefer, aber dafür eine herrliche Aussicht nach Nordwesten. Vor uns liegt die alte, schöne Stadt, breit und träge fließt die Weichsel ostwärts. Der Himmel glüht in schweren Farben. Wir holen die Mundharmonikas aus unserem Gepäck, spielen die alten, vertrauten Lieder und sind zufrieden.

Einige Tage verbringen wir ungestört unsere freien Stunden in unserem kleinen Paradies, bis eines Abends heftiges Schnaufen unter uns hörbar wird. Ich werfe einen Blick hinunter und sehe einen Mann hinaufklettern, der nicht nur sportliche Absichten zu hegen scheint, denn er bringt gleich einen Teil seiner Ausrüstung mit: Der Einjährig-Freiwillige Windspiel! Ich rufe ihm zu, er möge uns allein lassen, denn es sei hier gerade für Delago und mich Platz genug, aber das nützt nichts.

Ich rate ihm noch einmal dringend ab, bei uns zu hausen, denn ich kenne seine Ungeschicklichkeit. Er gibt nicht nach, redet etwas vom Kameradschaftsgeist, und so lasse ich ihn gewähren, obwohl mir die Sache nicht recht gefallen will. Nun hoffen wir darauf, daß ihm die tägliche Kletterei bald zu dumm sein wird.

Doch schon am nächsten Abend kommt es zur Katastrophe. Windspiel sucht Stroh für seinen Schlafplatz und geht in den Dachraum hinaus, ich rufe ihm nach, er solle ja aufpassen, die vielen Löcher seien gefährlich.

»Ja, ja«, klingt es zurück, aber gleich darauf höre ich ein Stolpern und Rutschen, kurz nachher einen dumpfen, fernen Aufschlag.

Anstiegsweg zum 1900 m hochgelegenen Flankenwerk Cima di Vezzena (Spitz Verle), das dem Kampfabschnitt Lavarone als Beobachtungsposten diente.

Winter 1915. Es herrscht noch Frieden an der Südfront.

Ich renne erschreckt hinaus, rufe nach Windspiel, höre als Antwort nur das Stöhnen des Abgestürzten. Es ist dunkel. Wir finden ihn schwer verletzt drei Stockwerke tiefer auf einem Haufen Schutt und altem Eisen.

Wir tragen den armen Kerl so behutsam es unter diesen schwierigen Umständen geht wieder hinauf ins Dachgeschoß und versuchen, ihm zu helfen.

Flehend bittet er, wir möchten ihm auf der Mundharmonika etwas vorspielen.

Ich hole den Stabsarzt und bringe den schon etwas Beleibten nur mit Mühe über alle Leitern, Bretter und Gefahren bei notdürftigem Kerzenlicht sicher ins Dachgeschoß hinauf. Er flucht nicht schlecht, und wir bekommen alle Schimpfworte des österreichischen Soldatenlexikons zu hören.

Die dumme Geschichte wird untersucht. Delago und ich sind froh, ohne Arrest davonzukommen. Unser luftiges Quartier müssen wir sofort gegen das Massenlager vertauschen. Windspiels Niere ist zerrissen, er kommt ins Lazarett. Wir besuchen ihn einige Male, verlieren ihn aber bald aus den Augen.

Ein Jahr später, während auf Verle die schweren Treffer niedersausen, erfahre ich, daß sich Windspiels Schicksal auf tragische Weise erfüllt hat. Er besuchte ein Warenhaus in Wien und stürzte in der Meinung, eine Tür vor sich zu haben, durch ein offenes Fenster im zweiten Stock auf die Straße und blieb tot liegen.

Im November gerät die Festung Krakau in fieberhafte Tätigkeit. Seit Tagen schon grollt es von Osten her wie fernes Gewitter, kommt näher und näher. Das sind die Russen, die in ungeheurer Überzahl heranrücken, deren man in den furchtbaren Sommer- und Herbstschlachten Galiziens nicht Herr werden konnte. Die Festung Przemysl ist längst eingeschlossen, die San-Linie verloren. Unaufhaltsam schieben sich die Heere des Zaren an unseren Festungsriegel, an Krakau, heran.

Es ist unheimlich, das Grollen im Osten von Tag zu Tag deutlicher zu hören. Was wird nun kommen? Werden wir in Krakau eingeschlossen, wie die Hunderttausend in Przemysl? Wir sind ohne Geschütze, haben in den drei Monaten unserer Dienstzeit noch keinen Schuß abgegeben – und nun rückt das Ende mit mathematischer Sicherheit heran. Es gibt Nächte, in denen man von erhöhten Punkten aus das flammende Zucken der Abschüsse an der Front sieht und die einzelnen Detonationen unterscheiden kann.

Feuerwerker Ohrfandls Salutierübungen werden eingestellt, die »Abrichtung« für beendet erklärt, und wir exerzieren täglich stundenlang am Maschinengewehr – ein Zeichen dafür, daß es ernst wird. Die Russen machen verzweifelte Anstrengungen, um den letzten Widerstand vor der Festung zu brechen. Nach Pausen von beklemmender Stille donnert es Tag und Nacht in ununterbrochener Kette, wir erwarten jeden Augenblick unseren Abmarsch in die Kampflinie. Wir haben keine Tragtiere, keine Feldausrüstung. Die Maschinengewehre sollen auf Bauernwagen ostwärts gebracht werden, es scheint um das Abbremsen der russischen Dampfwalze schlecht zu stehen. Zweimal werden wir alarmiert, marschieren bei Nacht und Nebel durch Kälte und Regen der Flammenwand entgegen, werden zweimal nach Podgorze zurückbefohlen. Bis dicht an die Außenwerke der Festung Krakau heran wogen die erdbraunen Massen der Moskowiter, dann endlich, in letzter Stunde, geschieht das Wunder: Die Russen kommen zum Stehen, sie werden bei Limanowa-Lapanow geschlagen, sie fluten zurück, graben sich in die blutgetränkte, winterliche Erde.

Für mich und meine engeren Kameraden, den einundzwanzig Einjährig-Freiwilligen, die für die Reserveoffiziersschule vorgesehen sind, ist die Wendung der Dinge von entscheidender Bedeutung. Vor dem angetretenen Bataillon wird am 1. Dezember 1914 folgender Tagesbefehl verlesen: Am kommenden Morgen haben die Einjährigen, deren Namen einzeln aufgerufen werden, um sechs Uhr früh in Marschadjustierung am Bahnhof zu sein und Krakau mit dem Ziel Lavarone, Südtirol, im Gebiet der Festung Trient, zu verlassen. Mir klopft das Herz vor Freude über diese Botschaft. Schreck aber überfällt mich, als ich merke, daß unter den einundzwanzig verlesenen Namen der meine fehlt. Ich, der einzige Südtiroler unter den Offiziersanwärtern, darf nicht mit, das ist doch nicht möglich. Warum schaltet man ausgerechnet mich aus? Während ich mir vornehme, nach dem Grund der für mich so bitteren Entscheidung zu fragen, höre ich die letzten Worte das Kommandanten . . . »das Kommando über den Transport übernimmt der Einjährig-Freiwillige Kanonier Luis Trenker, der sich sofort in der Bataillonskanzlei die näheren Weisungen zu holen hat.«

Mir war, als habe sich plötzlich ein strahlender Himmel aufgetan, wo zuvor noch alles grau verhangen war. Nach Südtirol! In die Heimat!

In Wien mußten wir die Reise einen Tag und eine Nacht lang unterbrechen. Ich benutzte die Gelegenheit, um mir Karten von der Umgebung der Festung Trient zu besorgen. Daß im italienischen Teil Tirols, dem Trentino, seit längerer Zeit eine von intellektuellen

Gegnern der österreichischen Monarchie betriebene Propaganda für den Anschluß dieser Gebiete an Italien im Gange war, wußte ich längst. Jahrelang hatten sich die Irredentisten in Trient und Triest bemüht, die italienisch sprechende Bevölkerung gegen das Habsburger Reich zu mobilisieren. Im Kriegsfall bot die breite Hochebene von Lavarone-Folgaria die besten Voraussetzungen für einen überraschenden Vorstoß nach Trient. Mit Trient würde automatisch auch das südliche Tirol bis zum Brenner in äußerste Gefahr geraten, verloren zu werden.

Der österreichische Generalstabschef Conrad von Hötzendorf hatte in kluger Voraussicht schon Jahre früher durch Errichtung von sieben modernen Panzerwerken die Grenzen auf der Hochfläche von Lavarone-Folgaria befestigen lassen, die die Aufgabe hatten, unser Land gegen einen eventuellen feindlichen Einfall zu schützen. Die in zähen Kämpfen gegen das Parlament durchgesetzte Erbauung der sieben Werke Cima, Verle/Rocca Alta, Lusern, Geschwendt, San Sebastiano, Serrada und Sommo hatten nun strategisch entscheidende Bedeutung erlangt.

Der Offizierslehrgang im lieblichen Chiesa bringt Abwechslung in unser Leben. Wir sind in einer Schule untergebracht, dürfen in der Freizeit Skilaufen. Ich erhalte den Befehl, den Einjährigen, die Lust dazu haben, ein paar Schwünge beizubringen; im übrigen gilt es, Geschützbettungen, Ballistik, Taktik, Kartenlesen nach Planquadraten für Beobachtung und Schießtechnik zu lernen. Ein angenehmer Hauptmann, Georg Gogger, leitet den Offizierskurs streng, aber nicht schikanös, wie dies sein Vorgesetzter, der tschechische Major Jellinek, gern sähe.

Dann und wann gehe ich hinüber zum Albergo Leon d'oro, das der Familie Canin gehört. Zwei zurückhaltende, sehr hübsche Töchter helfen in der Gaststube, ihr Bruder Giovanni ist erst vor kurzem von einem Studienaufenthalt in Florenz wieder heimgekommen. Daria und Noemi erscheinen mir wie Engelsgestalten, nie würde ich wagen, sie zu einer romantischen Kahnfahrt auf dem kleinen See von Chiesa einzuladen, davon träume ich nur. Nach drei Wochen hat man uns die Grundzüge des artilleristischen Wissens beigebracht, einige werden zurückgestellt, andere zu Titularvormeistern befördert und den vier Feldkompanien des Bataillons, die in den Sperrforts liegen, zugeteilt.

Nach welchen Regeln das geschieht, weiß ich nicht. Jedenfalls scheint ein besonderes Geschick zu walten, das Stary, mich, Kappel und Fischer zur 3. Kompanie nach Verle verschlägt, denn diese 3. Kompanie führt den Ehrentitel »Strafkompanie«, weil sie einen Kommandanten hat, der weit und breit als sturer Kommißkopf gilt: Oberleutnant Albrecht Gimpelmann.

Wer sich unter Gimpelmann einen bärbeißigen, mit einem Schnauzbart behafteten Krieger vorstellt, der irrt. Er ist ein schlanker, eleganter junger Mann von angenehmen Gesichtszügen und trägt den tadellosesten Scheitel, den ich je gesehen habe. So ist ihm mein etwas wilder Haarwuchs von Anfang an ein Greuel, er findet ihn zu lang und unmilitärisch. Überhaupt ist er der Meinung, daß ich noch kein richtiger Soldat sei und er mir erst den nötigen Drill geben müsse. So wie dieser erste Befund ist dann auch unser weiteres Verhältnis verlaufen: Gimpelmann und ich wurden in den nächsten fünf Monaten zu unversöhnlichen Gegnern. Er bemühte sich, eine Marionette aus mir zu machen, und ich war überzeugt, daß seine eitle Art mit echtem Soldatentum nichts zu tun habe.

Wir hausen in der Kaserne Monte Verle, aber unser eigentliches Tätigkeitsfeld liegt weiter oben im Panzerfort Verle/Rocca Alta, das wie ein gestrandeter Riesenwal auf einem Hügel liegt. Es ist eins der sieben Panzerwerke, die die Hochflächen Lavarone und Folgaria abschirmen und den Italienern den Vormarsch gegen Trient verwehren sollen.

Die Hochebene von Lavarone wird von den vier Sperrforts Cima di Vezzena, Rocca Alta-Verle, Lusern und Geschwendt beherrscht. Zwischen ihnen befindet sich eine Anzahl von Infanteriestützpunkten; es sind Erdlöcher aus Rundholz und Brettern, ohne gedeckte Zugänge. Ein weit vorgeschobener Hügel zwischen Verle und Lusern soll uns den Einblick in die Talmulden des Marcairückens und der Räume vor Cima und Verle sichern. Diese Stellung – der Basson – hat fünfhundert Schießscharten und vierzig Mann Besatzung. Die übrigen Stützpunkte sind nur mit ein paar Leuten besetzt.

Die Forts sind das Rückgrat dieser schwachen Verteidigungslinie. Wie sie sich im Kriegsfall bewähren werden, weiß man nicht.

Cima di Vezzena, das nördlichste der Sperrforts, auf einer 1900 Meter hohen Felsspitze errichtet, hat keinen Fernkampfwert. Es ist als befestigter Beobachtungsposten gedacht und mit sieben Maschinengewehren armiert. Aber Verle/Rocca Alta, 1480 Meter über dem Meeresspiegel, Lusern und Gschwendt sind stark. Jedes dieser Werke hat dreihundert Mann Besatzung, vier Turmhaubitzen in drehbaren Panzerkuppeln, zwei Flankierkanonen hinter Stahlpanzern und vier Kasemattkanonen zur Bestreichung des Frontgrabens; außerdem ist jedes Fort mit zwanzig Maschinengewehren, acht bis zehn Scheinwerfern und einer eigenen Kraftanlage mit Dieselmotoren, Dynamo und Akkumulatoren ausgerüstet. Reserveverpflegung und Munition für hundert Tage sind in den tiefen Felsenkellern eingelagert. In der Bauart sind Lusern und Verle einander sehr ähnlich. Ein langgestreckter niederer Eisenbetonblock, feindwärts tief in den Felsboden versetzt, enthält in drei Geschossen die allgemeinen Unterkunftsräume und Kasematten. Die kleinen Fensteröffnungen der Kasematten befinden sich alle in der Rückfront, der »Kehle« des Werkes, und sind mit dicken Stahlläden verschließbar. Ein vorspringender Bau, der sogenannte »Kehlkoffer«, hat die Aufgabe, im Notfall auch die Rückfront unter Maschinengewehrfeuer zu nehmen und Nahangriffe abzuwehren. – Der Kasemattblock wiederum ist durch einen bombensicheren Gang, die sogenannte Poterne, mit dem feindseitig vorgebauten Hauptteil des Werkes, dem Batterieblock, verbunden. Dieser ist im Felsen verankert und mit 3 Meter dicken Eisenbetondecken gesichert. Auf seiner Decke ruhen die vier schweren Panzerkuppeln der Haubitzen und eine kleinere Kuppel, die dem Kommandanten der Batterie als Beobachtungsstand dient.

Der Linie Cima–Verle–Lusern gegenüber befinden sich zwei italienische Forts: Verena und Campolongo. Sie liegen beide um etwa 500 Meter höher als Verle und Lusern und haben je 8 Kanonen schweren und mittleren Kalibers unter Panzerkuppeln einsatzbereit. Wenn es hier wirklich zum Krieg käme, was keiner von uns glauben will, würden uns diese Rohre infolge ihrer günstigeren Lage und größeren Tragweise sehr zu schaffen machen.

Rocca Alta-Verle ist jetzt tief verschneit. Nur die graublauen Panzerkuppeln ragen als Kugelkappen aus dem eintönigen Weiß der verschneiten Hochebene von Lavarone.

Hans Pescosta schreibt mir aus Innsbruck, daß er als Einjährig-Freiwilliger beim Ersten Regiment der Tiroler Kaiserjäger eingerückt, bereits ausgebildet sei und schon in wenigen Tagen als Kadett mit einem Marschbataillon an die russische Front komme. Wie schade ist es, denke ich mir, daß wir nicht bei derselben Truppe und in der gleichen Linie dienen können. Ich schreibe ihm einen langen Brief und erzähle ihm von meinem Leben auf Verle.

Ich habe eine neue Aufgabe. Jeden Tag um sechs trinke ich meinen Schwarzen, esse mein Stück Brot, und um sieben Uhr stehe ich draußen und bringe den Leutnants und ihren Pfeifendeckeln, den Korporalen, Feuerwerkern und Kanonieren, die Geheimnisse des Christianias, des arlbergischen natürlich, und der guten Haltung bei Schußfahrten bei.

Ich vergaß zu erwähnen, daß ich vor meiner Ernennung zum k. und k. österreichischen Skilehrer zwei militärische Patrouillenläufe gewonnen habe. Daß ich passionierter Skiläufer bin, habe ich dem Werkkommandanten, Oberleutnant Gimpelmann, freilich nicht gesagt. Er hatte mich nur einmal angeraunzt und nebenher gefragt:

»Skilaufen?«

Ich antwortete: »Ein bißl schon!«

Daß ich dann die Läufe mühelos gewonnen habe, hat er mir nie verziehen.

Von Weihnachten bis Ende Januar funktioniert mein Skikurs ausgezeichnet. Zeitweise ist es sehr kalt. Ich habe schlechte Bergschuhe und erfrorene Zehen. Das wird immer schlimmer, bis ich eines Morgens nicht mehr in die Stiefel komme. Der rechte Fuß blutet und ist am Knöchel stark angeschwollen. Ich gehe nicht zum Dienst und ersuche einige Kameraden, mich zu entschuldigen. Außer den eigenen Skiern habe ich auch meine Geige mitgenommen, man weiß ja nie. An diesem Vormittag hole ich das Instrument aus dem Spind. Ich bin allein, glücklich und zufrieden genieße ich die wohltuende Ruhe und spiele mit Hingabe die Träumerei von Schumann. Da fliegt mit hartem Ruck die Stubentür auf, auf der Schwelle steht unser oberster Kriegsherr Gimpelmann . . . Seine blauen Augen blitzen mich sekundenlang verständnislos an, dann macht er einen Schritt nach vorn, zündet sich eine Zigarette an und sagt:

»Phänomenal, großartig! Sich vom Dienst drücken, in Pantoffeln dastehen und auf einer Geige herumkratzen, das gefällt mir! Ich werde Sie einsperren lassen!«

Ich stehe stramm, die Geige in der linken, den Bogen wie einen gesenkten Säbel in der rechten Hand:

»Herr Oberleutnant, melde gehorsamst, der Fuß . . .«

»Maul halten! Morgen zum Rapport!« schlägt die Tür zu und geht.

Am anderen Tag zwänge ich meinen schmerzenden, geschwollenen Fuß in die harten Treter und stehe beim Rapport in Reih und Glied. Der elegante Gimpelmann kommt Schritt für Schritt näher. Jetzt bleibt er mit klirrenden Sporen vor mir stehen. Ich reiße mich zusammen:

»Herr Oberleutnant, Kanonier Luis Trenker meldet sich gehorsamst zum Rapport.«

»Vom Dienst drücken, fideln, faulenzen, was?«

»Herr Oberleutnant, melde gehorsamst, mein Fuß . . .«

»Maul halten! Sieben Tage Einzelarrest. Eintragung der Strafe in die Konduitenliste.«

Sieben Tage »Einzel« sind für einen Einjährig-Freiwilligen, der Reserveoffizier werden will, eine harte Strafe.

In Galizien brauchen sie viel Munition. Wir brauchen noch keine. So werden eines Tages zehntausend Zehn-Zentimeter-Aufschlag-Brisanzgranaten vom Fort auf Lastwagen verladen und nach Trient hinunterbefördert, werden Listen geschrieben, unterschrieben, beglaubigt.

Aber dann kommt, nach Wochen erst und während eines ungewöhnlich starken Schneefalls, die Meldung, daß bei den zehntausend Brisanzgranaten irrtümlich einhundert Schrapnelle verladen worden sind.

Gimpelmann muß sehr erschrocken gewesen sein, als er die Nachricht erhielt. Das konnte auf seine glänzende Karriere einen Schatten werfen! Sofort sollen die zwanzig Verschläge umgetauscht werden.

Aber wie nach Trient kommen? Wer soll die Granaten herunterbringen? Lange mag er hin und her überlegt haben, der Gimpelmann. Es schneit noch immer ununterbrochen. Weder Lastwagen noch Schlitten können passieren, der endlose Schneefall blockiert alle Verbindungswege; die Lawinengefahr ist außerordentlich groß!

Die Telefon- und Drahtverbindungen sind unterbrochen, niemand wagt sich auf die Strecke, um die Leitungen zu reparieren. Von den Hängen donnern die Lawinen, verschütten Straßen, Hütten und Schluchten. So vergeht Tag um Tag, bis der Termin des Austausches der irrtümlich verladenen Munition fast verstrichen ist. Gimpelmann ist sehr nervös.

In der Tür erscheint ein Zugführer: »Trenker, Sie sollen sofort zum Werkkommandanten hinauf.«

Minuten später stehe ich im Offiziersbau vor Oberleutnant Gimpelmann.

»Herr Oberleutnant, Kanonier Luis Trenker meldet sich gehorsamst zur Stelle.«

Gimpelmann dreht mir den Rücken zu, schaut zum Fenster hinaus: »Es sind hundert Brisanzgranaten gegen hundert Schrapnelle bis morgen abend um acht Uhr in Trient auszutauschen. Fuhrwerke kommen nicht durch. Es wird behauptet, Sie seien der einzige, der mit einigen beherzten Skiläufern durchkommen könne. Suchen Sie sich geeignete Leute aus der Kompanie, übernehmen Sie das Kommando und führen Sie die Sache durch.«

Mir bleibt fast die Luft weg.

»Wenn Sie den Transport rechtzeitig schaffen, wird Ihnen die Strafe geschenkt und deren Eintragung gestrichen.«

»Jawohl, Herr Oberleutnant!«

»Danke.«

Ich grüße und trete ab.

Vor Schnee habe ich mich noch nie gefürchtet, wohl aber vor den heimtückisch lauernden Lawinen. Der Weg, den wir über Folgaria, Chiesa bis Caldonazzo zurücklegen müssen, ist etwa 36 km lang, akute Lawinengefahr lauert überall. Trotzdem ist es nicht schwer, geeignete Männer zu finden, die Befreiung vom Zwang der Kaserne lockt zu sehr. Ich suche zwanzig schneidige, fröhliche Burschen zusammen, die gut und sicher Skilaufen können. Der Landesschütze Franz Well, Raffael

Delago, Gfall, alle machen begeistert mit, sogar Stary, der polnische Professor! Wie ein General gebe ich Befehle, habe ja alle Vollmachten, lasse Bilgeri-Skier aus dem Magazin holen und aus je drei Paar durch Quernageln zweier Bretter eine Art Skischlitten zimmern. Auf jeden der zehn Schlitten werden zwei Verschläge der gefährlichen Brisanzgranaten verstaut, Seile zum Ziehen montiert, Proviant für drei Tage gefaßt, und noch am selben Tag ziehen wir los, zehn Schlitten mit zwanzig Mann als Zugpferde, drei Mann spuren vor . . . adieu, Gimpelmann – adieu, Verle . . . es lebe die Freiheit, der Schnee, der Winter.

Vorsichtig umgehen wir lahnige Hügel, nützen das Gelände so gut wir können und gelangen spätabends bei erträglicher Sicht zu einer Wegmacherhütte am Beginn der berüchtigt-steilen Schlucht, durch welche die felsige Frica-Straße ins Valsuganatal verläuft. Es schneit noch immer, und wir sind zum Umfallen müde. Ich beschließe, daß wir in der Hütte übernachten. Alle sind froh, legen sich hin und schlafen bald wie die Murmeltiere, nur ich finde auf dem harten Boden keine Ruhe. Die Lawinen rauschen die ganze Nacht hindurch über die steilen Hänge links und rechts der Hütte ins Tal hinunter. Vor uns liegt noch der gefahrvollste Teil des Weges. Wenn wir nur schon unten wären!

Der Wegmacher schüttelt bedenklich den Kopf, als ich ihm sage, daß ich eine Wetterbesserung unmöglich abwarten könne; es habe keinen Zweck, wegen ein paar Granaten und Schrapnellen, die nach Rußland gehen sollen, Menschenleben aufs Spiel zu setzen. Im Grunde genommen hat er recht!

Um vier Uhr morgens wecke ich die Kameraden. Ich riskiere die Weiterfahrt.

Nicht wegen der Granaten und Schrapnelle, denn mir konnte es verdammt gleichgültig sein, was die Russen aufs Dach kriegen, auch nicht wegen Gimpelmann. Ich riskiere es, weil ich überzeugt bin, daß wir durchkommen werden.

Und so packen wir die Brisanzgranaten in unsere Rucksäcke um, decken sie, so gut es geht, mit Holzwolle ab. Ich ermahne jeden einzelnen, mit der »Höllenlast« auf dem Buckel mit größter Vorsicht abzufahren, dann schnallen wir an.

Auf den durch die wilde Felslandschaft führenden Steilhängen liegt dünner Nebel, die Sicht ist schlecht.

Ich spure voran. Lautlos folgt einer dem anderen mit ausgelegter Lawinenschnur. Jeder weiß, daß wir heute einen guten Engel brauchen, jeder weiß, daß über, unter und um uns der Tod lauert. Kommt einer in rutschenden Schnee, so ziehen ihn die schweren Granaten unweigerlich ins weiße Grab.

Vorsichtig ziehe ich schrittweise meine Spur talwärts. Ich versinke zuweilen bis zum Bauch im Schnee, bleibe stecken, muß mich herausarbeiten. Der Schneefall setzt bald wieder stärker ein. Wir dampfen vor Wärme und Anstrengung, und jeder hofft im stillen auf ein baldiges Ende dieser unheimlichen Fahrt.

Und plötzlich ist es geschehen. Es mußte ja so kommen: Einer ist nicht mehr bei uns, der Schnee hat ihn lautlos in die Tiefe gerissen. Mir zittern vor Schreck die Knie, als die hinter mir Fahrenden rufen: »Sigmund Gfall ist verschwunden . . .«

Alle Rucksäcke auf einen Fleck, in die vermutete Richtung fahren, ausschwärmen, um nach der Spur der ausgehängten Lawinenschnur zu suchen, ist der Entschluß eines Augenblicks.

Gütiger Gott, hilf, daß wir den Gfall lebend wiederfinden, murmel ich vor mich hin, während wir sorgsam den schütteren Lärchenwald absuchen. Da hören wir leise, verhaltene Rufe. Hastig antworten wir. Dann finden wir ihn: Seine Skier haben sich im dichten Geäst zweier Lärchen verhängt, das war seine Rettung.

In äußerster Spannung und jederzeit auf einen neuen Zwischenfall gefaßt, fahren wir weiter und können noch am Abend in Trient unsere gefährliche Last abliefern, was ich mir schriftlich bestätigen lasse. Erleichtert und zufrieden suche und finde ich Quartier in einem gemütlichen, alten Gasthof. Wir feiern mit Wein, Polenta, Vezzena-Käse und geräucherter Wurst. Am Morgen hört der Schneefall auf, der Himmel ist tiefblau. Per Bahn fahren wir nach Caldonazzo und steigen hemdsärmelig die sonnige Fricastraße hinauf, den weiten Weg zurück nach Lavarone.

Im Werk angekommen, melde ich Gimpelmann, daß alles gutgegangen ist. An Stelle eines anerkennenden Wortes sagt der Gescheitelte nur:

»Ihre Strafe ist erlassen. Warum haben Sie am ersten Abend nicht telefoniert? Es sind Lawinenopfer zu beklagen, es wäre Ihre Pflicht gewesen, zu meiner Beruhigung im Werk anzurufen.«

Meine schüchterne Bemerkung, daß es in der Hütte des Wegmachers kein Telefon gab, nahm er nicht zur Kenntnis.

Auf den Höhen liegt massenhaft Schnee. Wir hausen noch immer in den Mannschaftskasernen, wo es erträglicher ist als in den feuchtkalten Betonmauern des Werkes. Um fünf Uhr abends wird vor der Kehlfront täglich der Bataillonsbefehl verlesen. Den halbstündigen Weg von der Kaserne hinauf gehen wir gerne, doch das stumpfsinnige, nicht enden wollende Warten in Reih und Glied, bis endlich die Befehlsausgabe verlesen, ist ebenso langweilig wie sinnlos. Um mir die Sache etwas reizvoller zu machen, nehme ich manchmal meine Skier mit, verstecke sie hinter dem Werkgelände im Wald, um nachher auf der gegenüberliegenden Seite im tiefen, unverspurten Schnee bis zur Armierungsstraße herunterzuschwingen und anschließend im Langlauf die paar Kilometer bis zur Kaserne zurückzulegen. Diese Freude, allein und ungeschoren die Landschaft zu genießen, dauert nur wenige Tage. Eines Abends begegnet mir auf dem Heimweg plötzlich, eine Zigarre rauchend, der gefürchtete Major Jellinek. Ich bleibe stehen, salutiere. »Soso, mit den Skiern in der Gegend herumlaufen, Haxenbrechen! Ich werde Sie bestrafen!«

Damit ist der harmlose Spaß aus, die erwartete Strafe kam nicht, ich hatte ja auch wirklich keine verdient.

Während im Nordosten Galiziens die große Offensive gegen die russische Übermacht im Gange ist, die Soldaten der Alpenländer durch den polnischen Sand marschieren, kämpfen und fallen, ballt sich im Südwesten der Doppelmonarchie ein Gewitter zusammen, das den deutschen Süden Österreich-Ungarns bedroht.

Anstatt im Süden und am Isonzo Hilfstruppen aufzustellen, kommt ein Aufruf, Kadettaspiranten unserer Werke sollten sich freiwillig zu den Maschinengewehrabteilungen der Einheiten in Russisch-Polen melden. Mir ist der Dienst in der Betongruft von Rocca Alta, die sture kommißköpfige Behandlung durch Gimpelmann und seine Oberen, der Mangel an Freiheit fast unerträglich geworden, also beschließe ich, dem Ruf zu folgen.

Sonntag war's, es schneite dichte Flocken vom Himmel, Stary und ich gingen am Waldrand spazieren. Stary war ein großartiger Erzähler, klug, außerordentlich belesen und sehr musikalisch. Während der Unterhaltung fragte ich ihn, ob er auch freiwillig nach Galizien gehen würde, ich sei dazu entschlossen, aber ein paar gute Kameraden wie er müßten mittun.

»Was fällt dir ein – ich denke nicht daran, nach Galizien zu gehen. Du kannst dich ja melden, aber dir sollte Tirol doch näher am Herzen liegen als die polnischen Gebiete, sag, bist du verrückt?«

»Nein, gar nicht – etwas erleben möchte ich halt und nichts wie weg aus dem betonierten Einerlei da!«

»Wie du meinst. Ich bin Pole, ich sehe keinen Grund, für die Habsburger Monarchie mein Leben einzusetzen.«

»Aber sie ist doch unser gemeinsames Vaterland«, rief ich, packte ihn, warf ihn in den Schnee, kniete mich über ihn und rüttelte ihn an den Schultern: »Du gehst mit mir, oder ich lass' dich hier einfrieren!«

»Was du jetzt mit mir machst, das kann der Ochse mit Aristoteles auch«, sagte Stary und setzte hinzu: »Wenn du mich aufstehen läßt, schenke ich dir eine Rippe Schokolade.«

Aristoteles und die Schokolade hatten ihre Wirkung nicht verfehlt, und wer weiß, vielleicht auch mein Leben gerettet.

Jedoch schon am nächsten Tag hätte mich der gute Aidjukewicz beinahe erschossen. Weber, Kogel, Fischer, Stary und ich waren zum Pistolenschießen befohlen. Nachdem ich mein Pensum absolviert hatte, ging ich in unsere Stube, es war etwa vier Uhr nachmittags, und legte mich auf den Strohsack, um ein bißchen zu lesen. Kurz hernach kam Stary mit seiner Browning zur Tür herein.

Generalstabschef Conrad von Hötzendorf, Kaiser Karl I. von Österreich, Oberst Otto v. Ellison, der italienische Generalstabschef Cadorna.

Die vom Feind abgekehrte Kehlfront von Rocca Alta-Verle mit dem Kasemattblock der rechten Flanke. Als kleine Erhebung auf dem Gipfel die Kuppel des drehbaren Beobachterturms (oben). Noch unbeschädigte Panzerkuppel mit Mündungsrohr einer 15-cm-Turmhaubitze und Sehschlitz (unten).

»Na, wie war's, hast du was getroffen?« fragte ich. »Oh, ja, ich war besser als du«, antwortete er und fuchtelte mit seiner Waffe herum, »ich habe eine moderne Browning« – dabei drückte er ab, und die Kugel schlug zwischen den Beinen knapp einen Zentimeter unter meinem Bauch in den Strohsack. Erschrocken sprang ich auf: »Paß doch auf, du Idiot!«

»Das Luder war doch gar nicht mehr geladen«, behauptete der genauso erschrockene Freund, »schau her«, er zielte wieder in meine Richtung, doch war ich schon zur Seite gesprungen.

»Bist du wahnsinnig – schieß, wohin du willst, aber bitte möglichst nicht in meinen Bauch!!«

Schon drückte er ab, die zweite Kugel schlug knapp neben dem ersten Einschuß in meinen Strohsack.

»Sei so freundlich und fahr mit deiner verdammten Kanone in die Hölle, sonst müssen wir sie dir abnehmen! Kindern gibt man keine Waffen!«

Kleinlaut und sehr vorsichtig legte der kluge Jünger des Aristoteles seinen »neuen« Browning weg und setzte sich. »Schau nach, wie viele Kugeln eigentlich in dem Teufelsding sind«, bat er mich.

Das Magazin war leer, Stary hatte mit fünf Patronen gerechnet, das Magazin aber faßte sieben. Fünf davon hatte er beim Probeschießen verfeuert, die letzten beiden Kugeln hätten gereicht, mein Lebenslicht auszublasen.

In Tirol, in Kärnten, am Isonzo bereitet sich eine Handvoll Soldaten auf den zu erwartenden feindlichen Ansturm vor. Der Verteidigungswille ist groß, die Mittel sind kläglich.

Auf den Hochflächen von Lavarone und Folgaria hatte man im Herbst 1914 damit begonnen, Infanteriestützpunkte zu bauen; jetzt werden sie untereinander und mit den Forts durch Drahthindernisse auf Holzpflöcken verbunden. So entsteht nach und nach ein Provisorium, das zwar nach den bereits gemachten Erfahrungen in keiner Weise genügen kann, aber wenigstens eine Widerstandslinie kennzeichnet; hier soll der Angriff aufgefangen werden. Wie das ausgehen wird, weiß Gott allein.

Aus Krakau treffen kleine Mannschaftstransporte ein, und der Zufall will, daß Kirsch nun wieder bei der Dritten Kompanie landet. Die Forts sind ziemlich einheitlich mit Tirolern, Salzburgern, Polen und Oberösterreichern besetzt. Anfang Mai kommen noch slowenische Rekruten, mit denen man sich kaum verständigen kann und die immer und überall als geschlossene Rudel auftreten. Sie haben fast keine militärische Ausbildung und werden vorwiegend als Träger verwendet.

Die Gerüchte, daß die k. u. k. Kaiserjäger und die gleichfalls vorzüglichen Tiroler Landesschützen aus Rußland heimgebracht werden sollen, um Tirols Grenzen zu verteidigen, wollen nicht verstummen. Doch statt der Kaiserjäger und der Landesschützen-Regimenter kommen nur einige Kompanien Landsturm-Männer aus den älteren Jahrgängen der Reserve und Standschützen – Freiwillige des »Letzten Aufgebots« aus der Trientiner Umgebung – sowie die Gendarmen des Sicherheitsdienstes. Die gesamte bewegliche Artillerie der Hochfläche besteht aus einer Batterie veralteter Feldhaubitzen, die mit Ochsen bespannt ist.

Aber die Forts sind stark und ausgezeichnet bemannt, sie können also äußersten Widerstand leisten. In den letzten Wochen ist man endlich darangegangen, die Wälder im Vorfeld von Verle und Lusern zu lichten. Bei Verle ist es vor allem der dichte Wald auf dem nahen Marcairücken, der eine gefährliche feindliche Annäherung möglich macht. Da es jedoch an Arbeitskräften und Zeit mangelt, werden die Bäume nur gefällt und dann liegengelassen. Ein Übelstand, der uns später noch viel zu schaffen machen wird. Das Arbeiten an den Hindernissen der Stützpunkte wird leichter, denn es gibt keinen Stacheldraht mehr, an dem wir uns die Hände wundgerissen haben, sondern nur noch verzinkten Eisendraht, aus dem wir eine Art breiten Viehzaun flechten. Die Schützengräben zwischen den drei Forts Cima, Rocca Alta und Lusern sind verschalte Erdlöcher, die mit ein paar Dutzend Trientiner Standschützen belegt und mit altmodischen Werndlgewehren – Einzelladern, welche Bleigeschosse von elf Millimeter Kalibern verfeuern – ausgerüstet sind.

Um die Mittagszeit kommen Frauen und Kinder aus den Dörfern, um den Männern das Essen zu bringen. Das sieht alles sehr gemütlich aus, wer aber tiefer schaut, erkennt die furchtbare Gefahr, in der sich das Vaterland befindet: Der Krieg mit Italien droht, und wir haben kaum genug Soldaten für die Verteidigung der Ostfront. Tirol ist schon fast ausgeblutet. Von den vielen jungen Männern, die 1914 ins Feld zogen, haben nur wenige überlebt. Die einzige Hoffnung, einen feindlichen Angriff abzuwehren, sind die Forts.

In den Nächten legen wir Sprengsätze aus, sogenannte Schweizer Minen, die in den Boden versenkt werden und durch Abziehdrähte untereinander verbunden sind. Die Ladung ist mit einer Kette verankert;

geht sie los, so wird der ekrasitgefüllte Stahlzylinder erst aus der Erde geschossen und krepiert, wenn die Kette gespannt ist, in Kopfhöhe. Ihre Wirkung muß furchtbar sein.

Das Minenlegen ist äußerst gefährlich. Vor uns sind fünfzig Mann auf Feldwache, um italienischen Patrouillen, die jetzt häufig die Grenze überschreiten, das Herankriechen zu erschweren. Unsere Arbeitspartie gräbt, solange es dunkel ist, wie besessen in der Erde. Zuckt der Scheinwerferkegel vom Fort Verena auf, so werfen wir uns hin und liegen mit geschlossenen Augen im taufeuchten Gras, bis das Pfeifchen des Fähnrichs trillert. Wenn sie uns gar zu häufig stören, dann nehmen uns die eigenen Scheinwerfer in Lichtschutz. Das gibt jedesmal ein irres Spiel der weißen Kegel, es blendet die Augen und verwirrt uns.

Dazu kommt, daß man mit den Teufelsminen ungeheuer vorsichtig sein muß. Wir bringen sie auf Tragbahren heran, lassen sie in die Löcher hinunter und decken die festgestampfte Erde mit Rasenziegeln. Ist ein Feld fertig, so darf niemand mehr in die Nähe. Der Feuerwerksmeister spannt die Zündvorrichtungen und hakt die Verbindungsdrähte ein.

Das Hinaus- und Zurückgehen wird immer schwieriger und gefährlicher. Fähnrich Weber zählt die Schritte, denn die Minen sind in Schachbrettform nach einem genauen Plan gelegt. Hinter dem Fähnrich folgen wir, Mann an Mann, behutsam durch Gras und Finsternis. Ein Tritt daneben kann einem Dutzend Soldaten das Leben kosten.

Aber trotz Minen und Drahtverhau ist keiner von uns restlos überzeugt, daß der Krieg mit Italien kommen muß. Für die im Hinterland, für die Zeitungsleser und Stammtischpolitiker, mag er eine ausgemachte Sache sein, wir jedoch stehen dem drohenden Ereignis zu nahe, um daran zu glauben. Die Tage sind zu blau, die Abende so friedlich, die uns gegenüberliegende Levespitze, der Mandriol, die Filadonna leuchten in zeitloser Gelassenheit, und unten schweigen die dichten Wälder des Marcairückens, der Brusolada und des Riotorto ernst und düster wie eh und je. Ist es denkbar, daß diese herrliche Landschaft der Lessinischen Alpen vom Brüllen der Geschütze, vom Aufschrei der Getroffenen, von den Hilferufen einsam Sterbender erfüllt sein wird?

Ich denke an meine Heimat, die nicht weniger bedroht ist als die Dörfer hinter uns, an die Menschen diesseits und jenseits der Grenze, mit denen ich unvergeßliche Wanderungen und Bergfahrten unternahm. Mein Dasein lag so klar vor mir wie der Spiegel des Sees, der aus dem Suganertal zu uns heraufglänzt. Ich wollte einen Beruf haben, um in den Bergen leben zu können. Doch der Krieg stürzte wie ein Steinschlag in dieses Dasein. Bei Krakau hatte ich ihn grollen hören und seine Stimme nie mehr vergessen; daß er auch hier sein düsteres Antlitz erheben sollte, schien mir zu wahnwitzig, um es für möglich zu halten.

Unser Werkarzt Dr. Wunderer, ein Salzburger, erzählt, er habe auf der Sanitätsstation einen plötzlich erkrankten Generalstabsoffizier behandeln müssen, dabei sei ihm eine streng vertrauliche Notiz in die Hände gekommen. Dieser habe er entnommen, daß im Falle einer Kriegserklärung durch Italien längs der 350 km langen Front des Trentino im Raum zwischen Rovereto und dem Marmolata-Abschnitt an österreichischen Kräften nur zirka 15000 Mann, größtenteils an Ort und Stelle mobilisierte Einwohner, also Trentiner, zur Verfügung stünden, dazu einige Edelweißbataillone und Sturmkompanien, mehr nicht und an Artillerie klägliche zweiundzwanzig Batterien mit 75 Kanonen! Und diese »Macht« auf 350 km Länge verteilt! Auf italienischer Seite hingegen seien (laut Aussagen von Vertrauensleuten) am selben Abschnitt 180 000 Mann ausgebildete Infanteristen und 170 bewegliche Batterien mit 680 Geschützen einsatzbereit!

In diesen ersten Maitagen 1915 verdichten sich die Kriegsgerüchte von Tag zu Tag. Tirols Standschützen werden einberufen, dürfen aber noch nicht an die Grenze, weil Italien auf keinen Fall provoziert werden soll. Knobel und Dr. Wunderer bitten mich, diese Nachrichten geheimzuhalten, sie seien zu deprimierend. »Wir wollen nur hoffen«, sagen sie, »daß Italien dem Dreibund treu bleibt oder zum mindesten neutral.«

Wir erhalten Sonntagsurlaub. Gehen durch Wälder, in denen die letzten Schneeflecken schmelzen, auf menschenleeren Wegen viele Kilometer weit: Nirgends eine Spur kriegerischen Lebens. Eine Landesschützenkaserne unterwegs blickt uns aus geschlossenen Fenstern schläfrig an, der Posten davor ist der einzige Soldat, den wir sehen. An solchen Tagen bleibt sogar Oberleutnant Gimpelmann unsichtbar, und es gibt keine Befehle des Majors Jellinek aus Folgaria, dessen Stimme am Telefon wie ein schlecht geschmiertes Wagenrad klingt.

Am Abend sitzen wir im Albergo Leon d'Oro und trinken schweren, herben Rotwein: Kirsch und Delago, die Brüder Gfall und der stille, verträumte stud. phil. Valentiner. Daria und Noemi, die Töchter des Wirts, sitzen an unserem Tisch; sie sind gut fünf oder sechs Jahre älter als wir, schöne Geschöpfe mit ausdrucksvollen Gesichtern.

Der Wein löst die Zungen, und die Rede geht gewaltig hin und her. Nur Kirsch und Delago vermeiden es, miteinander zu sprechen. Wenn sie ihre Meinungen austauschen wollen, wenden sie sich immer an einen Dritten.

Ich weiß, daß die böse Sache von St. Ulrich wie glühendes Eisen zwischen ihnen liegt und daß sie beide Briefe von derselben Hand erhalten, was ihre mühsam unterdrückte Feindschaft nur noch steigert. Aber Haß und Eifersucht scheinen sie so fest aneinanderzuketten, daß sie sogar ihre Freizeit im selben Raum, am selben Tisch verbringen müssen.

Valentiner hat schon zuviel Wein erwischt. Sein Gesicht glüht, er macht Daria die kühnsten Liebeserklärungen. Wir haben ihn noch nie so weltmännisch gesehen, so frei von Hemmungen und unterhalten uns glänzend. Daria hört ihm lächelnd zu, während sie sich an Bertl Gfall lehnt und seine Hand streichelt. Das bringt den Altphilologen in Harnisch. Seine Brillengläser bedecken sich mit Wasserperlen, er zitiert Verse von Martial und behauptet, wir würden glatt unter den Tisch fallen, wenn wir wüßten, was für ein frivoler Bursche der alte Lateiner gewesen sei. Auf Bertl Gfall macht das nicht den geringsten Eindruck; er nennt den seligen Martial einen »spinneten Teifl« und flüstert mir zu, daß Valentiner genauso spinnet sei.

Ich blicke immer wieder Noemi an, die mir gegenübersitzt und selten ein Wort spricht. Sie ist schön wie eine Madonna von Botticelli. Ihre großen, dunklen Augen halten mich fest, ich könnte sie stundenlang anschauen, ohne ihrer überdrüssig zu werden. Ihr Antlitz ist von edler Vollkommenheit, die Haut matt und rein wie Elfenbein. Wenn sie das Glas an die Lippen führt, tut sie es mit ihrer langen, schmalen Hand, die zu berühren höchste Seligkeit sein muß.

Während ich noch überlege, wie ich Noemi zu einem Spaziergang einladen könnte, betritt ein Feuerwerker die Gaststube. Es ist einer von denen, die einmal auf der Sperre gedient haben, nach ihrer Entlassung hiergeblieben sind und nun wieder einrücken mußten. Wir springen auf und nehmen Haltung an, der Feuerwerker winkt gnädig ab: Nicht stören lassen, weitermachen! Sein runder Kopf sitzt auf einem zu kurzen Hals, und sein dicker Bauch hat im Uniformrock fast keinen Platz mehr. Über der breiten Oberlippe hängt ein dünner, blonder Schnurrbart, wasserblaue Augen zwinkern vertraulich zu Noemi hin.

Da sehe ich, wie er Noemi zuwinkt, die sich erhebt und ihm mit wiegenden Schritten folgt. Ich bin starr, auf meinem Gesicht muß ein Ausdruck tiefster Betroffenheit liegen. Daria blickt mich an. »Ihr Bräutigam«, sagt sie und macht eine wegwerfende Geste.

So, ihr Bräutigam! Meine frohe Laune ist dahin, ich gieße Glas um Glas hinunter! Hol der Teufel diese Frauenzimmer! Sie wird ihn heiraten, diesen feisten Kerl, der in Fondi einen Krämerladen besitzt. Sie wird dick und plump werden, und ihre schönen Hände werden Mortadella und Schafkäse heruntersäbeln. Was geht das mich an?

Ich trinke weiter, und eine tolle Stimmung überkommt mich. Was Weiber, was Bräutigam. Krieg wird sein, und den Krämerladen in Fondi werden sie genauso zusammenschießen wie alles andere. Lächerlich, sich mit solchen Gefühlen abzugeben!

Eine Ziehharmonika spielt auf, Menschen drängen zur Tür herein, Soldaten, Frauen mit schmalen, braunen

Gesichtern. Sie schieben Tische und Bänke an die Wand und beginnen zu tanzen. Auch Männer in Zivil sind da, abgearbeitete Bauern, Handwerker, Geschäftsleute. Aber sie tanzen nicht, es erscheint ihnen das ein Vorrecht der Jungen, die noch keine Sorgen zu tragen haben. Den Hut auf dem Kopf lehnen sie an den Wänden und unterhalten sich im schwerfälligen Italienisch der Gebirgler.

Valentiner will mit Daria tanzen, aber Bert Gfall ist rascher und schwingt die Schöne im Takt einer hitzigen Polka. Tabaksqualm wirbelt gegen die niedrige Decke, eisenbeschlagene Stiefel stampfen im Rhythmus der Musik. Es wird immer lauter. Rings um mich drehen sich Fenster, Türen, Männer und Frauen in rasendem Wirbel. Noch einmal sehe ich den Feuerwerker mit Noemi Wange an Wange vorübertanzen. Er umfaßt sie mit seiner feisten Hand, über die er ein blaues Taschentuch gebreitet hat. Blöd! Zum Schreien blöd ist das!

Um mich her ist Nacht, helle, blaue Mondnacht. Valentiner steht vor mir und reibt mir mit einem Tuch das nasse Gesicht ab. Nebenan plätschert ein Auslaufbrunnen. Mein Kopf ist leer und schwer. Ich lehne mich an den Brunnenrand, schließe die Augen, öffne sie wieder mühsam.

»Vorwärts, wir müssen einrücken«, hör ich Valentiner sagen, aber es dauert, bis ich begreife. Jetzt hält er das Tuch unter den Wasserstrahl und kühlt mir von neuem die Stirn.

Drinnen hört man noch immer die Ziehharmonika, Tanzschritte schlurfen, dann und wann juchzt eine Stimme auf. Teufel, daß ich soviel trinken mußte! Ich setze mich auf den Boden und bedeute meinem Kameraden, daß mir schon besser sei. Er windet das Tuch aus und zündet sich eine Zigarette an.

So sitzen wir und schweigen. Allmählich wird mein Kopf klar. Wir sind im Wirtschaftshof des Albergo Leon d'Oro, und ich habe einen fürchterlichen Kater. Jedes Haar tut mir einzeln weh, und an Stelle meines Magens trage ich einen glühenden Klumpen im Bauch.

Da kommt wer. Es ist Sigmund Gfall. Er sagt ein paar Worte zu Valentiner und deutet auf mich. Was will er? Jetzt löst sich eine zweite Gestalt aus dem Dunkel und geht auf uns zu. Das ist Leutnant Partik, der Erste Offizier von Rocca Alta. Ich springe auf, reiße die Hand hoch, um zu salutieren, bemerke, daß ich keine Kappe aufhabe. Das ernüchtert mich vollends.

Der Leutnant flüstert mit Sigmund Gfall, dann blickt er zu uns herüber und verschwindet hinter dem Stall. Gleich darauf trappeln Hufe und verhallen langsam in der nächtlichen Stille.

Wir stehen beklommen da. Jetzt heißt es einrücken, und morgen wird mir Gimpelmann wieder einmal die Leviten lesen, mir verschärften Arrest aufbrummen. Das alles wegen einem Frauenzimmer.

Sigmund ist jetzt bei uns. Als Korporal hat er gewissermaßen das Kommando über die Sonntagsurlauber. »Was ist denn los? Was wollte er denn, der Partik?«

»Ruhe! Wo ist dein Umschwung?«

Ich zucke die Achseln. Valentiner geht in die Gaststube und kommt mit meinem Seitengewehr und der Kappe zurück. Mir ist noch immer übel, aber ich kämpfe mit allen Kräften dagegen an. Sie reden von Giovanni Canin – das ist der Sohn des Wirts –, doch ich weiß nicht, was sie von ihm wollen. Der Leutnant ist doch wegen uns gekommen und nicht wegen diesem Giovanni. Ich kenne ihn nur flüchtig und könnte nicht einmal sagen, wie er aussieht. Aber es scheint sich doch um ihn zu drehen.

Wir gehen über den Hof bis zu einer Scheune, die ihn rückwärts begrenzt. Sigmund Gfall wirft seine Kappe weg, knöpft die Bluse auf, sagt etwas zu Valentiner und torkelt dann wie besoffen im Mondlicht umher und gegen die Tür der Gaststube. Ich platze laut heraus, denn es ist zu dumm, wie er die Beine übereinanderwirft. Da faßt mich Valentiner am Handgelenk, reißt mich in den Schatten zurück und ist auf einmal gar nicht mehr der Träumer, für den wir ihn immer halten. »Wenn du nicht das Maul hältst, hau ich dir eine herunter«, sagte er leise, aber eindringlich. »Wir müssen Giovanni Canin schnappen, aber geräuschlos und ohne Aufsehen, verstehst du. Befehl vom Sperrkommando.«

Ich verhalte mich still und wage nicht weiterzufragen. Daß es hier nicht um meinen Rausch geht, merke ich mit großer Erleichterung.

Hinter mir kriecht Valentiner im Heu herum. Er sucht wohl etwas. Schließlich klettert er wieder über die niedrige Bretterwand und hat einen Strick in der Hand. »Wir brauchen dich«, sagt er, »denn der Bursche soll sehr stark sein. Wenn er sich wehrt, nur fest zupacken. Wir müssen ihn binden und knebeln. Wichtig ist, daß niemand etwas merkt.«

Binden und knebeln. Erinnerungen an Karl May werden in mir wach. Warum wir ihn binden sollen, ist mir vorderhand ganz gleichgültig, und zupacken, daran soll's nicht fehlen. Der sonst so ruhige Valentiner scheint angesichts des bevorstehenden Abenteuers außer Rand und Band geraten zu sein; er schnauft vor Aufregung und dreht den Strick in der Hand.

Krachend öffnet sich die Tür des Wohnhauses und schlägt wieder zu. Zwei Männer stehen im Hof, einer davon ist Sigmund Gfall. Er redet auf den anderen ein, torkelt vor ihm her, dreht sich um, faßt seinen Begleiter unterm Arm und wankt mit ihm weiter. Jetzt treten sie in den breiten Lichtkegel, der über das Dach fällt. Der zweite Mann ist ein Zivilist. Unter Sigmunds ständigem Gefasel kommen sie langsam näher.

Die letzte Spur von Benommenheit ist gewichen. Valentiner gibt mir den Strick, und ich drücke mich tief in den Schatten.

Die beiden Männer stehen jetzt knapp vor uns. Sigmund Gfall schiebt ein Bein vor und schlägt Giovanni heftig in den Rücken. Der schlägt zurück, ein wildes Ringen beginnt, Stolpern, Fallen. Zupacken. Ich fasse den rasend Um-sich-Schlagenden am Kinn, er beißt so wütend in meinen Finger, daß ich loslassen muß.

»Valtl!«

Der Lateiner hat die Linke in Giovannis Haar und stopft ihm mit der Rechten das Taschentuch in den Mund, damit er aufhört zu schreien, während Gfall ihm die Hände auf den Rücken bindet.

Unser Gefangener ist völlig erschöpft, versucht zu lächeln, nickt, als wollte er sagen, daß nun der Kampf entschieden sei. »Avanti, Giovanni!« sage ich.

Ohne Widerstand läßt er sich abführen.

Am Waldrand nehmen wir ihm den Knebel aus dem Mund und geben ihm die Arme frei.

»Signori«, sagte er immer wieder, »Signori« – und wendet sich bald an Valentiner, bald an mich. Da wir untereinander deutsch sprechen, gibt er es bald auf und trottet ergeben zwischen uns her auf der nächtlichen Straße gegen Chiesa.

Sigmund erzählt, daß man Giovanni mehrmals beobachtet habe, wie er Flaschenpost in den Astico warf. Das habe ihm Leutnant Partik mitgeteilt, mehr wisse er nicht. – Wir gehen jetzt querfeldein durch Wiesen und Wald, was in Anbetracht meines Katzenjammers etwas beschwerlich ist. Aber ich bin froh, nicht von Partik gestellt worden zu sein, denn er hätte mich melden müssen, und das wäre Wasser auf Gimpelmanns Mühle gewesen.

»Der kann jetzt um Frieden beten«, sagt Sigmund Gfall plötzlich, auf Giovanni deutend. »Wenn der erste Schuß fällt, kommt er vors Kriegsgericht!« – »Aber es ist ja noch nicht Krieg«, sage ich und fühle, wie ein Grauen nach meinem Herzen greift. Giovanni ist ein netter, kräftiger Bursche, sein Gesicht ist so schön wie das seiner Schwestern Daria und Noemi.

Vielleicht ist er unschuldig, denke ich. Erst unlängst sprachen wir davon, wie man Forellen mit einer Flasche voll ungelöschtem Kalk fängt. Das ist in dieser Gegend üblich.

Ich erinnere Gfall daran. Der zuckt die Achseln. »Mit einem aufgeschriebenen Brieferl in der Flasche drinnen hat noch keiner Forellen g'fangt«, sagt er kurz.

Armer Giovanni! Daß er es aus Gewinnsucht getan hat, glaube ich nicht. Er wird als Irredentist in das Hinterland abgeschoben werden und in ein Lager kommen.

Im Morgengrauen liefern wir ihn ein; ich bin herzlich froh, nicht mehr in sein Gesicht mit dem Lächeln über der verhaltenen Angst schauen zu müssen. Die Gendarmen geben uns Brot und Kaffee. Dann strecken wir uns auf den Bänken der Wachstube aus, denn wir müssen erst nachmittags wieder in Verle sein.

Die Nervosität unserer Kommandostellen ist begreiflich. Wir wissen, daß im Trentino, also auch in den sieben Gemeinden von Lavarone-Folgaria, die Lega nazionale der »unerlösten Provinzen« alles daransetzt, das angeblich so verhaßte Joch der Habsburger abzuschütteln. Die Gelegenheit ist einmalig, es bedürfe nur einiger kühner Aktionen, so glauben die Irredentisten, um der italienischen Armee Tür und Tor zu öffnen, denn der wichtigste Frontabschnitt verlief ja im Ernstfalle von Rovereto bis zur Marmolata, von einigen verlorenen deutschen Sprachinseln abgesehen, durch italienisch besiedeltes Gebiet.

Andererseits merken wir mit Genugtuung, daß es in den Dörfern, sei es Lusern, Levico, Caldonazzo, Chiesa oder Folgaria, den Irredentisten nicht gelungen ist, die ländliche Bevölkerung des Trentino für sich zu gewinnen. Gefragt, antworten sie: »Siamo Tirolesi.« Zu viele Trentiner kämpfen in Rußland für ihr altes Österreich, und so ist zu erwarten, daß sie – mit Ausnahmen – auch hier ihren Mann stehen werden! Im Verlauf der späteren Kämpfe haben Tausende von Welschtirolern bewiesen, daß ihr »siamo Tirolesi« kein leeres Lippenbekenntnis war. Um so mehr betrübt mich die befohlene Verhaftung Giovannis, auch weil ich weiß, wie sehr die Sympathien seiner Eltern und Schwestern auf unserer Seite sind.

Es ist zu erwarten, daß hier oben im günstigsten Einbruchsgebiet zwischen Cima di Vezzena und Lusern erbitterte Kämpfe stattfinden werden, wenn es zum Kriege kommt. Und daß es dazu kommen wird, ist angesichts der prekären Situation, in welcher sich die bedrängte Monarchie befindet, kaum zu bezweifeln. Aus spärlichen mündlichen Nachrichten können wir uns einen eigenen Reim auf das, was kommen wird, machen. Stary erhält von einem Mineur eine italienische Zeitungsnotiz, die er, da er nicht Italienisch kann, mir gibt. Darin heißt es, Signor Giolitti, ein 73jähriger demokratischer Abgeordneter, sei seines Lebens nicht mehr sicher, weil er im römischen Parlament gegen die Kriegstreiber scharf Stellung genommen habe, aber die radikalen Nationalisten würden Italien in einen Aufstand treiben, wenn der Krieg gegen Österreich nicht baldigst beschlossen werde. Die Entente Frankreich–England bestehe auf einer raschen Kündigung des Dreibund-Vertrages, der Italien an Österreich und Deutschland bindet. Bedrückt gebe ich Stary das Zeitungsblatt zurück.

Ein Kanonier ist aus dem Fort desertiert, ein kleiner, schmächtiger Junge mit melancholischen, großen Augen, den alle gut leiden können. Er heißt Ulir, aber wir nennen ihn Urschi.

Einmal überraschten wir ihn, wie er allein in der Stube auf dem Pritschenrand saß und das Foto eines hübschen Mädels streichelte. »Meine Urschi, meine liebe Urschi«, sagte er dazu laut vor sich hin. Seither heißt er Urschi.

Heute morgen war er auf Wache im Vorfeld und ist hinüber. Er hat es aus Angst getan, aus krankhafter Angst vor einem Ereignis, das plötzlich aus heiterem Himmel niederfahren und ihn vernichten könnte. Solche Menschen leiden im Krieg mehr als alle anderen, weil sie sich vor dem Möglichen fürchten; und das Mögliche erwarten sie immer und überall; es verfolgt sie im Schlaf wie im Wachen.

Der einzige Ort, an dem sich Urschi sicher fühlte, war die Schreibstube der Kompanie. Tagelang konnte er dort sitzen und Verpflegungslisten kopieren. Der Rechnungsunteroffizier hatte nie einen fleißigeren Mitarbeiter.

Seit er aber in einem Geschützturm Dienst tun mußte, sprach er kaum ein Wort mehr, nur die Angst wanderte rastlos über seine Züge. Er hielt sogar ein ungeladenes Geschütz für gefährlich. Wenn er nach der Abziehschnur griff, um den Schuß abzufeuern, zitterten seine Hände.

Ich erinnere mich eines Vorfalls, der für Urschis Seelenzustand bezeichnend ist: Eines Tages müssen wir in der Turmhaubitzbatterie Munition umlagern. Ich komme mit dem armen Kerl in eine Arbeitspartie.

»Faß an!« sage ich und greife nach den Traggurten eines Verschlages.

Er wird noch blasser, als er ohnedies ist, setzt sich vorsichtig auf einen Stapel leerer Kisten und verbirgt das Gesicht in den Händen.

»Ist dir schlecht?« frage ich.

Er schüttelt den Kopf. »Nein, nein – nur das Zeug da«, flüstert er und deutet auf die Verschläge.

»Blödsinn, Urschi! Wir hauen doch nicht damit herum. Faß an!«

Er erhebt sich und greift zu. In einer halben Stunde sind wir fertig, verschnaufen ein wenig. Urschi sitzt neben mir auf einer Kiste und tut so, als ob er sich schon gefaßt hätte, aber ich sehe, daß ihm der Hintern brennt vor Angst, unversehens mit dem ganzen Munitionsraum in die Luft zu fliegen. Da muß man hart zugreifen, denn Furcht vor nichts ist eine Krankheit, die den Mann auffrißt wie Rost das Eisen. Also sage ich so obenhin:

»Manchmal geht so ein Luder los, ohne daß man es berührt.«

Urschi springt auf, als hielte ich ihm einen Revolver unter die Nase.

»Na ja«, sage ich beruhigend, »wir müssen nicht gerade dabeisein, aber es kommt vor.«

Im nächsten Augenblick ist Urschi verschwunden. Als ich in den Kasemattblock hinübergehe, taucht er plötzlich wieder auf und bittet mich inständig, nur ja nichts von dem Vorfall zu erzählen. Er sei krank, aber der Arzt glaube ihm nicht. Er werde bestimmt eines Tages umfallen und tot sein. Und dabei hat er Tränen in den Augen, er tut mir herzlich leid.

Nun ist er heute früh davon. Zwicknagel, der mit ihm auf Feldwache war, meldete, Urschi sei im Morgengrauen einfach weggelaufen, schnurstracks auf das Gehöft Vezzena zu, in dem italienische Zollbeamte liegen. Erst als er ihn nicht mehr gesehen habe, sei ihm, Zwicknagel, klargeworden, daß Urschi keinen Spaß machen wollte, sondern wirklich desertiert sei.

Nachmittags müssen wir mit Fähnrich Kobel auf Patrouille, um vielleicht von den Italienern etwas über Urschis Verbleib zu erfahren. Es ist der 22. Mai. Die Kriegsgerüchte sind verstummt. Die Zöllner scheinen nicht daran zu denken, Vezzena zu räumen.

Dreißig Mann stark gehen wir am Hang der Cima durch unseren Drahtverhau und kommen den Wald entlang über die bunten Frühlingswiesen nach Vezzena. Vor dem Grenzpflock bleiben wir stehen und rufen. Es dauert nicht lange, bis die beiden Italiener auftauchen. Einer hat Urschis Gewehr in der Hand und übergibt es unserem Fähnrich. Es ist ein deutsches Modell, ein altes Mausergewehr, wie es alle Artilleristen des Forts haben, seit man ihnen die Mannlicherstutzen abgenommen hat, um sie nach Rußland zu schicken.

»Nicht gutt«, sagt der Zöllner und deutet auf den Lauf, der durch das Überfangrohr plump und vorsintflutlich aussieht. »Nicht gutt, wenn Krieg ist. Wir 'aben viel besser.«

Fähnrich Kobel meint, es komme zu keinem Krieg, sonst wären keine Finanzieri mehr da. Das reizt den Italiener. Er deutet hinter sich in die Landschaft. »Viele Soldaten«, sagt er, »viele Kanonen – alles voll!«

Das wissen wir auch, denn wir sehen ja täglich die vielen Rauchsäulen der Lagerfeuer zum Himmel steigen. Wie viele es sind und was für Kaliber die Geschütze da drüben haben, das wäre interessant zu wissen. Der Mann mit den gelben Aufschlägen deutet an, daß er Geschütze gesehen habe, bei deren Anblick uns das Lachen vergehen würde. »In einem Tag – Cima, Verle, Lusern – alles kaputt«, erklärt er und blickt uns mitleidig an. »Alles completamente kaputt«, wiederholt er für jene, die ihn vielleicht nicht verstanden haben sollten. Hm, das ist sehr traurig, aber wir müssen gehen. Der Fähnrich fragt nach Urschi.

Oh, der sei gescheiter als wir, meint der Italiener. Als man ihm das Gewehr abgenommen habe, hätte er zwar geweint, aber als sie ihm erklärten, daß Verle ohnedies nur mehr ein paar Tage stehen würde, sei er zufrieden gewesen. Jetzt dürfte er schon in Bassano sein.

Fähnrich Kobel bedankt sich für die erschöpfende Auskunft, wir machen uns auf den Weg, steigen aufwärts, immer längs der Grenze durch den Wald zwischen dem Marcai- und Verlerücken und weiter über blühende Hochwiesen zum Mandriol, einem steil gegen das Suganer Tal abfallenden Gipfel. Links wird die

Leve-Spitze sichtbar. Der dort errichtete, weit vorgeschobene Stützpunkt ist unbesetzt, weil wir nicht genügend Leute haben. Gewiß wird er in der ersten Stunde nach Kriegsbeginn von den Alpinis besetzt werden.

Als wir aus dem Wald heraustreten, sehen wir eine italienische Patrouille auf uns zukommen. Sie ist genauso stark wie wir, ein Offizier und dreißig Mann, und legt ein eigentümliches Verhalten an den Tag: Wenn wir uns der Grenze nähern, tut sie das gleiche, entfernen wir uns, so marschiert auch sie landein. Schließlich wird es Fähnrich Kobel zu dumm, und wir gehen geradeaus zum Grenzstein unter dem Mandriol. Die drüben kommen rasch näher, und als wir uns im Gras niederlassen, lagern sie sich auch. So sitzen wir einander auf etwa zehn Schritt gegenüber, zwischen uns als stummen Schiedsrichter den weißen Stein, dem seit Menschengedenken nicht so viel Achtung gezollt wurde.

Was nun?

»Sigarette?« ruft einer der Italiener herüber und hält eine Tafel Schokolade hoch.

Das Tauschgeschäft beginnt. Die beiden Offiziere betrachten unterdessen mit ihren Ferngläsern aufmerksam die Gegend. Der Leutnant drüben kennt natürlich jede Gewehrscharte unserer Stützpunkte, jedes Blechstück auf unseren Forts, und Fähnrich Kobel blickt immer wieder nach den Rauchwolken, die aus den Tälern, Mulden und Wäldern aufsteigen. Es ist nur ein Akt der Höflichkeit, Interesse an den Maßnahmen des künftigen Gegners vorzutäuschen.

Endlich haben wir ihre Schokolade und sie unsere Zigaretten. Ehe wir weitermarschieren, werden noch Komplimente ausgetauscht, die in einem ironischen »Arrivederci!« unseres Oberjägers Franz Well gipfeln.

Doch dann geschieht etwas Merkwürdiges: Ein Stein kommt geflogen. Er ist nicht bös gemeint, er dient nur als Briefbote; denn er ist mit einem Zettel umwickelt, auf dem steht: »Evviva la pace!«

Der Fähnrich steckt den Zettel ein. Gilt er als Beweis für die geringe Kriegsbegeisterung der Italiener? Die Alpini und Bersaglieri, die nach den Angaben der Finanzieri uns gegenüberliegen, werden trotzdem wie die Teufel kämpfen, und so wird es an der ganzen Alpenfront sein.

Wenn ich an das Grödnertal, Sexten und Colfuschg denke, krampft sich mir das Herz zusammen. Unsere Dörfer sind noch schutzloser als die Hochfläche hier, auf der wenigstens die Forts stehen.

Dr. Delapina kommt mir flüchtig in den Sinn. Hat er mir nicht einmal erzählt, daß er Reserveleutnant im Alpinibataillon Bassano sei?

Als wir bei sinkender Sonne nach Verle kommen und ich mich auf den Strohsack werfe, werden von der Postordonnanz Briefe und Liebesgabenpakete verteilt. Ein Brief von der Mutter ist dabei und die »Münchner Neuesten Nachrichten«, die mir dann und wann von einer netten Bergsteigerin geschickt werden, mit der ich so manchen schönen Sommertag kletterte. Noch bevor ich die in sorgfältiger, schöner Schrift geschriebenen Zeilen der Mutter lesen kann, läßt mich Gimpelmann rufen. Ich ziehe meine Bluse an und schnalle das Bajonett um. Brief und Zeitung stecke ich in die Manteltasche, ich will abends alles in Ruhe lesen und genießen.

Bei meinem Eintritt erhebt sich Gimpelmann von seinem Ledersessel – den hat er aus dem Offiziershaus an der Armierungsstraße ins Werk bringen lassen, um darin seine Sorgen zu wälzen –, geht mir entgegen, fordert mich auf, Platz zu nehmen. Aha, jetzt wird es ernst, denke ich; heute oder morgen gibt es Krieg. Nur so ist der Umschwung seiner Gefühle zu erklären. Der »gnädige Herr« will etwas von mir, etwas Besonderes.

»Was ich Ihnen jetzt sage«, beginnt er, »ist strengstes Dienstgeheimnis, verstanden?«

»Jawohl, Herr Oberleutnant!«

»Also hören Sie. Es ist höchste Bereitschaft angeordnet. Das Sperrkommando glaubt, daß die Italiener heute nacht den Krieg erklären und gleichzeitig die Grenze überschreiten werden. Auf der ganzen Linie werden verstärkte Feldwachen aufgestellt, da brauche ich einen verläßlichen Mann!«

»Jawohl, Herr Oberleutnant!«

Ich überlege, warum er davon soviel Aufhebens macht, wo doch ein einfacher Befehl genügt hätte. Schließlich packt er aus: Unsere Feldwache soll so weit vorgeschoben werden, daß Rocca Alta die Grenzüberschreitung als erste entdeckt.

Er hat Ehrgeiz, der Herr Oberleutnant, er will die Nacht über persönlich im Kommandoturm der Haubitzbatterie bleiben.

»Sehen Sie her«, sagt er und fährt mit dem langen Nagel seines Zeigefingers auf einer Landkarte herum. »Sie müssen bis auf die Waldblöße vorgehen. Sie nehmen ein Feldtelefon und Leuchtpistolen mit. Wenn Sie feindliche Patrouillen feststellen, alarmieren Sie mit einer roten Patrone. Ich lasse dann gleich den Waldrand unter Feuer nehmen.«

»Ist denn der Krieg schon erklärt, Herr Oberleutnant?« wage ich einzuwenden.

»Grenzüberschreitung bedeutet soviel wie Krieg. Kümmern Sie sich nicht darum, ich weiß, was ich tue, und werde es verantworten. Sie erhalten sieben Mann. Um halb neun Uhr gehen Sie hinaus.«

»Zu Befehl, Herr Oberleutnant!«

»Wenn Sie Ihre Sache gut machen, sind Sie morgen Korporal. Ich weiß, daß die Italiener jede Nacht Grenzverletzungen begehen. Sie werden also ganz sicher eine solche feststellen können. Und dann . . .« Der Gescheitelte reckt sich hoch und steht, die Rechte auf dem Rükken, da wie Bonaparte. »Dann«, sagt er tief atemholend, »werden wir ihnen heimleuchten!«

»Jawohl, Herr Oberleutnant«, sage ich ein letztes Mal und gehe mit dem Gefühl, der Angelpunkt der europäischen Geschichte zu sein.

Die Eisentüren am Zwinger werden geöffnet, wir treten hinaus. Es ist Nacht, aber der Mond wird noch einige Zeit auf sich warten lassen. Wir gehen durch das Hindernis im Kehlgraben und marschieren zum nächsten Stützpunkt hinunter. Dort führt eine Gasse durch den Drahtverhau. Zwei Standschützen heben die Spanischen Reiter beiseite, und wir sind im Vorfeld. Einen Augenblick überlege ich, wie weit wir nach links müssen, um nicht in die Minen zu geraten, dann ziehen wir los.

Ich bin überzeugt, daß wir in dieser Nacht höchstens frieren werden, aber ein solcher Auftrag wirkt doch beklemmend. Wenn sie nicht kommen, die italienischen Streifen, wird Gimpelmann behaupten, wir hätten eben keine Augen im Kopf. Das ist zwar leicht zu ertragen, aber ich weiß, was er will, ich habe ihn gut verstanden. Ich weiß auch, daß ihre Patrouillen jede Nacht auf unserem Boden sind, ich habe sie oft gesehen und nicht geschossen, weil es streng verboten war. Jetzt sollen sie gleich mit Geschützfeuer empfangen werden?

Wenn sie aber wirklich kommen, das heißt, wenn sie einen Überfall auf die Sperre versuchen, dann gnade uns Gott!

Wir sind auf der Waldblöße, drei Mann liegen bei mir, zwei sind rechts, zwei links von uns. Wir legen die Gewehre vor uns nieder und schieben die Hände in den Mantelärmeln ineinander. Es ist ganz still. Nur selten kreischt ein Käuzchen oder schrillt einer der Bergfrösche, deren Stimmen wie die der Grillen klingen, in den Wassertümpeln hinter uns.

Jenseits der Wiese steht der Wald, eine zackige, dunkle Mauer. Dorthin will der Gescheitelte feuern, wenn wir eine erste rote Leuchtrakete in den Himmel fahren. Ich weiß, daß er darauf wartet, aber er wird umsonst warten.

Wir bohren die Blicke in die schweigende Finsternis, es ist nichts zu sehen, doch hören wir deutlich die Geräusche aufsteigender Alpini, die ganz nah sein müssen. Stunde um Stunde liegen wir im feuchten Gras, ohne uns zu rühren. Langsam steigt der Mond über den Gipfeln hoch, eine silberne Sichel, die mildes Licht über die Landschaft gießt. Die Talsenke hinter uns füllt sich mit weißen Nebelschwaden, darüber ragt am Gegenhang das Fort Verle auf. Man sieht deutlich die drei Hinderniszonen, die Silhouette des Batterieblocks mit den Panzerkuppeln, die Nahkampfanlage.

Der Scheinwerferkegel vom Fort Verena zuckt über das Gelände und bleibt auf der Niederung vor dem Stützpunkt Basson liegen. Die Straße und das Gehöft von Vezzena sind jetzt grell beleuchtet. Da verschwindet das Licht wieder ins Leere hinunter.

Langsam kommt der Nebel näher und hüllt auch uns ein. Wir setzen uns auf, lehnen die Rücken gegeneinander und halten die Gewehre auf den Knien. Von drüben her erklingen verhaltene Kommandos der Alpini, es müssen mehrere Kompanien sein. Der weiße Dampf wird Gott sei Dank immer dichter und dichter.

Auf einmal sind wir ganz in Licht getaucht. Das sind Gimpelmanns Scheinwerfer. Der Kegel zuckt durch den Nebel, das grelle Scheinen ist jetzt links von uns.

Ich blicke auf das Leuchtzifferblatt meiner Armbanduhr. Halb eins. Vier Stunden sitzen wir erst hier, es ist, als wäre schon eine Ewigkeit verflossen.

Eine Faust stößt mich aus dem Schlaf.

»Horch!«

Irgend etwas kriecht heran, man hört deutlich das Streifen eines Körpers im Gras. Wir gleiten lautlos zu Boden und legen die Sperrklappen der Gewehre um. Das knackt und verrät uns sicher. Jetzt wird der Radau gleich losgehen. Vielleicht ist es doch gut, wenn die Haubitzen von Rocca Alta mitsprechen. Ich taste nach der Leuchtpistole neben mir. Sie ist geladen. Man braucht nur den Hahn aufzuziehen und abzudrücken, dann decken sie den Waldrand drüben mit Granaten zu.

Jetzt wieder das Rascheln im Gras. Ich presse die Hand um den Kolbenhals, mein Herz pocht so stark, daß ich es in den Schläfen höre. Die Sekunden dehnen sich ins Endlose. Und nun wieder das Huschen und Gleiten, diesmal ganz nahe. Himmelherrgott!

Da richtete sich mein Nebenmann auf und deutet grinsend auf einen kleinen, dunklen Schatten, der eilig davonhoppelt: ein Hase, den der Scheinwerfer aus seinem Lager aufgeschreckt hat! Noch zwei Minuten dieser

Ungewißheit und Gimpelmann hätte das Vaterland gerettet. Die Entlarvung des »Angreifers« ist zu früh erfolgt.

Allmählich hebt sich der Nebel und gibt einen blaßgrünen Himmel frei. Im Wald erwachen die ersten Vogelstimmen. Zwei meiner Kameraden liegen auf dem Rücken und schlafen, der dritte ist im Begriff, ein Gleiches zu tun. Rabensteiner und ich sitzen noch immer aneinandergelehnt und schauen in das Aufblühen des jungen Tages.

Es ist halb vier vorbei. Ich pfeife leise. Sechs frierende Männer kommen, die Mantelkragen hochgeschlagen, durch das nasse Gras.

Glühendrot steigt die Sonne hinter den Gipfeln auf und kündet einen neuen Tag an, einen schicksalhaften Tag, den 23. Mai 1915.

Wer von uns ahnte damals, daß mit ihm ein neues Blatt europäischer Geschichte beginnen sollte, dessen Ziel die Zertrümmerung der österreichischen Monarchie war!

Wir gehen in das Fort zurück und haben kaum einen Blick übrig für die Schönheit dieses jungen Maientages. Wir sind müde, hungrig, durchnäßt und übernächtigt. Der Posten am Zwinger stellt uns, wir wechseln Feldruf und Losung, die Eisentore rasseln auf. Ein Tag wie jeder andere, nur etwas früh begonnen, nichts weiter.

Die Bereitschaften in den Kampfräumen warten mit umgehängten Decken auf die Ablösung. Der Großteil der Besatzung schläft noch. Aus der Küche kommt der Duft von Kaffee und frischem Brot. Wir holen gleich unsere Eßschalen, um etwas Wärme in den Leib zu bekommen. Ich frage nach Gimpelmann. Er hat sich vor einer halben Stunde in die Kommandantenkasematte zurückgezogen. Auf dem vorderen Panzerstand hat Fähnrich Weber Dienst.

Ich lege mich nieder und schlafe gleich ein. Nicht einmal die bevorstehende Auseinandersetzung mit dem Gescheitelten stört mich. Er kann froh sein, daß wir nicht alarmiert haben, es wäre eine böse Blamage daraus geworden, wenn nicht Ärgeres.

Erst am frühen Nachmittag wache ich auf. Wolkenlos blau wölbt sich der Himmel über der Landschaft. Die Ferne liegt in seidigem Dunst. Das verspricht für die nächsten Tage schönes Wetter. Insekten schwirren in der Luft, es ist sehr warm. Am Waldrand, dem Fort gegenüber, fällen sie Bäume, um das Vorfeld zu verbreitern, von der Straßensperre dringt Arbeitslärm herauf.

Dann gehe ich über den Batterieblock, dessen Betonrücken Gluthitze ausstrahlt. Im Schatten der ersten Kuppel sitzt Fähnrich Weber und schaut mit dem Glas zu den beiden italienischen Forts Verena und Campolongo hinüber, die als Eckpunkte eines langgestreckten Bergrückens das Sichtfeld im Südosten begrenzen. Ich setze mich zu ihm, und wir sprechen eine Weile über den Grenzverlauf und die Maschinengewehrtypen, die wir im Vorfeld stehen haben. Der Fähnrich hält Gimpelmann für einen hervorragenden Soldaten, in dessen Händen Rocca Alta eine furchtbare Waffe sei. Als ich ihm sage, daß der Gescheitelte im Ernstfall keine drei Tage das Fort kommandieren werde, lächelt er ungläubig.

Es mag etwa eine Stunde verstrichen sein, als vom Kasemattblock herüber die Alarmglocke ertönt. Wir springen auf, wissen nicht, was los ist.

»Alarm, Probealarm«, sage ich. »Wahrscheinlich will der Oberleutnant . . .«

»Alarm! Einrücken!« ruft in diesem Augenblick eine Stimme durchs Sprachrohr aus dem vorderen Panzerstand. »Alarm! Einrücken!« schallt es aus dem Kehlkoffer gegen die Straßensperre.

Der Arbeitslärm am Waldrand verstummt, die Leute sammeln sich. Das ist keine Probe, das ist Ernst. Ohne äußerste Notwendigkeit läßt Gimpelmann die Arbeit im Vorfeld und an der Straßensperre nicht unterbrechen. »Gehen wir«, sagt Weber. Ich halte sein Glas in der Hand und richte es auf das italienische Fort Verena. Deutlich sehe ich den Posten zwischen den vier Panzerkuppeln hin und her gehen. Es ist nicht anders als sonst . . .

Wir steigen durch den Deckenaufgang hinunter, das Dämmerlicht des Kasemattganges umfängt uns. Die Besatzung ist auf Alarmposten, sie tritt auf dem langen Gang an. Die Offiziere stehen auf dem rechten Flügel, ein Feuerwerker schreit mit den Rekruten herum. Ich will mein Bajonett holen, doch Gimpelmann befiehlt: »Eintreten! Alles! Ohne Seitenwaffe sofort eintreten!«

Da stehen wir nun in zwei langen Reihen; beklemmende Stille liegt über dem düsteren, von wenigen Kohlenfadenlampen erhellten Kasemattengang. Gimpelmann zerrt an seiner Bluse und fährt sich hin und wieder in den Halskragen, als würge ihn etwas. Neben ihm steht der Telefonist Beham mit einem Telegrammformular in der Hand. Er ist wohl der einzige von uns, der weiß, was darin steht, aber sein Gesicht mit den schmalen Lippen ist völlig unbewegt.

Krieg, denke ich, das Blatt dort, das ist die Kriegserklärung, und es ist ganz so, wie ich mir das immer vorgestellt habe: Erst wird etwas verlesen und dann geht's los.

Gimpelmanns Gesicht glänzt vor Schweiß, er wischt sich immer wieder Stirn und Wangen ab.

Da erhebt sich vom Zwinger her Bewegung, Schuhe trappeln, die Arbeitseinteilungen rücken ein. Kommandorufe, Kopfwendung. Leutnant Partik geht auf Gimpelmann zu und erstattet Meldung. Wieder tiefe Stille. Alle blicken gespannt auf den Oberleutnant, der den Aufruf des Kaisers Franz Joseph an die Soldaten seiner Monarchie zu lesen beginnt:

»An meine Völker ...«

Nun steht der Krieg klar und deutlich vor uns, nun ist uns plötzlich bewußt, daß es um Leben und Tod, um Tirol, um alles geht. Teile des kaiserlichen Manifestes bleiben in meinem Gedächtnis haften: »... ein Treubruch ohnegleichen ist von Italien an seinen Verbündeten nach dreißigjähriger Dauer begangen worden ... hat uns in der Stunde der Not verlassen, ist in das Lager unserer Feinde übergegangen. Wir waren zu Opfern bereit, aber Italiens Begehrlichkeit war nicht zu stillen ...«

Zwischen den verlesenen Worten dröhnt es wie mit Paukenschlägen: Krieg – Krieg – Krieg –. Und als uns Gimpelmann auffordert, ein dreifaches Hurra auf Kaiser und Vaterland auszubringen, klingt es dünn und heiser. Wir sind zu erschüttert, zu betroffen, um in diesem Augenblick laut hurra schreien zu können.

Es ist der 25. Mai des Jahres 1915, der Tag, an dem König Vittorio Emanuele III. Österreich den Krieg erklärt hat.

Gimpelmann befiehlt mir, auch diese Nacht die gestern bezogene Feldwache zu besetzen. Ich gehe in die Kasematte, versuche zu lesen, aber ich bin zu unruhig, die Furcht vor dem Kommenden läßt mich nicht los.

Draußen ist es so still wie immer. Nicht einmal die Stahlläden der Kehlfront sind geschlossen, Sonnenschein liegt auf der sanften Bodenwelle hinter dem Fort, die Drahtverhaue glitzern, als ob sie aus Silber wären.

So vergeht eine Viertelstunde um die andere, ohne daß sich das geringste ereignet. Es heißt, daß am Abend jeder einen halben Liter Wein bekommen würde. Die Brüder Gfall und einige andere Kameraden, die schon an der Ostfront waren, behaupten, daß nun nicht alles gleich drüber und drunter gehen werde. Allen Anzeichen nach haben sie recht: Selten war es in und um Rocca Alta so ruhig wie zu dieser Stunde, die Zeit scheint stillzustehen . . .

Was war das? Wieder der vierfache Schlag und das Rollen von Berg zu Berg.

Die Tür wird geöffnet, ein Mann steckt den Kopf herein und schreit: »Scharten zu!«

Da flammt es vor uns viermal, rollt ungeheuer mit mächtigem Rauschen. Eisen heult durch die Luft, dumpf poltern die Explosionen der Granaten auf unserem Deck, der Tod schlägt um sich.

In der Nahkampfanlage drängen sich die Leute an den Maschinengewehrscharten. »Ein paar hat's erwischt«, höre ich sagen, und dann kann ich durch einen der schmalen Schlitze selbst hinausschauen.

Über der Cima hoch oben zerfließen schwarze Rauchwolken, mehr kann ich mit freiem Auge nicht wahrnehmen. Aber mein Nachbar, dem ein Fernglas um den Hals baumelt, behauptet, auf dem Hang unter der Spitze lägen Verwundete. Die Italiener hätten da oben zu graben begonnen, gleich der zweite Schuß habe drei, vier von ihnen getroffen, die anderen wären wieder verschwunden.

Wir schauen noch eine Weile hinaus. Die Batterien von Verena und Campolongo haben das Feuer eingestellt, alles ist wieder so ruhig wie vorher. Ich nehme das Glas und suche das Vorfeld ab, ohne irgend etwas Verdächtiges zu entdecken. Das Schieferdach von Vezzena hebt sich hell und freundlich gegen den dunkler werdenden Wiesengrund ab, die Kapelle ist unversehrt. Wahrscheinlich werden wir das Gehöft in den nächsten Tagen zusammenschießen müssen. Damit wäre der alte, heikle Grenzstreit entschieden, ob die Meierei Vezzena auf unserem oder auf feindlichem Boden liegt.

Noch während ich darüber nachdenke, kommt wieder das eigentümlich pfeifende Heulen, schwillt unbarmherzig an, wird immer mächtiger. Mündungsfeuer blitzen auf, Erd- und Rauchsäulen brechen dunkel aus dem Waldrand zum Himmel, Donner und Widerhall folgen, Fichten stürzen krachend nieder. Wenn das nun der erste Gruß war, können wir uns auf allerhand gefaßt machen!

Die nächsten Minuten dehnen sich endlos, aber merkwürdig, es geschieht nichts mehr.

Letztes Leuchten verschwindet von der Cima, der Levespitze, dem Mandriol. Die Mulden vor dem Costesin und das Tal verschwimmen in blauen Tönen, langsam mischen sich Wälder und Wiesen zu gleichfarbigem Grau. Über dem Verenarücken blinkt ein Stern auf, die Nacht fällt ein.

Mit meinen fünf Landesschützen verlasse ich wie gestern das Fort, passiere die Straßensperre und gehe mit gemischten Gefühlen gegen die Mulde unterhalb des Mandriol vor. Überlaut rascheln die Schuhe im Gras, die Trommel der Telefondrahtrolle quietscht; ich habe das peinliche Gefühl, daß man uns meilenweit hören muß. Nach einer Stunde sind wir in der gedeckten Mulde beim Grenzstein, etwa einen Kilometer vor unserem Fort. Rechts von uns, auf den Hängen des Stützpunktes Basson, liegen einige Tiroler Landstürmer und Gendarmen. Wir haben uns verständigt, um uns nicht gegenseitig anzuschießen.

Auf unseren telefonischen Anruf meldet sich Verle, der Apparat ist also in Ordnung. Die Italiener wissen bestimmt, wie schwach wir sind, wie elend es um die Räume zwischen den Forts bestellt ist. Ein verwegenes, rasches Vorgehen würde sie wochen-, ja monatelanger Belagerung entheben und ihnen den Weg ins Etschtal öffnen . . .

Zwischen Cima und Verle ist ein Raum von dreieinhalb Kilometern nur mit etwa zweihundert Standschützen besetzt. Auf dem Ringstützpunkt Basson, ausgebaut mit neunhundert Gewehrscharten, liegen ganze vierzig Landstürmer und Gendarmen, zwischen Verle und Lusern – auf sechs Kilometer Breite – etwa zweihundertfünfzig Verteidiger. Ein beherzter Anlauf des Gegners im Morgennebel, und die Forts wären nur mehr Inseln im besetzten Land. Sie könnten den Vormarsch der Italiener zwar stören, aber man könnte sie einschließen und aushungern. Sie haben für hundert Tage Verpflegung . . . aber wenn man die Pumpenhäuser sprengt, die Wasserleitungen unterbricht, dann würden sie sich bald ergeben müssen.

All das überlege ich, während ich in der Mulde liege und hin und wieder die Telefonleitung überprüfe. Weitum ist es still, nur das Quaken der Bergfrösche und das Rufen der Eulen vom Marcaiwald her unterbrechen dann und wann das Schweigen. Wie das Tasten zweier Boxer, die noch nicht wissen, ob sie schlagen oder warten sollen, geht das Spiel der Scheinwerfer hin und her. Verena, Campolongo, Verle und Lusern drehen nervös ihre Lichtwerfer, sogar die beiden kleinen Lämpchen der Cima sind zeitweise in Betrieb, aber kein Schuß unterbricht die unheimliche Stille.

Da springt plötzlich ein mächtiger italienischer Scheinwerfer am Fuße der Brusola auf, umfaßt uns, so daß wir minutenlang geblendet sind. Wenn sie diesen Lichtkegel auf Verle legen, können sie links und rechts in der Finsternis mit Spazierstöcken vorgehen, ohne daß ihnen ein Haar gekrümmt wird.

Vielleicht warten sie, bis der Mond kommt oder bis uns die Bodennebel zudecken. Die Stunden verrinnen nur langsam. Im Schutz der mitgenommenen Zeltplache ziehe ich den Brief der Mutter und die »Münchner Neuesten Nachrichten« aus dem Brotsack. Die Mutter schreibt, daß auch der Vater eingerückt sei. Er diene bei den Grödner Standschützen, und nun sei sie mit den Kleinen allein. Wie in allen Briefen schreibt sie nichts von der Sorge um mich, aber zwischen den Zeilen ist ihr Schmerz, ihr Kummer zu spüren. Sie schreibt noch, daß Franz Moroder in Rußland gefallen sei und daß sie Gott danke, mich wenigstens in Tirol zu wissen, daß sie mir einen guten Speck schicken werde und daß der neue Wollspenzer bald fertig sei. Zum Schluß erinnert sie mich daran, nur ja den lieben Gott nicht zu vergessen. Zu beten brauche ich nicht, dazu hätten wir sicherlich weder Ruhe noch Zeit, beten würde schon sie für mich, damit ich allen Gefahren entränne. Dann schlage ich die Zeitung auf und blättere darin, lese die Überschrift »Wie ein Tiroler Held fiel, und wie er begraben wurde«.

Während ich so die Aufschrift betrachte und als Ur-

Das kleine, schwach besetzte, mit sieben MG, zwei weittragenden Scheinwerfern und einem Schnellfeuergeschütz armierte Werk Cima nach den schweren Geschoßeinschlägen der ersten Angriffe.

Durch schweren Einschlag verursachte Explosion eines detachierten Munitionslagers auf der Cima di Vezzena (oben). Grabhügel für die ersten, im Mai 1915 gefallenen Pioniere am Col Alto-Rücken hinter dem Basson (unten).

heber des Artikels »K.u.k. Kriegspressequartier« lese, bin ich überzeugt, daß es sich nur um eine erdichtete Geschichte, irgendeine erfundene Heldentat handeln würde. Unter dem Zeltblatt geduckt lese ich im spärlichen Licht der Taschenlampe:

»Ein Kadett des 1. Tiroler Kaiserjägerregimentes stürmte mit seinem Zug eine starke russische Infanteriestellung, nahm über vierhundert Mann und fünf Offiziere gefangen, wurde aber im letzten Augenblick schwer verwundet und blieb im Vorfeld liegen. Alle Versuche, ihm zu helfen, scheiterten am wütenden Flankenfeuer der Russen, erst im Morgengrauen gelang es einem Fähnrich, den Sterbenden zu bergen. Dem Vorgehen des tapferen Kadetten verdankt das Regiment die Einnahme eines Hügels, dessen Besitz vielen seiner Kameraden das Leben rettete. Trotz sorgfältiger ärztlicher Hilfe aber starb der junge Mann mit einem Lächeln auf den Lippen, nachdem ihm Feldmarschall Roth die goldene Tapferkeitsmedaille auf die Brust gelegt hatte. Der Kadett hieß Hans Pescosta, war der Sohn des bekannten Bergführers Josef Pescosta aus St. Ulrich in Gröden.«

Die letzte Zeile raubt mir Atem und Herzschlag. Ich muß alles noch einmal lesen und dann immer wieder. Das konnte einfach nicht wahr sein. Hans Pescosta tot, gefallen und fern in Polen bei Kameniew begraben. Ich würde meinen besten Jugendfreund, den Kameraden so vieler schöner Bergfahrten, nie wiedersehen, ihn nie mehr reden hören, sein Lachen, sein stets zu Scherz und Sarkasmus geöffneter Mund waren für immer verstummt. Fast ertrage ich diese bittere Nachricht nicht, meine Tränen fallen über Wangen und Hände auf das Zeitungsblatt und den Brotsack.

»Was hast du?« fragt einer. Ich kann nicht antworten. Er merkt es, ist still und läßt mich in Ruhe. Später hole ich die letzte Postkarte meines Freundes hervor – sie kam erst vor wenigen Tagen –, lese sie wieder und wieder. Mit seiner unbeholfenen Hand hatte er geschrieben:

Lieber Luis,

bei uns geht es sehr lebendig her. Ich fürchte mich vor gar nichts mehr.

Es grüßt Dich herzlich Dein Hans.

Das Telefon surrt Anruf, Leutnant Partik meldet sich. Nichts Neues. Auf einem Stützpunkt bei Lusern steigt eine Leuchtrakete hoch, gleich darauf knattert entferntes Gewehrfeuer und verstummt bald wieder. Um uns her sind die typischen Geräusche aufsteigender Infanteriezüge, leise verhaltene Rufe, Flüche; ich bin fest darauf gefaßt, erwischt zu werden, rühre mich nicht.

Von rechts kriecht Oberjäger Well zu mir her.

»Was gibt's?«

Er deutet nach unten. Gespensterhaft bewegen sich Alpinisoldaten zwischen schütterem Jungwald gegen Verena, es sind ein bis zwei Kompanien. Wir sind völlig verloren da unter dem Mandriol, zum Glück liegt alles in tiefem Dämmerlicht. Unser Rückweg scheint noch nicht abgeschnitten zu sein, denn die Züge gehen über und unter uns vorsichtig gedeckt vor.

Leise surrt das Telefon. Gimpelmann fragt, was es neues gäbe. Ich schildere ihm unsere Lage, frage, ob ich einrücken darf, solange wir noch eine Chance haben, Verle zu erreichen. Er befiehlt mir, bis zum Morgengrauen zu bleiben und mich erst im Fall eines Angriffs durch feindliche Abteilungen langsam feuernd zurückzuziehen. Wie er sich das wohl vorstellt, sich mit zwei Telefonisten und drei Landesschützen gegen einige Bataillone Alpini feuernd langsam zurückzuziehen?

Bin wegen Hans Pescostas Tod mutlos, zerschlagen, unsagbar traurig und furchtbar müde, will mir aber nichts anmerken lassen, obwohl die anderen spüren, wie hart mich die Nachricht getroffen hat.

Der Mond kommt, die Sicht wird besser. Wie ein weißes Band läuft die Straße gegen Südost, man kann sie weithin verfolgen. Sie ist leer und verlassen. Nicht leer und verlassen aber ist das Rund der bewaldeten Mulden und Hügel, der schweigenden schwarzen Wälder, in denen sie einen Handstreich vorbereiten. In einer Stunde wird es Tag werden – ich riskiere einen Anruf im Sperrkommando. Ein Hauptmann meldet sich. »Was macht ihr denn da draußen?« fragt er. »Rückt sofort ein, ist ja Unsinn!« Ich lasse mir das nicht zweimal sagen. »Einrücken!«

Wir schleichen gegen die Straßensperre und sind eben im Begriff, in den ziehenden Schwaden unterzutauchen, als von drei oder vier Seiten her Blitze wie Wetterleuchten aus dem Boden zucken und dumpfe Donner nachrollen. Es heult und kracht über uns, eine Rauchsäule steht auf dem Kasemattblock von Rocca Alta.

Entgeistert starren wir auf die schwarzen Wolken, deren Umrisse langsam zerfließen. Auch Cima und Lusern tragen schwere Rauchkronen – es geht also auf der ganzen Linie los!

»Zur Straßensperre!«

Wir gehen langsam, in breiter Schwarmlinie zurück. Leichte Nebelschwaden ziehen über die Bodenschwellen. Mit Spannung suchen wir das Gelände links und rechts von uns ab, kriechen, um nicht gesehen zu werden, jede Deckung ausnützend so rasch wie möglich weiter, während über uns im Bogen die schweren Stahlkoffer durch die Luft jaulen, grimmig zischend auf unser Fort niedergehen, wo sie krachend und donnernd einen Hagel von Steinen und Betontrümmern himmelhoch schleudern.

Nach zwei Stunden sind wir wieder bei der Straßensperre. Die Besatzung dieses provisorischen Stützpunktes – im ganzen acht Tiroler Standschützen – sucht Dekkung hinter Bäumen und horcht in den dichten Nebel hinaus, durch den das zischende Fauchen der einschlagenden Granaten dröhnt.

Den braven Standschützen aus Folgaria und Lusern versuchen wir ein wenig Mut zu machen. Sie sollen nur nicht glauben, sagen wir ihnen, daß wegen dieses Geschützdonners Verle zusammenbricht.

Noch während unserer Trostsprüche heulen schwere Granaten über unsere Köpfe hinweg, reißen Bäume mit und landen zerberstend im Wald.

Wir liegen im Gras. Das war ein Gruß vom Fort Verena! Im selben Augenblick sind die Standschützen in ihrem Bau verschwunden, wir rennen gegen die Armierungsstraße zum Werk hinauf.

Bei der Zementbaracke verschnaufen wir und beratschlagen, wie wir, ohne zerrissen zu werden, ins Sperrfort kommen. Alle zwei bis drei Minuten schlägt da droben ein schweres Geschoß ein, Sprengstücke und Betonbrocken fliegen zu uns herunter. Von hier bis zum Zwinger sind es noch dreihundert Schritt, aber es geht ziemlich steil bergan, und es gibt keine Deckung. Ganz fatal ist der breite Drahtverhau, der unser Fort umgibt.

»Je zwei Mann im Laufschritt an der Kehlfront vorbei bis zur Nahkampfanlage!« rufe ich. »Dort durch die Hindernisgasse beim Notausgang einsteigen!«

Mit nervenzerreißendem Krach krepiert auf Verle ein schwerer Einschlag, ich renne. Hinter mir zwei Kameraden. Als wir den halben Weg zurückgelegt haben, werfe ich mich nieder und lege die Arme schützend über den Kopf. Links und rechts sausen Granatsplitter in Felsboden. Neben mir keuchen meine beiden Begleiter.

Jetzt wieder! Ein Fauchen, der Boden zittert, mit zermalmender Wucht rollt die Detonation, Splitter surren – auf! Vorwärts! Wir laufen, atemlos, werfen uns nieder, sehen den Zwinger vor uns, die geöffneten Gittertore – endlich, während der nächste Abschuß rollt, sind wir in der niederen Wölbung verschwunden. Nach und nach kommen die anderen. Es dauert fast eine halbe Stunde, bis der letzte geborgen ist. Ich wünsche meinem Todfeind nicht, solche dreihundert Schritt zwischen Furcht und Hoffnung immer wieder laufen zu müssen, sie waren eine Passion, die man nie mehr vergißt.

Soviel war gewiß: Der italienische Oberkommandant Cadorna zögerte! Mit seiner wohlausgerüsteten, frischen Armee hätte er den Raum zwischen Cima, Verle, Lusern und Gschwendt in kurzer Zeit überrennen, Trient nehmen und Tirol bis zum Brenner besetzen können. Daß er diese einzigartige Chance nicht nutzte, war unsere Rettung.

Unsere Sperrforts schienen dem italienischen Generalstab so zu imponieren, daß sein erstes Ziel darauf gerichtet war, Cima, Verle, Lusern und Gschwendt zusammenzuschlagen, auszulöschen, auszuschalten. Itali-

ens »Commando Supremo« hatte eine einmalige Gelegenheit verpaßt.

General Dankl, der Kommandant von Tirol, richtete in diesen entscheidenden Tagen einen Aufruf an die freiwilligen Standschützenformationen, in dem es heißt: »Der Feind will Tirol niederzwingen! Haltet aus! Wie im Jahr 1809 müssen wir alle wie eine Mauer zusammenstehen und für unsere Heimat kämpfen!«

General Dankl verfügte jetzt, außer den Sperrfortbesatzungen, über 35 000 Mann, die den Befehl hatten, die Grenze zu halten, wo sie standen, vom Ortler bis zum Gardasee und von Rovereto bis zu den Drei Zinnen. Die kampfstarken Armeen Cadornas dagegen standen in zehnfacher Übermacht angriffsbereit gegen uns. Aber sie kamen nicht, sie feuerten nur Tag und Nacht auf unsere Forts, also war der massive Hauptangriff des Gegners auf die Schützenlinien der Festung Trient erst nach der totalen Vernichtung unserer Sperrforts zu erwarten.

Wenige Tage später tritt ein Ereignis ein, das für Rocca Alta beinahe zur Katastrophe wird: Eine 28-Zentimeter-Granate durchschlägt den Vorpanzer des zweiten Turmes und tötet die gesamte Bedienung.

Im Kasemattblock verursacht der Durchschlag einen gewaltigen Luftstoß, der die Türen aufreißt und alles durcheinanderwirbelt. Da gleichzeitig die Lampen verlöschen, entsteht eine heillose Verwirrung. Flüche, Schreie, Hilferufe gellen durch die Finsternis, Taschenlampen zucken auf, jemand schreit fortwährend: »Sanität! Sanität!« Tragbahren werden vorbeigeschleppt, die ratlos Umherstehenden kommen erst zur Besinnung, als einer den Einfall hat, die Alarmglocke zu läuten. Der Drill ist so groß, daß dieses Signal das Chaos überwindet: Sie drängen in die Kasematten, kommen bewaffnet wieder, stürzen auf die Alarmposten.

Nun flammt auch das Licht wieder auf, der Kurzschluß ist beseitigt. Aus dem Verbindungstunnel zum Batteriegang quillt schwarzer Rauch, auf dem Boden liegen ohnmächtig gewordene Kameraden. Trappelnde, schleifende Schritte sind zu hören, Sanitäter mit Rauchmasken und Selbstrettern kommen aus dem verqualmten Loch. Was sie auf ihren Bahren daherschleppen, sind formlose, verbrannte Massen. Als letzten bringen sie einen, dem Kopf und Rumpf völlig plattgequetscht sind. Sie sagen, es sei Valentiner ...

Während dieser schrecklichen Minuten sitze ich auf den Stufen der Eisentreppe, die zur Flankierbatterie führt. Dorthin hat es mich geworfen. Es ist schwierig, sich später über den Hergang solcher Geschehnisse genaue Rechenschaft abzulegen. Der betäubende Schlag, die Finsternis, das Durcheinander erfolgten zu rasch, um tiefer ins Bewußtsein zu dringen. Jetzt aber wird mir klar, daß die Zertrümmerung eines Panzergeschützes nach so kurzer Zeit gleichbedeutend mit unserem Untergang sein kann. Bilder tauchen vor mir auf, Gelesenes rückt plötzlich schreckhaft nahe: Das Schicksal der belgischen und französischen Festungen im Sommer 1914! Was dort Wochen gedauert hat, scheint sich hier in Tagen zu vollziehen.

Ein Ventilator saugt den Rauch aus dem Batteriegang. Ich gehe hinein. Der erste Turm ist unbesetzt. Vor dem zweiten, im spärlichen Tageslicht undeutlich zu sehen, steht ein Mann. Der Boden der Poterne ist mit Schutt bedeckt, die eiserne Treppe verbogen; zerfetzte

Leitungskabel hängen von der Decke – hier ist der Kurzschluß entstanden. Brandgeruch wie nach einem Steinschlag erfüllt die Luft.

Der Mann dreht sich um, es ist Leutnant Partik, der spätere Werkkommandant. Seine Hände, sein Gesicht, die Bluse, alles ist rauchschwarz. Er grüßt heiser, die Ereignisse der letzten Viertelstunde haben sein Gesicht gezeichnet.

Wir steigen über die Treppe hinauf. Ein neuer Einschlag kracht in den Batterieblock, sekundenlang verdrängt die Sprengwolke das Licht. Es wird wieder heller, wir schauen in einen Krater der Verwüstung.

Die Granate ist knapp unter der Kuppel durch den Vorpanzer gegangen, hat ein kreisrundes Loch geschlagen und ist unter dem Geschütz krepiert. Die Haubitze steht schief, das Podium ist aufgerissen, der Schacht mit zerfetzten Eisenteilen und Betonbrücken angefüllt.

Partik klettert über die Trümmer des Podiums zur Einschußöffnung hin, blickt durch, legt die Hand hinein. Dann schüttelt er den Kopf. »Verdammtes Pech, daß es gerade den Vorpanzer erwischt hat«, sagt er. »Die Kuppeln halten es aus, aber die Vorpanzer sind für diese schweren Kaliber zu schwach . . . Wir müssen sofort zurückfeuern, unsere Leute werden sonst kopfscheu.«

Ich frage ihn, wo denn in drei Teufels Namen Gimpelmann sei und ob er keinen Feuerbefehl gegeben habe.

Partik macht eine wegwerfende Geste, antwortet nicht.

Obgleich alle drei Minuten ein schwerer Achtundzwanziger auf das Fort niedersaust und dazwischen zeitweise ganze Lagen kleinerer Geschosse einschlagen, schlafe ich fast den ganzen Vormittag in der geräumigen Kasematte, die seit gestern auch Lazarett ist. Als ich wach werde, sehe ich, daß die tiefen Fensternischen hinter den Stahlläden mit Sandsäcken verschichtet werden.

Die Kasematte liegt zu ebener Erde. An den Schmalseiten stehen die Schlafstellen, in der Mitte ein langer Tisch. Darüber brennen zwei jener lichtschwachen Kohlenfadenlampen, die dem ganzen Fort das düstere Gepräge eines Kellers geben und die Sehnsucht nach Sonne, Himmel und frischer Luft ins Grenzenlose steigern.

Draußen ist nach wie vor die Hölle los. Jeden Augenblick schmettert es in den Beton, bald gedämpfter, wenn es in den Batterieblock haut, bald mit ohrenbetäubender Wucht, wenn es in die Eindeckung der Kasematten oder in den Kehlgraben schlägt. Manchmal glaubt man, der ganze Betonkasten müsse auseinanderbersten, so markerschütternd folgen die Detonationen dem Niederheulen der Granaten. Dazwischen herrscht Stille, durch die das ferne Stampfen des Rohölmotors wie der Herzschlag einer gequälten Kreatur geht.

Der Sanitätsunteroffizier Dietrich aus Schlesien deckt den Tisch – denn auch die Offiziersmesse ist hierher verlegt worden. Ich frage ihn, ob es etwas Neues gebe. Er meint, daß sie uns bis zum Abend vollständig zusammenhauen werden. Die Haubitzbatterie habe wieder mehrere schwere Treffer bekommen, in Lusern seien zwei Fähnriche und dreißig Mann in einem Bereitschaftsraum zerrissen worden. Dabei stellt er ruhig Teller und Gläser auf den Tisch, rückt da und dort ein Messer, eine Gabel zurecht, vergißt weder Zahnstocher noch Salzfaß.

»Herr Oberleutnant Gimpelmann ist krank«, sagt Dietrich plötzlich unvermittelt. »Ich glaube, er wird nicht zum Essen kommen!«

»So, krank ist er? Was fehlt ihm denn?« Ich muß beinahe lachen. Er ist krank, der Held mit den Phrasen von Gut und Blut für unseren Kaiser und Herz und Hand fürs Vaterland!

»Die Nerven«, sagt Dietrich ironisch, als hätte der Kommandant von Rocca Alta eine Art Vorrecht, jetzt »Nerven« zu haben.

»Aha, die Nerven«, sage ich. »Das ist freilich eine dumme Geschichte, denn Nerven braucht man daherin wohl!«

Uuuuiii i i i rrummm! schmettert es zur Bekräftigung meiner Worte über uns in die Deckung, daß die Gläser auf dem Tisch wackeln. Noch einmal auf dieselbe Stelle, und wir werden beim Apostel Petrus im Himmel landen.

Ich gehe in den Kehlkoffer, jenem erkerartig vorspringenden Bau in der rechten Flanke, der der Bestreichung der Rückfront des Forts dient, und schaue mir einmal die Außenwelt an. Das Bild ist grotesk für den, der die peinliche Ordnung von vorgestern noch gekannt hat. Schief und wie von einer Riesenfaust zusammengeschlagen hängen die schweren stählernen Gittertore in ihren Angeln. Der breite Verhau im Graben ist zum Teil schon weggerissen, mächtige Trichter haben die ebene Fläche um und um gepflügt. Die Rückwand des Kasemattblocks ist von Sprengstücken und Geschoßböden zernarbt, Leitungsträger und Schornsteine hängen herunter.

Aus der Kasernenmulde quellen dichte Rauchwolken. Das Offiziersgebäude im Wald dahinter brennt lichterloh. Sie haben uns völlig abgeriegelt, mir scheint, der düstere Prophet von vorhin behält recht: Bis zum Abend wird Rocca Alta nur mehr ein schwelender Trümmerhaufen sein.

Wie das Schnaufen eines Urwelttieres dringt es aus dem Raum, der Einschlag gellt in den Ohren. Eine ungeheure Schottergarbe prasselt in den Kehlgraben nieder.

»Scharte zu!« knurrt hinter mir eine Stimme. Es ist Fähnrich Wolf. Ich setze den Deckel in die Maschinengewehrscharte ein und drücke den Riegel in seine Nut.

»Verfluchtes Theater!« schimpft der Fähnrich, die Zigarre im Mund. »Das soll der Teufel aushalten! Dreimal verfluchte Dreckkiste!« Er schaut mich dabei blinzelnd aus seinen schmalen Augen an, und ich merke, daß er ziemlich viel Wein oder Rum getrunken haben muß.

»Werden alle krepieren, ohne einen Gegner gesehen zu haben«, fährt er in seinen Betrachtungen fort, während er sich auf einen Stapel Munitionsverschläge niederläßt. »Kann nicht mehr lange halten, die Scheißkiste. Einschläge von allen Seiten, überall Risse und Sprünge. Und der Gimpelmann liegt im Keller und flennt!«

»Was soll er denn sonst tun, unser Held?«

»Was er tun soll? Abhauen soll er! Liegt im Keller und läßt sich Koffein spritzen, der Hanswurst! Wir müßten feuern, daß die Rohre glühen, aber er erlaubt es nicht. Er hat Angst, daß sie dann noch mehr Eisen herüberpfeffern. Wir müssen die Porta di Manazzo mit Ekrasitgranaten pflastern, sonst ist es aus mit uns. Vierundzwanzigtausend Schuß Haubitzenmunition sind im Fort. Wenn Gimpelmann noch lange zögert, werden wir mit dem gesamten Munitionshaufen in die

Luft fliegen, anstatt den Italienern die Hölle heiß zu machen . . .«

Er ist ein bißchen besoffen, aber was Wolf, der Prager Bankbeamte, sagt, hat Hand und Fuß. Auf der Porta di Manazzo, einer Senke hinter dem Mandriol, steht der Großteil der Batterien, die uns so hart zusetzen. Man müßte ununterbrochenes Streufeuer dorthin richten, um sie in Schach zu halten; selbst wenn alles ins Leere ginge, wäre es noch immer besser, als untätig zu warten, bis das Fort zusammenstürzt.

Aus der Panzerbatterie wuchten Abschüsse. Wolf horcht auf wie ein alter Kavalleriegaul, der Trompetensignale hört.

»Hörst du, der Partik schießt, ohne Gimpelmanns Befehl«, ruft er und springt zur Eisentür, die in den Haubitzgang führt. »Ein Mordskerl, unser Partik, anders als der verdammte Feigling!«

Sein Zigarrenstummel fällt funkensprühend auf den Boden, er achtet es nicht. Die leere Papierspitze im Mund, verschwindet er in der Poterne, um seine Haubitzen bei der Arbeit zu sehen. Für uns ist Weber der beste Artillerist der ganzen Welt, wir sollten seiner Schießkunst noch manchen Erfolg verdanken.

Punkt sieben Uhr abends stellt der Feind das Feuer ein. Durch das Fort geht ein Aufatmen: Seit fünf Minuten, seit zehn Minuten, einer Viertel-, einer halben Stunde ist das Dröhnen verstummt. Rocca Alta ist böse zugerichtet, ein Haubitzturm zerstört, die Infanteriestellung weggefegt, der Verhau gelichtet; das Werk sieht aus wie ein zerhauener Kämpe, dessen Panzer verbeult, dessen Herz aber unter den geborstenen Ringen weiterschlägt.

Dieser Tag ist überstanden, der schwerste vielleicht!

Dreizehn Stunden voll der Ungewißheit, ob die Betondecken der Kasematten der niedersausenden Wucht der Granaten standhalten würden. Sie haben standgehalten! Überall dort, wo Stahlträger das drei Meter starke Dach stützen, blieb es intakt. Der Zufallstreffer in den Vorpanzer, die Toten in der Gruft konnten unsere Zuversicht nicht erschüttern. Morgen wird das grausige Schauspiel wieder beginnen, gewiß, aber wir werden es durchstehen!

Die Italiener unterlassen es, während der Nacht weiterzufeuern, denn sie fürchten, durch die Mündungsflammen ihre Stellungen zu verraten. Nur die Forts Verena und Campolongo lassen pausenlos ihre Schrapnellagen herüberheulen, um uns am Betreten des Verdecks zu hindern.

Als es zu dämmern beginnt, steige ich mit Partik auf die Deckung des Kasemattblocks, um das Ausmaß des Schadens festzustellen. Verbogene Eisenstangen quellen aus dem gewaltigen Betonleib, viele Einschläge sind wieder verschüttet; es ist schwer, sich ein genaues Bild von der Zerstörung zu machen, aber die Kasematten scheinen nicht unmittelbar bedroht zu sein.

Das Deck der Haubitzbatterie sieht viel schlimmer aus. Es hat keine Schotterauflage, die Einschläge trafen alle auf nackten Beton und haben mächtige Löcher gerissen. Es ist zu befürchten, daß Geschosse hier mit der Zeit durchschlagen werden, was in Anbetracht der eingelagerten Munition einer Katastrophe gleichkäme.

Wir springen von einem Trichter zum anderen zur Nahkampfanlage hin, als jemand vom drehbaren Panzerstand her ruft, wir sollten gleich zum Kommandanten Gimpelmann kommen, es fände eine Besprechung statt. Leutnant Partik grinst, und ich denke mir, wie merkwürdig schnell Leute wie Gimpelmann, kaum ist eine Gefahr vorbei, zu ihrer gewohnten Überheblichkeit zurückfinden.

Am Tisch in der Messe sitzen Kobel und Weber, der Arzt Dr. Wunderer und ein Einjähriger namens Frank, der erst vor ein paar Tagen zu uns ins Fort gekommen ist. Partik will sich die Hände waschen, aber er kommt nicht dazu: Die Tür wird aufgerissen, der Werkkommandant Gimpelmann erscheint persönlich!

Wir starren ihn an, als ob ein Geist vor uns stünde. Heilige Dreifaltigkeit, wie sieht der Mann aus! Das Gesicht wachsgelb, das sonst so peinlich gescheitelte Haar in die Stirn hängend, der Blusenkragen offen – ein Jammerbild der kaum mehr verhehlten Fassungslosigkeit! Er mustert uns feindlich, als ob wir an seiner Verzweiflung schuld wären. Dann beginnt er, vor dem Tisch auf- und abzugehen, immer auf und ab, während er bald dem, bald jenem einen herausfordernden Blick zuwirft. Es ist peinlich und qualvoll, dieses Gehabe mitansehen zu müssen.

Dr. Wunderer tritt vor, will etwas sagen, aber Gimpelmann dreht sich blitzschnell um, macht eine wütende Geste der Abwehr und schreit: »Was willst du denn? Hier befehle ich und sonst niemand, verstanden? Ich habe den schriftlichen Befehl vom Landesverteidigungskommando, das Fort wird geräumt!« Er wirft eine Telefondepesche auf den Tisch. »Vierzig Mann und zwei Unteroffiziere bleiben hier, alle anderen haben binnen einer Stunde das Sperrfort zu verlassen! Herr Leutnant Partik, Sie sind verantwortlich, daß dieser Befehl durchgeführt wird! Ich fordere unbedingten Gehorsam!«

Er ist verrückt. Das Fort räumen? Die ganze Hochfläche dem Feind überlassen? Unsere Kameraden in Lusern und Cima, auf den Stützpunkten und Beobachtungsposten im Stich lassen? Die Depesche muß eine Fälschung sein, eine Ausgeburt seiner kranken Phantasie, ein Irrtum, was weiß ich. Und wenn sie wirklich echt ist, hat er das Abschnittskommando bewußt belogen, hat die Situation des Forts maßlos übertrieben, um sein Leben salvieren zu können.

Ich bin überzeugt, daß jetzt etwas Ungeheuerliches geschehen wird. Zieht keiner die Pistole und schießt diesen Narren nieder? Weigert sich keiner, dem Befehl dieses Feiglings nachzukommen? Doch es geschieht nichts. Alle stehen wie angegossen, haben die Lippen aufeinandergepreßt, schweigen. Gimpelmann schiebt die Hände in die Hosentaschen. Ein kaum wahrnehmbarer Triumph geht über seine Züge, er wendet sich um, will zur Tür.

In diesem Augenblick ertönt eine Stimme, scharf, schneidend, voll mühsam erzwungener Fassung: »Herr Oberleutnant!«

Der Kommandant dreht sich um, er erwartet gewiß eine Frage, die sich auf die Räumung bezieht, und blickt Fähnrich Kobel beinahe wohlwollend an.

»Herr Oberleutnant«, beginnt dieser wieder, »nach der Dienstvorschrift für Tiroler Sperrforts kann die Räumung oder Übergabe nur erfolgen, wenn sämtliche Offiziere damit einverstanden sind. Ich weigere mich, diese Einwilligung zu geben.«

Gimpelmann wird noch blasser, zwingt sich aber zu einem Lächeln. »Stimmt«, sagt er, »aber du bist kein Offizier, du bist ein Offiziersanwärter. Folglich ist dein Einverständnis nicht erforderlich!« Geht hinaus, haut die Tür krachend hinter sich zu.

»Hund!« schreit Kobel ihm nach. »Feigling! Scheißkerl!« Er greift zur Pistole, will zur Tür. Partik und Weber halten ihn fest, sprechen beruhigend auf ihn ein. »Laßt mich«, schreit der Fähnrich. »Ich schieße ihn nieder, den erbärmlichen Halunken! Ich gehe nicht aus dem Fort, und wenn er es zehnmal befiehlt!«

»Das wäre Meuterei«, sagt Partik, der immer Ruhige, Überlegene. »Sei vernünftig, Kobel! Wir dürfen doch keine Meuterei anfangen, wir müssen ihn überzeugen, daß es Wahnsinn wäre, jetzt das Fort zu räumen.« Er nimmt die Depesche vom Tisch, liest, starrt vor sich hin. »Das Landesverteidigungskommando befiehlt die Räumung und ordnet an, daß lediglich zwei Unteroffiziere und vierzig Mann bleiben müssen«, sagt er leise. »Wir können uns dem Befehl nicht widersetzen . . .«

»Das ist doch Irrsinn!«

»Gehst du?« fragt ihn Kobel.

»Ja.«

»Und du?« wendet er sich an Weber.

Der Fähnrich schüttelt den Kopf. »Nein, ich gehe nicht.«

»Dann komm mit!«

Partik stellt sich vor die Tür. »Wohin?«

»Zu ihm. Du kannst sicher sein, daß ich ihn gehorsamst bitten werde, in Rocca Alta bleiben zu dürfen.« Kobel reicht dem Leutnant seine Pistole. »Wir haben eine Stunde Zeit«, sagt er. »Was geschieht, wenn er sich weigert, werden wir dann sehen.«

Partik gibt die Tür frei, und die zwei Fähnriche gehen hinaus. Wir vier sitzen um den Tisch und sprechen kein Wort.

Frank schenkt sich ein Glas Wein ein und gießt es hinunter. Er ist ein nervöser, blasser Junge mit feinen

Von österreichischen 30,5-cm-Mörsern zerschossenes Panzerdeck des italienischen Werkes Verena nach der Offensive 1917 (oben). Die Hälfte einer 45 cm starken Geschützpanzerkuppel des Werkes Rocca Alta-Verle. Im Hintergrund der Marcairücken (unten).

Oberleutnant Godowski mit seinem polnischen Freund Kasimir Aidjukewiez vor dem Unterstand am Basson.

Gesichtszügen, ein Kriegsfreiwilliger, achtzehn Jahre alt. Ich kenne ihn von der Offiziersschule her. Ein Jahr später ist er den Märtyrertod so vieler Deutsch-Österreicher gestorben: Ein tschechischer Kanonier hat ihn von rückwärts erschossen, weil er, Frank, den Ausbau der Batterie befohlen hatte, als die Russen durchgebrochen waren.

»Ich gehe auch nicht«, murmelt Frank, und seine schmalen Finger krampfen sich ineinander.

Schritte auf dem Gang, die Tür geht auf, die beiden Fähnriche treten ein. Kobel setzt sich schweigend zu uns, er ist noch so erregt, daß seine Lippen flattern.

»Nun, was gibt's?« fragt Partik.

»Er hat uns erlaubt, an Stelle der zwei Unteroffiziere im Fort zu bleiben«, sagt Weber. »Wir bekommen aber nur vierzig Mann, alle anderen müssen hinaus.«

»Idiotisch! Wie wollt ihr denn mit vierzig Mann das Werk halten?«

Kobel zuckt die Achseln. »Vielleicht geschieht ein Wunder«, sagt er. »Von den vierzig Mann werden fünfzehn Rekruten sein, die weder ein Geschütz bedienen noch ein Gewehr laden können.«

»Warum macht er das?«

»Weil es, wie er sagt, um jeden Mann, der hierbleibt, schade ist. Weil es Selbstmord sei, in dieser Mausefalle auszuharren. Mit einem Verrückten kann man halt nicht verhandeln.«

Eine halbe Stunde später zeigt sich die ganze Niedertracht Gimpelmanns: Die Vorratsräume des Forts stehen sperrangelweit offen, zweihundertfünfzig Mann stopfen ihre Rucksäcke mit Konserven, Zwieback, Wurst, Räucherfleisch und Zigaretten voll. Manch einer läßt Wäsche und Monturstücke liegen, um nur ja bei der befohlenen Plünderung nicht zu kurz zu kommen.

Von den zweiundzwanzig Maschinengewehren werden fünfzehn abmontiert, Handgranaten und Leuchtpistolen verteilt. Die Kasematten sehen aus, als ob der Feind darin gehaust hätte. Rum- und Weinfässer liegen auf den Verwundetentragbahren zum Abtransport bereit, mit Gimpelmanns Privatbesitz sind drei Kanoniere beschäftigt.

Auf die Zurückbleibenden nimmt man keinerlei Rücksicht. Auch der Arzt und die Sanitätsgehilfen müssen hinaus. Jeder, der künftig verwundet wird, hätte also hilflos zu verbluten, weil eines der wichtigsten Werke der Alpenfront nicht von einem Mann, sondern von einem Jammerlappen befehligt wurde.

Endlich sind sie mit ihren Vorbereitungen fertig. Alle diese Männer, Oberösterreicher, Salzburger, Tiroler und Polen, stehen, an Gehorsam gewöhnt, im Hauptgang des Forts und werden gezwungen, die Schmach des Verrats an ihren Kameraden auf sich zu laden. Und dann folgt das Beschämendste: Gimpelmann geht als erster! Sein Abgang ist so erbärmlich, daß keine Hand sich rührt, als er durch eine Gasse vielsagender Blicke und höhnischen Grinsens zum Zwinger eilt: Er hat sich eine Matratze auf den Rücken geschnallt, um vor eventuellen Schrapnellkugeln sicher zu sein! Hinter ihm geht die Besatzung während der Feuerpausen in Gruppen von jeweils zehn Mann aus dem Fort.

Am Abend des dritten Kriegstages ist Verle ein schwer angeschlagener Betonriese, in dessen weitläufigen Räumen und Kampfanlagen zweiundvierzig Menschen auf verlorenem Posten stehen.

Schon im Morgengrauen setzt das schwere Feuer des Gegners wieder ein, und es ist nicht weniger heftig als am Vortag. Im Gegenteil, sie müssen weitere Batterien ins Gefecht gebracht haben, denn die Einschläge der Achtundzwanziger folgen rascher aufeinander als bisher.

Fähnrich Kobel befiehlt, den Dieselmotor anzulassen und mit den restlichen Turmhaubitzen das Feuer gegen Porta di Manazzo zu eröffnen, damit der Feind nicht etwa glaube, das Fort sei unbesetzt und reif für einen Nahangriff.

Der kleine sommersprossige Kobel erweist sich als hervorragender, umsichtiger Batteriekommandant; trotz der verzweifelten Lage haben wir Zuversicht, durchzuhalten.

Ich steige mit den Brüdern Gfall und Klaus Zwicknagel auf den vierten Turm. Zwei Rekruten schleppen ohne Unterlaß Geschoßverschläge herauf und räumen die leeren weg. Die Haubitze strahlt die Glut eines dreimal überheizten Ofens aus. Wir bringen es auf zehn, auf zwölf Schuß in der Minute. Der niedere Raum unter der Kuppel ist voller Qualm, das Atmen wird immer schwerer.

Feuerpause.

Zielwechsel.

Wir müssen schon den ganzen Sattel von Porta di Manazzo mit Sprengstücken gepflastert haben, doch fühlt sich der Feind nicht im mindesten bedroht. Wer weiß, wo wir hinfeuern. Ohne Beobachtung, die Stellungen der Achtundzwanziger nur nach der Karte vermutend, ist es sogar schwer, Zufallstreffer zu erzielen.

Der beißende Rauch in der Kuppel ist zum Schneiden dick. Einer bringt einen Kübel Wasser, wir tauchen unsere Taschentücher ein und binden sie vor den Mund. So kann man sich ein wenig vor dem giftigen Gas schützen.

Feuerpause.

Zielwechsel.

Ich habe keine Ahnung, wie lange wir schon in dem Panzerturm sind, es scheint mir eine Ewigkeit zu sein. Schwäche hängt sich in die Gliedmaßen, die Nerven vibrieren. Ich muß endlich wieder frische Luft atmen und das Gellen in den Ohren los sein, sonst werde ich schwach.

»Achtung!«

Blitzschnell tauchen wir unter die Stahlplatten der Plantische, es heult – immer lauter werdend – rasend nieder, schlägt mit betäubendem Krachen hinter uns ein.

Sofort richten wir uns wieder auf und schauen durch die Sehschlitze. Über der Cima schwebt eine schwarze, traubenartige Riesenwolke; auch Lusern bekommt pausenlos Feuer, die Hügelgräben am Basson zwischen uns verschwinden stellenweise im Qualm der Explosionen.

»Achtung!«

Wieder ducken wir uns unter die Plantische. Diesmal schlägt es vor uns in den Beton . . . das wird nun den ganzen Tag so gehen. Die Augen schmerzen, immer wieder tiefe Kniebeugen unter den nervenzermalmenden Einschlägen, die uns jedesmal zu vernichten drohen. Endlich, ein Signal ertönt, Bedienungswechsel. Gott sei Dank!

Wir gehen durch den Gang, der die Geschütztürme miteinander verbindet. Meine Knie sind schwach, ich habe zuviel Pulverdunst eingeatmet. Eisiger Schauer überläuft mich, mir wird übel, ich bleibe stehen. Die anderen beachten es nicht und gehen weiter. Ich sehe ihre Gestalten hinter der Poterne verschwinden. Hinter mir hämmert es mit mächtigen Schlägen, stampft und klirrt. Das sind unsere Haubitzen, sie feuern weiter.

Ich stütze den Arm gegen die feuchte Wand, lehne den Kopf darauf. Ein kühler Luftzug weht, ich schleppe mich weiter. Der Batteriegang scheint sich endlos hinzudehnen, eine unabsehbare Kette rötlich brennender Glühbirnen schwankt darin hin und her. Meine Arme suchen Halt in dieser Wirrnis, doch ich greife ins Leere, stürze.

Auf dem Boden liegend versuche ich, mich zu orientieren. Es ist finster, nur ein schwacher Lichtschein schimmert rechteckig bei meinen Stiefeln. Von dort her kommt bessere Luft; ich krieche in die Dunkelheit. Meine Hände finden ein Bündel leerer Sandsäcke, die ich zusammenknülle und unter den Kopf schiebe.

Ausruhen!? Schlafen! Noch einmal wird mein Denken klar. Ich weiß, daß ich im Munitionsraum der zerschossenen Haubitze bin. Mein Atmen wird jetzt leichter, das Poltern der Abschüsse kommt wie aus weiter Ferne. Ich öffne die schmerzenden Augen, sehe flimmernde Sterne – einen wahren Reigen flimmernder Sterne – sie rücken ferner und ferner, verschwimmen endlich sausend zu einem lichten Punkt.

Ein heftiger Donnerschlag weckt mich. Das Gefecht geht weiter, ich höre das Krachen der Einschläge und den Rückstoß unserer Haubitzen. Ich bin immer noch sehr müde und friere, schiebe ein paar von den Säcken unter mein nasses Hemd, das wärmt. Wenn der Tag kommt, werden sie mich schon finden. Um fünf Uhr nachmittags habe ich Dienst in der kleinen Kuppel . . .

Wir sind nur vierzig Mann im Werk, da hat jeder mit sich zu tun. Die anderen werden wohl genauso elend beisammensein wie ich. Wir haben die Taschentücher zu spät umgebunden, diese scheußliche Müdigkeit kommt von einer Gasvergiftung.

Wie spät es wohl sein mag? Habe vergessen, auf die Uhr zu sehen, und wenn ich mich bewege, rutschen die Säcke weg und es wird wieder kalt. Ist auch ganz gleichgültig. Noch ein paar Säcke unter dem Rücken zu haben wäre gut, aber der Griff dorthin macht unendliche Mühe. Mögen sie liegenbleiben, wo sie sind. Nur ein paar Minuten ruhen noch, dann will ich . . .

Mit einemmal bin ich hellwach, setze mich auf und starre in die Finsternis. Es ist noch immer Nacht, ich bin ausgeruht und sehr hungrig. Muß lange geschlafen haben.

Das Radiumzifferblatt meiner Uhr zeigt halb drei. Sie ist stehengeblieben. Ich drücke sie ans Ohr. Nein, sie tickt, gleichmäßig geht ihr Schlag.

Ich springe auf, taste mich zur Tür hin. Schutt knirscht unter meinen Füßen, ich stoße mit dem Kopf gegen etwas Hartes, greife durch. Eisen. Verkrümmtes, zerfetztes Eisen. Was ist geschehen?

Ein furchtbarer Gedanke durchzuckt mich. Nein, ausgeschlossen! Ich greife in die Tasche, ein Zündhölzchen flammt auf und verlöscht in meinen bebenden Fingern, wühle in der Schachtel nach dem nächsten, kann es kaum erwarten, heillose Angst überfällt mich.

Licht!

Vor dem Eingang liegt ein Betonklotz, Stahlträger hängen von der Decke nieder, Trümmer bedecken den Boden. Ich lasse das Zündholz fallen und greife vorsichtig in die Finsternis. Beton, Eisen, Schotter. Weicht nicht, zerfließt nicht. Ist kein Traum, keine Fieberphantasie, ist harte, grauenhafte Wirklichkeit: Ich bin lebendig begraben!

Unsinn. Es muß doch einen Ausweg geben. Ein neues Zündholz bringt Licht in den Raum, und nun untersuche ich die übereinanderliegenden Blöcke, packe einen, lasse das Licht fallen und rüttle mit beiden Händen an dem Klumpen. Es ist unmöglich, ihn auch nur um Haaresbreite zu rücken. Das Ganggewölbe muß eingestürzt sein, drei Meter Beton und die Erdaufschüttung . . .

Meine Uhr geht richtig, es ist halb drei, halb drei nachmittags. Hin und wieder poltert es, bald näher, bald ferner. Das sind Geschoßeinschläge. Unsere Batterie antwortet nicht, sie ist wahrscheinlich schon vollständig zusammengeschossen.

Natürlich ist sie das, sonst würden sie doch feuern. Weber, Kobel, Fischer, Declara, Zwicknagel, die beiden Gfall, Kratzmann, Stary . . . das sind Leute, denen braucht man nicht zu befehlen, die werden mich suchen und finden, das ist klar.

Aber lebt denn überhaupt noch einer außer mir in diesem verfluchten Trümmerhaufen?

Das Fort liegt unter schwerem Beschuß. Sie können jetzt nicht kommen, sie müssen warten, bis es Nacht wird und der Gegner das Feuer einstellt. Bis dahin muß ich hoffen, muß mich gedulden. Im Grunde genommen ist meine Lage gar nicht so trostlos, denn wäre das Werk geräumt, würde es nicht beschossen werden.

Vorsichtig ziehe ich meine Zigarettendose aus der Tasche und taste sie ab. Es sind noch vierzehn Stück drinnen. Wenn ich jede halbe Stunde eine rauche, vergeht die Zeit schneller. Macht sieben Stunden. In sieben Stunden werden sie mich schon herausholen. Wäre ja zum Lachen. Ich zünde die erste an, halte das Streichholz hoch und versuche noch einmal, im verschütteten Gang etwas zu erspähen.

Schatten schwanken hin und her, es sieht ganz merkwürdig aus. Das Gefüge ist lückenlos und fest, eine ungeheure Last von Beton und Eisen, ineinanderverkeilt . . .

Aber da, unten, dicht über dem Boden, die schmale Spalte! Schiebt sich da nicht ein Fuß herein?

Vielleicht habe ich Fieber und sehe Dinge, die es nicht gibt. Ich muß mich zusammennehmen, muß klar überlegen. Ein Fuß? Unsinn. Es ist wahrscheinlich ein Stück zerrissenes Eisen. Wie könnte sich denn ein Fuß unter dem Block hereinschieben?

Mit größter Bedachtsamkeit streiche ich ein neues Zündholz an, starre scharf auf den Boden. Keine Täuschung, ein Fuß tastet in mein Gefängnis, ich sehe ihn deutlich. Maßlose Erregung packt mich, ich schreie: »Hallo! Ich bin hier! Antwortet!« Ich horche angespannt. Nichts. Totale Finsternis umgibt mich wieder. Doch da, schürft da nicht etwas? Man sucht nach mir! Die Zündholzschachtel ist mir entfallen. Nun rutsche ich hastig gegen den Eingang hin, suche im Schutt, finde nichts, suche weiter, greife nach dem Fuß, fühle ihn unter meinen bebenden Fingern, kalt, blutlos . . ., da liegt ein Toter . . .

Entsetzt schlage ich mit den Fäusten um mich, reiße an zerfetzten Eisenträgern, trete wütend gegen Betonblöcke. Ich muß heraus aus dem Loch, muß ins Freie! Durch die Wand, durch die Decke, einerlei, nur fort von hier, nur wieder Licht, Luft, sonst krepiere ich!

Meine Hände schmerzen, meine Knöchel sind wund, ich rufe, schreie . . . Doch der Raum gibt nicht einmal den Trost der eigenen Stimme wieder. Er ist taub und stumm wie eine Gruft . . .

Wie reich war doch bis jetzt mein Leben: Mir war das Glück beschieden, in einer herrlichen Bergwelt, von guten Eltern wohlbehütet, aufzuwachsen; als junger Mensch ist es mir vergönnt gewesen, die heimatlichen Felsenriesen kennenzulernen. Es gibt keine Gemeinde, kein Tal, keine Burg, keinen See und keinen Bach im Land, die ich nicht in mein Herz geschlossen habe. Nun umhüllt mich wie ein dumpfes Gespenst der Irrsinn dieser schwarzen Nacht.

Schon schrecke ich in die Gegenwart zurück, meine Sinne sind wieder klar und scharf: Der Fuß dort unter den Betontrümmern gehört einem Gefallenen, einem, der auf dem Weg in die Panzerbatterie von der herabstürzenden Decke begraben wurde. Ich aber kann noch viele Stunden in meinem Gefängnis überleben. Meine Kameraden werden mich finden.

Ich habe meine Zündhölzchen gefunden, stecke eine neue Zigarette an, ohne den Blick zu wenden, und bin froh, als mich wieder Finsternis umgibt, daß ich nicht mehr auf die Trümmer starren kann, unter denen einer von den vierzig armen Teufeln liegt, die im Fort geblieben sind. Wer ist es? Kannte ich ihn? Wird man den Toten suchen?

Wie lange werde ich überleben können? Man kann viele Tage ohne Nahrung durchhalten. Hunger quält nicht allzu lange, der Körper gewöhnt sich daran und schweigt. Aber Durst! Trotz der feuchten Luft bin ich schon jetzt völlig ausgetrocknet; ich werde inmitten der nassen Erde verdursten.

Der Gedanke hält mich wie mit Krallen fest: Plötzlich spüre ich rasenden Durst, ein Verlangen, das sich nicht betäuben läßt durch Hoffnung und Geduld. Trinken! Ich muß trinken, um jeden Preis, erhebe mich, mache einige Schritte und stoße gegen einen Stapel Geschoßverschläge. Da dröhnt es über mir in der Eindeckung, der Raum bebt, schwingt . . . Ein schweres Kaliber muß über dem Magazin eingeschlagen haben. Aber was ist das gegen den kleinen Wassertropfen, der auf meine Hand fiel? Ich erinnere mich, daß überall an den Eisenträgern Wassertropfen hängen, kleine, flache Buckel, dicht aneinandergereiht.

Ohne Zögern steige ich auf die geschichteten Verschläge, taste an die Decke. Sie fühlt sich feucht an, ganze Perlenreihen hängen hier. Auf dem Rücken liegend schiebe ich meinen Körper vorsichtig weiter, suche mit den Lippen das Eisen. Ein Tropfen fällt in meinen Mund, ich schmecke ihn, zerreibe ihn mit der Zunge, versuche es von neuem, tropfenweise, minutenlang, hier und dort.

Nun sitze ich wieder und warte. Es ist halb neun Uhr abends; seit einiger Zeit habe ich keinen Schuß mehr gehört. Jetzt wird es draußen bald Nacht sein und die Nebel werden einfallen. Das erleichtert meinen Rettern die Arbeit, denn sie werden vom Verdeck her in den Einsturztrichter steigen müssen. Zuerst werden sie auf den Toten stoßen, dem es den Fuß abgetrennt hat, dann wird alles gut, dann kann ich mich mit ihnen verständigen . . .

Ein dumpfer Schlag.

Was war das?

Ich taste zum Eingang und lausche, möchte meinen Herzschlag verstummen machen, damit ich besser höre. Wieder ein dumpfer Schlag. Noch einer. Dann drei rasch hintereinander. Und noch einmal.

Unsere Haubitzen feuern wieder!

Die Angst wird immer unerträglicher. Ich liege im Halbschlaf auf den leeren Sandsäcken. Es ist fast Mitternacht. Ich denke an meine Mutter, an den Vater, die Geschwister, rede mit ihnen, als seien sie bei mir ... »Pescostas Tod war schöner«, höre ich mich plötzlich klar und deutlich sagen. Der Gedanke an den gefallenen Freund söhnt mich für kurze Augenblicke mit meinem Schicksal aus.

Weshalb liege ich halb betäubt auf den Säcken, statt mir selbst zu helfen? Zweitausend Geschosse sind hier im Raum, zweitausend Geschützpatronen mit je sechs Teilladungen, eine ungeheure Menge Schießpulver. Damit kann man Berge versetzen, geschweige dann ein paar Betonbrocken, wenn sie auch viele Zentner wiegen. Ich müßte nur äußerst vorsichtig sein und jeden Handgriff genau überlegen, denn angesichts der eingelagerten Vorräte ist es sehr gefährlich, eine Sprengung zu versuchen.

Ich will leben oder auch fallen, wenn es mein Schicksal ist, aber nicht elend verrecken. Ich will nicht sterben, ohne das letzte versucht zu haben. In den verfluchten vierundzwanzig Stunden, die ich hier eingeschlossen bin, hat sich so viel Lebensgier in mir angesammelt, daß ich mich mit den Fingernägeln ans Tageslicht wühlen möchte.

Da die Luft immer schwerer wird, fühle ich mehr und mehr, daß ich am Ende ersticken werde.

»Ich muß es versuchen«, denke ich laut, während ich den ersten Verschlag öffne, eine Patronenhülse herausnehme, den Pappdeckel entferne und die Teilladungen auf den Boden lege. Sechs Seidensäckchen, zwei Kilogramm Pulver. Dreißig Stück werden genügen.

Sorgfältig taste ich die Ritzen zwischen dem großen Block und zwei kleineren ab, schiebe die Ladung hinein, ein Säckchen so fest wie möglich neben das andere, damit sie gemeinsam zünden. Dann schlitze ich das letzte auf, reiße einen Ärmel meines Hemdes los und binde ihn an der Sprengladung fest. Endlich sind die Spalten mit Betonstückchen verkeilt.

Einen Augenblick noch überlege ich, ob das, was ich vorhabe, nicht heller Wahnsinn ist. Noch sind keine dreißig Stunden verstrichen, seit ich hier eingeschlossen wurde. Meine Kameraden können in dieser Nacht kommen oder in der nächsten. Sie können Verstärkung erhalten haben, sie konnten aber auch alle in die Luft fliegen, wenn ich . . .

Da flammt es schon an der Lunte hoch, ich suche Schutz hinter den aufgestapelten Kisten, ducke mich, schließe die Augen. Mein Herz pocht bis zum Halse, schon bereue ich meine Ungeduld, doch es ist zu spät, die Zündflamme kriecht, ich kann sie nicht mehr ausdrücken, mein Schicksal ist besiegelt.

Minuten verrinnen, dehnen sich zur Ewigkeit. Ich warte, warte auf das Donnerkrachen, das die Befreiung oder den Tod bringen soll . . . Es bleibt aus. Unheimliche Stille um mich her.

Ein Blick auf die Uhr sagt mir, daß keine Gefahr mehr droht. Dennoch hocke ich weiter regungslos hinter den Kisten. Meine Willenskraft ist erloschen wie die Lunte, ich schaffe es nicht, sie noch ein zweites Mal in Brand zu setzen. Ich bin sehr schwach, der Hunger quält mich plötzlich wieder. Meine Ohren sind erfüllt von dumpfem Brausen; ich spüre das Kreisen meines Blutes und die entsetzliche Angst.

Das ist der Krieg: unbarmherzig, grausam und voll

Verachtung für das Schicksal des einzelnen. Sonst eilen die Helfer, wenn ein Leben bedroht ist; Feuers- und Wassernot, Unglück jeder Art läßt stürmische Hilfsbereitschaft der Retter auflodern. Ich aber warte, hoffe, horche . . . Nichts. Niemand rührt seinen Finger zu meiner Rettung!

Macht mich die Verzweiflung ungerecht? Wer weiß, was alles im Fort geschehen ist, während ich hier langsam verrecke und sinnlose Vorwürfe gegen taube Wände fluche. Vielleicht sind alle, auf die ich hoffe, tot, vielleicht ist der Feind im Werk und plündert die Magazine, indes ich auf ein Wunder warte.

Zum ersten Mal seit Stunden ist es über mir vollkommen still. Man hört weder Einschläge noch Abschüsse. Nichts regt sich außer dem Brausen des Blutes in meinem Kopf. Es ist der Hunger, die Schwäche des näherkommenden Endes . . .

Dumpfes Beben reißt mich noch einmal auf. Sie feuern wieder! Man hört den Abschuß der Haubitzen; aber es sind nur zwei, immer wieder zwei Schüsse hintereinander – die Batterie muß die anderen Geschütze verloren haben.

Der Gedanke, daß da oben noch Menschen sind, gibt mir Kraft und Mut, gibt mir neue Hoffnung. Es scheint fast, als müßte ich nur noch einmal die Sprengladung zünden, um meinem Kerker zu entrinnen.

Meine Beine zittern, das Brausen in den Schläfen ist übermächtig, die Schwäche hat meinen Körper federleicht gemacht. Ich taste mich nach rückwärts, steige mühsam auf die hochgeschichteten Geschoßverschläge und lecke die Eisenträger ab. Ein paar Tropfen, die ich bis in den Schlund bringe, gleiten eiskalt wie Metall hinunter. Auf dem Rücken liegend, raste ich und horche auf die Abschüsse der Haubitzen. Es sind die beiden Flügelgeschütze, die noch feuern ...

Jetzt bin ich wieder hellwach, überlege jeden Handgriff, bevor ich ihn ausführe. Erst suche ich die Lunte, zünde ein Streichholz an. Mehr als die Hälfte der Lunte ist verkohlt.

Ein zweites Zündholz flammt auf, der Baumwollfetzen brennt. Ich springe zurück, bin hinter der Barrikade. Feuer zuckt, ein fürchterlicher Schlag trifft meinen Kopf, Qualm brennt in meinen Augen. Ich lasse mich zur Seite fallen und drücke den Mund auf die Säcke, um nicht zu ersticken. Warten, Geduld haben, nur jetzt nicht, in letzter Minute, ohnmächtig werden! Wenn die Sprengung gelungen ist, wird der Rauch abziehen.

Nach einer Weile ist die Luft schon besser, deutlich spüre ich frischen Zugwind durch den brandigen Dampf. Er kann nur von draußen kommen ...

Auf! Die Hände vorgestreckt, gehe ich gegen den Eingang, trete auf zersplittertes Holz, schiebe es beiseite. Jetzt taste ich an den Blöcken. Das ist der große, der nicht nachgeben wollte, und das der kleinere rechts oben. Er sitzt unverändert fest. Die Öffnung muß links sein ... links ...

»Links!« schreie ich und schlage mit den Fäusten gegen hartes Gestein. »Links!« und erschrecke vor dem Schall der eigenen Stimme. »Links! Freunde, hört ihr mich denn nicht? Links muß die Öffnung sein, muß Licht sein und Luft! Ich kann den letzten Widerstand nicht überwinden, aber ihr da draußen, helft mir, helft mir, um Gottes willen, helft mir!«

Ich falle auf knirschendes Holz, höre über mir die Geschütze feuern, rufe, schreie, weine ... Meine Stimme muß herausdringen, es kann nicht mehr viel von dem toten, tauben Zeug zwischen mir und denen draußen liegen, sie müssen mich hören, sie müssen! Ich kann nicht mehr aufstehen, bin so furchtbar schwach, meine Glieder versagen. Die schwere, rauchgeschwängerte Luft drückt mir die Kehle zu.

Abschüsse donnern in diese Todesangst. Plötzlich ist es so, als ob ein anderer die schwachen Schreie ausstieße, die ich für mein verzweifeltes Rufen halte.

Vier Tage und Nächte tobt jetzt der Kampf um die Sperre von Lavarone, nur wenige der Verteidiger haben bisher den Gegner zu Gesicht bekommen. Aus Wäldern und Schluchten brüllt das Feuer seiner schweren Geschütze, zuckt es aus den Panzerkuppeln seiner Forts, die mit ihren langen Schiffskanonen und der Überhöhung ihrer Lage weithin unsere Straßen und Anmarschwege beherrschen; es schmettert mit Steilschüssen in den splitternden Beton der Sperrwerke und wirft ungeheure Rauchsäulen gegen den Himmel.

Dann und wann quillt Rauch aus allen Kuppeln von Rocca Alta oder qualmt die Nahkampfanlage des Forts, als hätte man ein Kohlenfeuer darin angezündet. Das sind Durchschläge von verheerender Wirkung.

Aber wenn es Nacht wird, erhebt sich Rocca Alta wie ein todwunder Riese: Mündungsflammen brechen aus den Flanken seiner Panzerbatterie, aus den beiden Kuppeln, auf die der Gegner untertags alle Sorgfalt seines Feuers legte, Scheinwerferkegel geistern über das Vorfeld, suchen die Hänge ab, Maschinengewehre feuern immer wieder ihren Bleihagel gegen den Waldrand, an dem sich die Sturmtruppen der Italiener zu sammeln versuchen. Rocca Alta lebt! Tausende würden einen sinnlosen Tod sterben, wenn sie gegen den flachen, kahlgeschossenen Trümmerhügel vorgehen müßten.

Kaum ist der werdende Tag stark genug, um mit seinem Licht das Mündungsfeuer der schweren Batterien auf Porta di Manazzo und dem Verenarücken zu dekken, als schon fernes Fauchen, Poltern und dröhnender Einschlag den Fortgang der Zerstörungsarbeit ankünden. Mit der Gleichmäßigkeit eines Hammerwerks krachen die Achtundzwanziger nieder, reißen Stück für Stück von den Betondecken, lassen verkrümmte Eisenstäbe sichtbar werden. Von Stunde zu Stunde verändert sich das äußere Bild der Befestigungsanlagen. Mit der gläubigen Naivität Unerfahrener hat man noch rasch vor Kriegsbeginn auf den Kasemattblöcken Infanteriestellungen aus Sandsäcken und Schutzschilden gebaut. Sie sind längst nicht mehr. An ihrer Stelle gähnen tiefe Trichter, die immer wieder durch neue Einschläge verschüttet werden. Die Drahtverhaue vor dem Werk weisen große Lücken auf, von den Gittertoren durch das Kehlglacis sind nur noch die verbogenen Rahmen zu sehen.

Jede Nacht klettern die beiden Fähnriche, denen man das aufgegebene Fort anvertraut hat, zwischen den Trümmern des Verdecks umher und stellen den unaufhaltsamen Fortgang der totalen Zerstörung fest. Die Panzerbatterie besteht nur mehr zu einem Teil. Vom bombensicheren Gang, der die Geschütztürme untereinander verbindet, ist die rechte Hälfte eingestürzt. Um das linke Geschütz und den Zugang zur Kontereskarpe zu erreichen, muß man über das Verdeck laufen und beim Notausgang der nördlichen Lichtsignalstation einsteigen, was nur nachts zwischen den Einschlägen möglich ist.

Trotz allem bemüht sich die lächerlich schwache Besatzung, Leben und Kampfbereitschaft vorzutäuschen. Das Feuer der Haubitzen gegen die unsichtbaren italienischen Batterien hat wenig Wirkung, zahllose Schüsse aus den Maschinengewehren prasseln wirkungslos in den Wald, der dem Fort in so gefährlicher Nähe gegenüberliegt. Ja, im Gegenteil: All das scheint den Feind mehr zu erbittern, es ist, als schlüge er wütend auf ein gefährliches Tier ein, das nach stundenlanger Ohnmacht nun erst recht um sich haut und jeden Versuch eines Nahangriffs im Keime erstickt. Sperrfort Rocca Alta spielt seine Winkelriedrolle mit zäher Ausdauer und hilft damit, das südliche Tirol vor der Überflutung durch die feindliche Übermacht zu retten.

Manchmal scheint es, daß alles verloren sei. Als auch noch die Poterne der Panzerbatterie zusammenstürzt und drei Mann unter den Trümmern des Turmes begräbt, packt auch die Tapfersten stumme Verzweiflung. Müde und übernächtigt, mit versagenden Nerven, sitzen sie in den Kampfräumen und warten auf das Ende. Wie lange kann es dauern, bis der letzte von ihnen erschlagen, verbrannt, zerquetscht in dem riesigen Betonsarg liegt, den zu halten man ihnen befohlen hat? Keine Hand rührt sich, um ihnen Hilfe zu bringen, die Telefonkabel sind zerschossen, die nächtlichen Blinksignale zu den Nachbarforts treffen nur auf die gleiche Not und werden meist nicht beantwortet. Auch die Brieftauben, die täglich nach Trient fliegen, bringen keine Antwort. Hat man die gesamte Linie samt den Forts schon aufgegeben? Kobel hält sich großartig, ebenso Stary, Fischer und die anderen. Wein und Rum werden verteilt, das Lebensmittelmagazin steht jedem offen. Henkersmahlzeiten?

Im Lauf über das zertrichterte Verdeck zur Batterie werden zwei slowenische Rekruten von Schrapnelladungen erwischt. Sie verröcheln ihr junges Leben ohne ärztliche Hilfe im Verbandsraum. Damit sinkt die Besatzungsstärke auf fünfunddreißig Mann. Sie stehen Tag und Nacht auf Alarmposten, sie schlafen in den Feuerpausen neben den Geschützen ein, sinken in den Panzerständen der Maschinengewehre um; werden wachgerüttelt, schleppen neue Geschoßverschläge über die Eisentreppen der Türme, laden, richten, bedienen Waffen und Geschütze.

Nach dem Tod der beiden Slowenen wird die Freilegung der verschütteten Poterne befohlen, denn der Feind scheint erkannt zu haben, daß die Batterie durch diesen Einsturz entzweigeschnitten wurde und er nur in den Nächten das Verdeck unter Feuer zu halten braucht, um die linke Flanke auszuschalten.

Das erfahre ich alles später. Unter anderem auch, daß ich nur dem Tod der slowenischen Rekruten mein Leben zu verdanken habe. Sie dachten nicht mehr an meine Rettung, sie hielten mich längst für tot.

Licht fällt in meine Augen. Jemand faßt mich an, reißt mir die Montur vom Leib.

Ein Schatten ist da, er kommt näher und näher, beugt sich über mich, zwingt mir die Zähne auseinander und gießt mir Schnaps in den Mund.

Ich öffne die Augen, es ist ungeheuer schwer, aber mit einemmal wird es hell. Ich erkenne Gesichter, sehe den und jenen, kann mich nur ihrer Namen nicht gleich entsinnen. Wahrhaftig, es sind die guten Kameraden, sie stehen da und schauen mich wortlos an.

Während ich auf meiner Pritsche liegend von einem Sanitätsgehilfen betreut werde und nach und nach erfahre, was sich in den letzten drei Tagen im Fort abgespielt hat, tritt jene Wende ein, die für ein ganzes Jahr bestimmend sein sollte: Der Großteil der Besatzung, der den voreiligen Befehlen gehorchend das Fort geräumt hatte, wird zurückbeordert.

Das Feuer über uns tobt weiter, die Zerstörung schreitet zwar unerbittlich fort, doch die Rückkehr der zweihundertfünfzig Männer wirkt wie ein erlösendes Wunder.

Sie kommen in kleinen Trupps von acht bis zehn Mann, sie laufen durch den Flammenkreis zischender Sprengstücke und niederprasselnder Kugeln, aber jeder einzelne trägt die Überzeugung mit sich, nun erst wieder dem anderen in die Augen schauen zu dürfen. Denn wenn diese Räumung auch befohlen war, so war es doch bittere Unehre, der Vernichtung der Befestigungsanlagen tatenlos zusehen zu müssen.

Einer allerdings, der kommt nicht: Es ist der sorgfältig Gescheitelte, der Mann, der in friedlichen Tagen so viel von Pflicht und Disziplin geredet hatte: Oberleutnant Gimpelmann.

Als nach hundert Stunden pausenloser Beschießung unser Werk noch immer feuert, als der Feind, durch diese Entschlossenheit abgeschreckt, noch immer nicht zum Sturm auf das Fort entschlossen ist, hatte auch Gimpelmann den Befehl erhalten, unverzüglich nach Rocca Alta zurückzukehren. Seine Haltung war jedoch nach wie vor die gleiche: Er suchte Mitschuldige, er wollte das Sperrkommando davon überzeugen, daß ohnedies alles verloren sei und man die Besatzung aus militärischen und menschlichen Gründen schonen müsse.

Er versammelte seine Offiziere und las ihnen den Befehl vor. Die Wirkung war für Gimpelmann niederschmetternd, denn alle drei, Partik, Wolf und Weber, erklärten sich bereit, sofort mit ihm zurückzukehren.

»Es ist Selbstmord«, jammerte er.

»Gut, dann werden wir eben Selbstmord verüben«, erwiderte Leutnant Partik gelassen. Gimpelmann starrte betreten zu Boden. »Ich kann nicht, meine Nerven halten es nicht aus«, murmelte er nach einer Weile.

»Erlauben Sie, daß ich diese Erklärung weitergebe?« fragte Partik. Gimpelmann nickte zustimmend. Alles schien ihm tragbarer als die Weiterführung des Werkkommandos von Rocca Alta. Kurze Zeit später lag die Meldung beim Sperrkommando, das sie sofort nach Trient weitergab. Schon am Abend, während die Besatzung auf dem Marsch nach Verle war, wurde Gimpelmann verhaftet und Leutnant Partik zum Werkkommandanten ernannt.

Das alles erzählt mir Fähnrich Wolf, der unter den ersten war, die ins Fort zurückkehrten. Ich denke an die tiefe Antipathie, die von Anfang an zwischen Gimpelmann und mir herrschte. Während meiner Soldatenzeit ist mir nie ein Mensch begegnet, bei dem Wort und Tat, innere und äußere Haltung so auseinanderklafften wie bei diesem eitlen Schwächling.

Wir fassen neuen Mut. Schaufeln klirren, Beton wird gemischt, mit starken Pölzungen werden die zerrissenen Wände der Poternen gestützt. Selbst Kirsch und Delago scheinen versöhnt zu sein. Als ich wieder auf den Beinen bin und zum ersten Mal in die Batterie gehe, sehe ich sie gemeinsam eine eiserne Spannsäule in den eingestürzten Gang tragen. Der Feuerwerker Gottschlich ist überall, er ist Betonfachmann, Maurer, Architekt, Helfer in allen Belangen, ein neuer frischer Geist ist allenhalben zu spüren. Rocca Alta wird nicht untergehen.

Mit der Rückkehr der Besatzung geht mein langgehegter Wunsch in Erfüllung: Ich werde als Artilleriebeobachter und Meldegänger auf den Stützpunkt Basson kommandiert und brauche für eine kurze Zeit nicht mehr im licht- und luftarmen Betonkasten zu bleiben.

Die drei Tage, die ich in dem verschütteten Munitionsraum zugebracht habe, bleiben grauenhafte Erinnerung. Lieber im offenen Graben von einer Kugel getroffen werden, als hilflos unter Trümmern ersticken zu müssen. Ich übernehme es gern, die zerschossenen Telefonleitungen zu flicken, habe aber Befehl, bei einem drohenden Angriff sofort nach Verle zurückzukommen.

Drei Tage nach meinem Abgang aus dem Fort droht unserer Widerstandslinie eine tödliche Katastrophe. Das schwere Feuer der Italiener liegt Tag und Nacht auf den Werken, die Stützpunkte werden pausenlos beschossen. Die Angreifer sind offenbar darauf gekommen, daß sie auch bei Entdeckung ihrer Batteriestellungen durch Einmessen der Mündungsfeuer nichts von uns zu fürchten haben, weil wir über keine Fernkampfgeschütze verfügen. Vielleicht haben sie auch beobachtet, daß es uns trotz ihres Schrapnellfeuers gelang, manches Loch in den Eindeckungen zu stopfen, und haben deshalb ihre Achtundzwanziger ununterbrochen im Einsatz.

In den frühen Morgenstunden des Unglückstages beginnt das Fort Lusern plötzlich zu feuern. Das war ungewöhnlich, denn Lusern hatte sich bisher klugerweise still verhalten und den Stahlhagel über sich ergehen lassen. Nun aber blitzt es pausenlos aus den vier Panzerkuppeln, jault durch die Luft und schlägt in den Wald von Brusolada.

Nach der zehnten Lage rufe ich vom Basson aus Verle an. Dort sagen sie, die Verbindung mit Lusern sei gestört, man könne aber in dem beschossenen Raum kein Ziel entdecken und habe daher auch keinen Grund, diese Munitionsverschwendung mitzumachen.

Das schwere Feuer dauert etwa eineinhalb Stunden, dann wird es immer schwächer, bis es ganz verstummt. Nun schießen die Italiener aus allen Rohren, Lusern ist völlig in Rauch gehüllt und scheint schwerste Beschädigungen zu erleiden. Außer zersplitterten Bäumen ist auf Brusolada auch weiterhin nichts zu sehen.

Gegen vier Uhr nachmittags bin ich auf Leitungskontrolle, als von Lusern her das Detonieren der Einschläge verstummt. Ich schaue auf. Keine Rauchwolken mehr über dem Fort. Aber da! Ist das möglich?

Eine weiße Fahne weht vom Fort. Mein Fernglas fliegt aus dem Futteral. Es ist keine Täuschung, ich sehe sie so deutlich, als wäre sie nur dreißig Schritte entfernt: Auf einer Stange weht ein großes, weißes Leinentuch im Wind!

Wahnsinn! Wenn das Sperrfort Lusern fällt, ist alles verloren. Wenn ein einziges Fort nicht mehr in unserer Hand ist, muß der gesamte Abschnitt aufgegeben werden. Das weiß ich genauso wie jeder andere, das muß vor allem der Kommandant von Lusern wissen! Da ist entweder Wahnsinn oder Verrat im Spiel! Der Kommandant von Lusern ist Tscheche. Soll sich das Verhängnis unserer Vielvölker-Armee, das in Galizien unter den deutschen Regimentern so viele Opfer gefordert hat, auch hier erfüllen?

Ich renne blindlings durch den Wald, will dem Abschnittskommando Meldung machen. Von einer Lichtung aus schaue ich wieder und wieder nach Lusern hinüber. Die weiße Fahne flattert gespenstisch über dem Kasemattblock, das Fort wird nicht mehr beschossen.

Der Kommandant des Unterabschnitts, ein Hauptmann Pollak vom Tiroler Landsturm, wird blaß, als er die Nachricht erhält, bringt kein Wort über die Lippen, schüttelt nur den Kopf, er kann es nicht glauben, bis wir endlich die Waldlichtung erreicht haben und er sich selbst überzeugt. Nun ballt er die Faust, seine Stimme klingt heiser: »Der Fetzen muß herunter! Und dann bringt mir den Mann, der diesen Befehl gegeben hat! Ich lasse ihn vierteilen, den Halunken!«

Außer einigen Tiroler Standschützen vom Bataillon Meran ist kein Mann zur Verfügung. Die sogenannte Abschnittsreserve liegt hinter dem Stützpunkt Straßensperre; bis sie anrückt, ist Lusern längst in Feindeshand.

Drei Standschützen melden sich freiwillig: Jöchler, ein Patrouillenführer aus Meran, und zwei Mann. Unterdessen wird die Reserve alarmiert, sie soll zu einem Gegenstoß in dem bedrohten Raum vorgehen.

Als ich den Waldrand erreiche, herrscht um Lusern herum ein Chaos: Die Besatzung verläßt das Fort. Ich sehe deutlich einzelne Leute und ganze Gruppen den Hang hinunterlaufen; im Vorfeld krepieren Schrapnelle, ganze Ketten weißer Wölkchen springen aus dem Himmelsblau, die gesamte Artillerie der Hochfläche, das sind fünfundzwanzig Rohre, legt ein rasendes Feuer auf den Feind. Die vorgehende italienische Infanterie ist nur mehr etwa zweihundert Schritte vom Werk Lusern entfernt, hat aber große Verluste und bleibt im Feuer liegen. Das Fort selbst schweigt, die schreckliche weiße Fahne flattert noch immer über ruinenstiller Verlassenheit.

Andererseits habe ich eine solche artilleristische Kraftäußerung von unserer Seite bisher weder erlebt noch für möglich gehalten. Mit Genugtuung vernehme ich das Donnerrollen der Abschüsse, den Widerhall, das Bellen der explodierenden Geschosse. Immer wieder zucken matte Blitze aus den braunen und weißen Wolken, zwischendurch sehe ich Infanteriezüge der Alpini durch Buschwerk und über freie Wiesen zurückeilen. Die weiße Fahne fällt: Lusern ist gerettet!

Der Hergang der Kapitulation von Lusern ist unklar, und die Frage, ob der tschechische Oberleutnant Nebesar ein Verräter oder lediglich ein Nervenbündel wie unser Gimpelmann war, wird wahrscheinlich nie geklärt werden. Vom Sperrkommando kommt der Befehl, Nebesar zu verhaften und Lusern unverzüglich wieder zu besetzen. Und merkwürdig: Auch hier sind es, wie in Verle, zwei sudetendeutsche Offiziersanwärter, die die Ehre des Bataillons retten, die Fähnriche Deutschmann und Wolfrum.

Wir erhalten Befehl, mit der Hilfsmannschaft aus Verle und Cima nach Lusern zu gehen. Sonderbare Gerüchte sind im Umlauf, vor allem wird heftig darüber gestritten, wer eigentlich die Italiener an der Besetzung des Forts gehindert habe. Die einen sagen, unser furchtbares Sperrfeuer habe sie vermuten lassen, daß die Hissung der weißen Fahne nur eine Kriegslist war, um Lusern in einem kritischen Augenblick zu entlasten, ein unfairer Trick also, den der Feind jetzt mit verstärktem

Feuer vergelten werde; andere behaupten, nach der Räumung des Forts sei ein einziger Mann der Besatzung zurückgeblieben, ein Offiziersdiener. Auf der Suche nach irgendeinem Gegenstand sei dieser Mann in den Kehlkoffer gekommen und habe zufällig durch eine Scharte in den Graben geblickt.

Da sieht er, daß er nicht allein ist: Vom Hauptwerk herunter klettert ein Alpini-Offizier! Die Räumung war so kopflos erfolgt, daß die Gewehre der Wache im Kehlkoffer umherlagen. Der Wackere ergreift also einen Schießprügel, zielt auf den Italiener und drückt ab. Lautlos sinkt der Getroffene in die Knie.

Nun aber packt den Schützen die helle Angst, weil er auf einen Gegner geschossen hat, obgleich vom Verdeck her die weiße Fahne, das Zeichen der Kapitulation, flattert. Er verschwindet, ohne sich weiter um den Verletzten zu kümmern.

Wie diese Geschichte in Wirklichkeit war, konnte niemand feststellen, aber daß wir keinen verletzten Italiener im Kehlgraben fanden, weiß ich bestimmt.

Vom 25. bis 29. Mai 1915 hatte die gegnerische Artillerie das Werk Lusern ununterbrochen mit schwerstem Feuer bombadiert. In den vier Tagen gingen gut 5000 Granaten jeden Kalibers auf das Fort nieder. Die Stahlpanzertürme waren zerschlagen, die Hälfte der Turmhaubitzen fernkampfunfähig, die metertief in den Felsboden verlegten Telefonleitungen unterbrochen.

Seit drei Tagen und Nächten hatte kein Mensch mehr geschlafen, die Offiziere waren durch die andauernden Detonationen innerhalb der Werkmauern völlig apathisch geworden. Von einem Augenblick zum anderen befürchteten sie durch die Explosion der Benzin- und

Munitionslager ihr totales Ende. Jede Verbindung zur Außenwelt war abgeschnitten . . .

Luserns Kommandant, Nebesar, hatte angeblich seinen drei Offizieren und dem Werksarzt Dr. Degasperi die Kapitulationsbedingungen vorgelesen, sich die Haare gerauft, sich dann weinend auf sein Lager geworfen und Befehl gegeben, zum Zeichen der Übergabe die weiße Fahne zu hissen.

Sofort hatte das gegnerische Feuer nachgelassen, wurde schließlich ganz eingestellt. Die Dokumente und alles vorhandene Bargeld wurden vernichtet, befehlsgemäß ebenso alle Lebensmittel. Gewehre und Geschützverschlüsse wurden in die Zisterne geworfen. Dr. Degasperi wurde als Parlamentär in Begleitung eines Offizieres hinausgeschickt, um Anlage und umliegende Frontstellungen dem Feind zu übergeben . . .

Das weiße Tuch flatterte im Wind, Dr. Degasperi wartete, doch die Italiener kamen nicht, dafür ging starkes österreichisches Trommelfeuer auf das Vorfeld nieder, Verle und Gschwendt schossen aus allen Rohren, die Parlamentäre kehrten zurück. Inzwischen hatten drei junge Meraner Standschützen freiwillig das Deck erklettert und im Feuerhagel die weiße Fahne heruntergerissen, ohne getroffen zu werden.

Zur gleichen Zeit soll sich Nebesar zum etwa zwanzig Minuten weiter rückwärts gelegenen Sperrkommando begeben haben, wo er eine Waffe verlangte, um sich erschießen zu können. Statt dessen wurde er verhaftet und zum Festungskommando nach Trient gebracht, wo gegen ihn und zwei seiner Offiziere wegen Feigheit vor dem Feind ein Kriegsgerichts-Prozeß eröffnet wurde. Seine Behauptung, daß Widerstand sinnlos und eine Meuterei der Besatzung unvermeidbar gewesen sei, wurde durch die Tatsache, daß Lusern am Tage nach dem Abgang Nebesars wieder besetzt und gut verteidigt werden konnte, ad absurdum geführt.

Im Untersuchungsprozeß bestätigte das medizinische Gutachten des Werksarztes Dr. Degasperi, daß Nebesar in der Zeit, als er das Fort im Stich gelassen hatte, voll zurechnungsfähig gewesen sei. Wie später zu erfahren war, wurde er freigesprochen. Die Kriegsgerichtsverfahren gegen Nebesar und Gimpelmann, die in Wien spazierengingen und ihre Pension bezogen, wurden später wiederaufgerollt. Da sich die Prozesse bis zum Kriegsende 1918 hinschleppten, kam es nicht mehr zu einer Urteilsverkündung.

Beim Appellationsgerichtshof hat später der damalige Kommandant der Festung Trient, General von Können-Horak, als Zeuge bestätigt, daß Lusern trotz schwerer Beschädigungen noch nahkampffähig gewesen sei. Weiterhin gab der General zu Protokoll, daß in jenen Tagen Trient von österreichischer Seite als aufgegeben galt. Der Fall Luserns oder Verles wäre das erste für das Trentino geöffnete Tor gewesen. Da die Werke aber gehalten hätten, habe man die Verteidigung verstärkt, Reserven herbeigeführt und die Frontlinien konsolidieren können.

Gemeinsam mit der etwa dreihundert Mann starken Besatzung des Werks Lusern und etwa dreißig Landesschützen aus anderen Forts erhalten wir den Einmarschbefehl. Oberleutnant Schaufler teilt uns in Gruppen zu je acht Mann ein, die jeweils in Abständen von zwei bis drei Minuten einrücken sollen. Im Fort selbst befinden sich zur Zeit nur zwei Kadetten.

Wir machen uns bereit, zwischen je zwei schweren

Einschlägen den zertrichterten Hang hinaufzulaufen. Ich bin bei der dritten Gruppe. Einer von den Leuten aus Lusern erklärt uns die Lage der Hindernisgassen.

Auf dem Kasemattblock steigt ein Rauchturm hoch, Eisensplitter heulen. Ein Pfiff gellt, acht Mann springen auf und rennen mit dem Tod um die Wette. Jetzt sind sie noch dicht beisammen, doch da stolpert einer, bleibt zurück. Wir starren ihm nach, unsere Körper machen unbewußt seine Bewegungen mit. Ein paar schreien: »Vorwärts! Vorwärts!« und dann verschwindet auch er im Kehlgraben. Wieder flammt es hoch, kracht es, fliegen Trümmer. Ein neuer Pfiff . . .

Wir packen unsere Gewehre, schieben die Brotsäcke zurecht, rennen. Trichter neben Trichter, in der zerwühlten Erde muß man an ihren Rändern laufen. Noch fünfzig Meter! Ich schaue nicht rechts, nicht links, schaue nur auf den Boden und achte darauf, nicht in einen der tiefen Trichter zu stürzen. Dann sind wir schon am Kehlgrabenrand und springen hinunter. Stacheldraht reißt einen Fetzen aus meiner Hose, jemand brüllt: »Nach rechts!« Mit Händen und Füßen arbeiten wir uns die Grabenwand entlang. Endlich haben wir die Gasse in dem verdammten Drahtverhau erreicht. Noch zwei, drei Sprünge, das Zwingertor klirrt auf, wir sind in Sicherheit. Über uns dröhnt die nächste Salve aufs Verdeck.

Nach uns kommen noch vier Gruppen gut herauf, dann kommt lange Zeit niemand mehr. Endlich landet wieder eine Gruppe von acht Leuten im Kehlgraben. Sie mußten in den Trichtern liegend eine Serie von Einschlägen abwarten. Einige wurden von Steinbrocken getroffen, von ihren Gesichtern tropft Blut.

Fast drei Stunden dauert es, bis die letzten im Fort

sind. Da es draußen stockdunkel ist, brauchen sie dreimal so lang als wir. Die meisten sind tropfnaß und mit Erde beschmiert, denn die untersten Trichter sind voll Wasser.

Oberleutnant Schaufler und Leutnant Deutschmann haben das Kommando im Werk übernommen. Um die Kampfkraft des Forts steht es schlecht, im ersten Augenblick hat man den Eindruck, einen heillosen Trümmerhaufen betreten zu haben. Das elektrische Licht funktioniert nicht, wir behelfen uns mit Petroleumlampen und Kerzen.

Die Geschützverschlüsse liegen in der Trinkwasserzisterne, im Maschinenraum sind die Schalttafeln zerschlagen. Sogar die Wasserjacken der Maschinengewehre wurden auf Befehl von Oberleutnant Nebesar durchlöchert, eine Maßnahme, die völlig sinnlos war, weil die Gewehre dadurch nicht unbrauchbar werden.

Es dauert einige Zeit, bis der Motor wieder läuft und die zerschnittenen Kabel repariert sind. Wir bringen einen kleinen Scheinwerfer zur Zisterne, einige ziehen sich gleich aus und tauchen nach den Verschlüssen. Das Wasser ist eiskalt. Als es aber Delago gelingt, den ersten der vier Bronzekeile zu finden und anzuseilen, springen sie immer wieder hinunter. Im Morgengrauen liegen alle vier Verschlüsse gut gefettet in den Rohrhinterstücken.

Zehn Tage lang hagelt es Stahl auf die Sperrforts, bis der Feind mit der planmäßigen Zerstörung der Infanteriestellungen und Stützpunkte beginnt.

Ich bin wieder auf dem Basson, dem weitvorgeschobenen, langgezogenen Hügel zwischen Verle und Lusern. Kratzmann und Delago sind mir zugeteilt. Im ringförmigen Graben sind da und dort schwache Unterstände vorbereitet. Wolf ruft an, schimpft, sagt, wir müßten unbedingt und raschest die schweren Batterien des Gegners nach Planquadraten ausmachen.

Rocca Alta hat nur mehr zwei Rohre in der Front, Lusern ein einziges; unsere Widerstandslinie wird bald sturmreif sein.

Während wir die Mittagsration verschlingen, melden sich Verena und Campolongo. Das Feuer ihrer Langrohre gleicht einem Scheibenschießen: Jedesmal ein Treffer! Sie haben es ja so leicht. Wie auf einem Präsentierteller liegen die Ziele vor ihnen. Auf den vier Stützpunkten, die sie mit ihren Geschützen bearbeiten, fliegen Balken und zerfetzte Stacheldrahtbündel hoch.

Besonders scheint ihnen unsere Straßensperre Vezzena verhaßt zu sein, die sie erbarmungslos unter Beschuß nehmen. Der Holzbau, der nicht nur Kampfstellung, sondern auch Unterstand ist, verwandelt sich in einen Trümmerhaufen. Wohin die Landstürmer geflüchtet sind, kann man nicht erkennen. Wahrscheinlich warten sie rückwärts im Wald auf das Ende des Höllentanzes.

Eine halbe Stunde nach diesem Auftakt dröhnt es aus allen Tälern, Schluchten und Wäldern, aus allen Winkeln und Verstecken der Hochfläche; die Luft schwingt wie unter den Klängen einer grausigen Riesenorgel: Die mobile Artillerie der Italiener feuert und besorgt die Zerstörung unserer Linie so nachdrücklich, daß es einem das Herz zusammenkrampft. Da und dort lodern Brände auf, die Stützpunkte sind nur mehr qualmende Meiler.

Leutnant Partik ist überzeugt, daß sie heute abend im Nahkampf angreifen werden. Der heikelste Punkt, meint er, sei der benachbarte Basson, weil der weit vorspringende Hügel für die Handvoll Verteidiger viel zu weitläufig ist; er will beim Sperrkommando anfragen, ob Rocca Alta einige Maschinengewehre abgeben darf.

Der Stützpunktkommandant, Oberleutnant Godowski, ist über diesen Vorschlag erleichtert. Kurze Zeit später teilt uns Partik mit, daß die Maschinengewehre noch vor Einbruch der Dunkelheit eintreffen werden. Der Basson, dieser langgestreckte Katzenbuckel, so hoffen wir, kann einen Angriff abwehren, in Wirklichkeit scheint mir schon der Gedanke reichlich verwegen, ihn überhaupt halten zu wollen. Wenn wir bis zum Abend keine wesentlichen Verluste haben, werden die Meraner Standschützen und Landstürmer in den Schützengräben eine harte, grausame Nacht durchhalten müssen.

Vor dem Dunkelwerden schießen sich die Italiener auf unsere Stützpunkte ein. Der Basson sieht bald fürchterlich zernarbt aus, doch scheint der Ringgraben zu halten.

Die neu eingetroffenen Maschinengewehre stehen einsatzbereit vor einem tiefen Loch, das die Telefonisten in den letzten Tagen gegraben und gepölzt haben. Daneben stechen wir mit den Spaten zwei Stände in die vordere Grabenwand. Das muß sehr vorsichtig geschehen, denn die Gebirgskanonen uns gegenüber auf dem Felshügel Costesin feuern sofort, wenn sich irgendwo Leben zeigt.

Die Posten stehen mit hochgeschlagenen Mantelkragen, die Gewehre auf der Deckung, die Handgranaten griffbereit. Keiner hat bisher etwas Verdächtiges bemerkt. Die übrige Mannschaft liegt alarmbereit in den Unterständen. Es sind durchwegs ältere Männer, Tiroler, die schon in Galizien und den Karpaten eingesetzt waren.

Anders als diese bewährten Landstürmer verhalten sich die braven Meraner Standschützen auf den Stützpunkten links und rechts hinter uns. Da und dort knattert es plötzlich auf, reißt die Nachbarstützpunkte mit, und es ist zu fürchten, daß dieser häufige Alarm die Nerven der Männer abstumpft und sie dann den Augenblick der wirklichen Gefahr nicht erkennen.

Oberleutnant Godowski schnauzt die verdatterten Standschützen-Kommandanten an, sie sollen ihre Leute von den sinnlosen Schießereien abhalten. Gleich darauf bedauert er und findet es verständlich, daß Männer ohne wirkliche soldatische Ausbildung, das »letzte Aufgebot« eines ausgebluteten Landes, in dieser Situation die Nerven verlieren können. Ehrlich gesagt, geht es mir und meinen Leuten nicht viel anders.

Als das Feuer gegen die Sperrforts völlig verstummt, laufe ich zu meinem Beobachtungstisch, die Leuchtpistolen und Scheinwerfer tauchen weithin das Vorfeld in blendendes Licht. Angestrengt starren Hunderte von Augenpaaren hinaus. Nichts. Vom Marcaiwald herüber kommen Stimmen, es klingt wie Kommandorufe. Auch in Verle müssen sie etwas Verdächtiges bemerkt haben: Ein Scheinwerferkegel zuckt auf, gleitet suchend über das Vorfeld, huscht den Hang gegen das Fort Cima hinauf, kehrt zurück . . .

Noch während ich versuche, zwischen dem wechselnden Licht, den scharf beleuchteten Baumstämmen und sich drehenden Schlagschatten etwas zu unterscheiden, höre ich deutlich Avantirufe aus der vor uns liegenden Mulde.

Eine Salve von Leuchtpatronen zischt in den Himmel, es ist plötzlich taghell; wir sehen, daß der ganze Talgrund lebt, daß drüben aus dem Wald Hunderte Gestalten hervorquellen und links drüben die weite Senkung vor Verle von Soldaten wimmelt.

»Himmisakra!« sagt der Landstürmer neben mir. Im nächsten Augenblick feuert bereits der Basson aus allen Gewehren, die Straßensperre fällt ein, bis zur Cima hinauf blitzt es aus den zerschossenen Stützpunkten. Im Verlauf von wenigen Sekunden tobt das Gelände weithin, als ob der Himmel einstürzen wollte.

»Jetzt kommen sie ganz dick daher«, stellt Kratzmann an seinem Maschinengewehr seelenruhig fest.

Das reißt mich hoch, bringt mir in Erinnerung, daß ich mit dem Unterabschnitt Verbindung halten muß und nicht wie verloren in dieses Chaos starren darf. Ich packe den Hörer, drehe an der Kurbel – te – te – te – te . . . Endlich meldet sich Verle.

»Licht!« rufe ich. »Ihr sollt die Scheinwerfer . . .« Als ob die drüben im Fort meine Gedanken erraten hätten, gleiten breite, grelle Lichtstreifen durch die Mulden vor uns.

Schon hämmert es links von mir los, Kratzmann schießt. Delago blickt durch das Visierkorn des zweiten MG gegen den hellen Hintergrund, auf dem die schwarzen Gestalten liegen, drückt die Abzugklappe nieder, Geschoßhülsen fallen auf den Boden, in raschen Schlägen wird der Patronengurt hineingefressen . . .

Entsetzen überfällt mich: Die da unten, die ich vernichtet glaubte, stürmen den Hang herauf, kommen unaufhaltsam näher, geduckt, zusammengekauert, eine Reihe grell erleuchteter, laufender Punkte. Schießen wir denn mit Platzpatronen? Die beiden Maschinengewehre rattern aufs neue los. Kratzmann, der neben mir liegt, feuert nicht mehr den Hang hinunter, sondern an mir vorbei gegen den Costesin.

Der halbe Patronengurt mag verschossen sein, als sein Gewehr versagt. Hülsenreißer oder sonstige Ladehemmung, was weiß ich. In diesem Augenblick höre ich durch den Lärm, den Delagos Gewehr macht, das platzende Abfeuern der beiden gegnerischen Gebirgskanonen und gehe blitzschnell in Deckung. Es kracht gefährlich nahe, ein Guß heißes Wasser trifft Gesicht und Hände, rinnt an mir herunter.

»Verflucht . . . jetzt hat's die Spritzen erwischt!« sagt einer der Landsturmmänner neben mir.

Ein Leuchtschirm schwebt langsam nieder. Delagos Gewehr ist unbeschädigt hinter der Deckung, aber daneben liegt ein zweites, die drei Beine der Lafette nach oben, verbeult, mit aufgerissener Wasserjacke . . .

»Kratzmann!«

Keine Antwort.

Mit einem Satz bin ich hinter der Erdtraverse, die uns trennt. Da sitzt er, Gott sei Dank! Es hat ihn nur von der Deckung heruntergeworfen, er bewegt sich . . .

Licht!

Das milde Licht der Leuchtsterne verwischt die Schatten, . . . Kratzmann hebt langsam die Hand, ich will ihm aufhelfen, Delago springt herüber, sieht mich ratlos an – da fahre ich entsetzt zurück . . . Kratzmann ist tot, Kopfschuß . . .

Gegen Mitternacht stellen die Italiener ihren Angriff ein. Das Alpinibataillon Bassano ist zwar in einige unserer Stützpunkte eingedrungen, konnte sie aber nicht halten und mußte wieder zurück. Vor Rocca Alta und dem Basson liegen Verwundete und Tote, die wir nach und nach bergen.

Statt mit verstärktem Einsatz die Eroberung der Hochfläche zu versuchen, scheint der Feind durch die von allen Seiten eingesetzte Feuerkraft der totgeglaubten Sperrforts ernüchtert zu sein und geht zurück.

Die erfolgreiche Abwehr des Angriffs löst bei uns einen völligen Stimmungsumschwung aus. Unser Generalstab scheint nun endlich entschlossen, die Hochfläche zu halten. Ein neuer Sperrkommandant wird eingesetzt: Oberst Ellison von Nidlef, ein Mann von höchstem militärischem Können und größter Tapferkeit. Als Geniestäbler weiß er den Wert der Befestigungen zu schätzen und bietet alles auf, um diese wieder voll kampffähig zu machen. Arbeitsabteilungen kommen, Tag und Nacht wird in den Sperrforts betoniert, die beschädigten Turmgeschütze werden repariert, die Eindeckungen verstärkt, die Vorräte ergänzt und die Laufgräben zu sicheren Zugängen ausgehoben.

Große Beruhigung löst auch das Erscheinen deutscher Truppen aus. Es sind zwei Batterien und drei Kompanien bayerische Leiber vom Deutschen Alpenkorps. Der Ruf der Unbesieglichkeit, der ihnen vorausgeht, gibt der Front weitum Zuversicht. Ob die Infanterie vom Leibregiment Patrouillengänge macht oder die Haubitzbatterie des Hauptmanns Rose ihre Rohre gegen die Forts Verena und Campolongo richtet: Wir fühlen wieder, was wir selbst sind, wenn an Stelle der Gimpelmanns und Nebesars die ruhige Entschlossenheit von Männern wie Oberst Ellison oder Hauptmann Rose den Ablauf des Geschehens bestimmt.

Wenige Tage nach dem Eintreffen der Bayern kommt Hauptmann Rose auf den Basson, spricht von der Schwierigkeit, Einblick in die Stellungen der italienischen Batterien auf Porta di Manazzo zu gewinnen. Er fragt, ob ich es für möglich halte, die Steilhänge der Val Sugana bis in die Nähe des Sattels zu durchklettern.

Ich erkläre, daß das eine Zeitfrage sei; man würde zwei bis drei Tage brauchen. Am Abend ruft mich Rose an, sagt, daß eine Patrouille bereitstehe, aber eines alpin geschulten Führers bedürfe, den er sich in meiner Person bei Oberst von Ellison ausbedungen habe. Eine Stunde später treffe ich mit meinem Spezi, dem oberösterreichischen Gefreiten Kaspar Wider, beim Abschnittskommando ein.

Der frühe Tod meines Freundes Hans Pescosta geht mir nicht aus dem Sinn. Der Trost, daß ihm auf dem Sterbebett die goldene Tapferkeitsmedaille verliehen wurde, scheint mir zugleich Verpflichtung zu sein, wie er zu kämpfen, wie er etwas Außerordentliches zu leisten, koste es, was es wolle.

So übernehme ich mit Genugtuung den Auftrag, die genaue Stellung der italienischen Batterien auf der Porta di Manazzo zu erkunden. Das ist nur durch eine Umgehung möglich, die über eine Felswand hinter der Cima in den Rücken des Gegners führt. Ich tue ein übriges und schlage vor, ausgesuchte Leute mit entsprechenden Sprengladungen mitnehmen zu dürfen, um die Batteriebesatzungen durch einen plötzlichen Feuerüberfall in Verwirrung zu bringen und dabei einige Geschütze außer Gefecht zu setzen. Meine ahnungslose Mutter bitte ich in einem Brief, mir umgehend Kletterseil und Kletterschuhe zu schicken.

Heute noch tut mir das Herz weh, wenn ich an mein damaliges Verhalten der armen Mutter gegenüber denke. Die Gute hatte umgehend meinen Wunsch erfüllt; zu Seil und Kletterschuhen war ein Körbchen wundervoller Williamsbirnen gepackt. Ich verteilte sie unter meine Kameraden.

Bevor wir ausrücken, melde ich mich befehlsgemäß beim Hauptmann Leo vom Abschnittskommando.

»Du wirst die Aufgabe so durchführen, wie sie dir befohlen ist«, sagt er streng. »Du wirst versuchen, aufzuklären, was da oben los ist, und sonst nichts. Kein Schuß darf fallen, es sei denn, ihr werdet angegriffen.«

»Und der so gut überlegte Feuerüberfall? Wenn es uns gelänge, unbemerkt in den Rücken der Batteriestellung zu kommen, wäre es doch schade, dort oben nicht gründlich aufzuräumen. Wir haben alles vorbereitet. Ich habe sieben ausgezeichnete Leute ausgesucht, die freiwillig mitmachen!«

Der Hauptmann schüttelt den Kopf. »Die Sprengladungen bleiben hier, es gehen nur die ursprünglich vorgesehenen drei Bayern des Hauptmanns Rose und der Gefreite Kaspar Wider mit dir. Eure Aufgabe ist gefährlich genug.« Und nach einer Pause: »Was meinst du, sollte ich wohl deiner Mutter schreiben, wenn du nicht zurückkommst? Schlage dir unnötige Bravourstückchen aus dem Kopf! Abgesehen davon: Mir ist ein lebender Fähnrich hier lieber als ein toter auf der Porta di Manazzo.«

Im späten Dämmerlicht durchklettern wir die Nordwand der Cima und sind bald im Steilabfall des Mandriol. Kleine Wände wechseln mit schwach bewachsenen Geröllhalden. Ich vermute, daß hier irgendwo eine Postenkette der Italiener verlaufen muß, denn der Grat über uns ist in ihrem Besitz. Wir haben Zeit, können uns jeden Schritt überlegen und ohne Hast die schwierigen Durchstiege bewältigen. Tief unter uns schimmert die Brenta im Mondlicht, weiter draußen bei Roncegno und Borgo sind sogar einige Häuser beleuchtet, ein friedvoller Anblick.

Die milde, wolkenlose Juninacht ist kurz. Als es zu dämmern beginnt, haben wir unter einem vorspringenden Fels einen ausgezeichneten Biwakplatz gefunden. Wasser rieselt über die Wand herunter, verkrüppelte Bergkiefern schützen uns vor Sicht und Überraschungen.

Hier lassen wir uns nieder, essen und richten uns häuslich ein. Ich übernehme die erste Wache. Alle zwei Stunden wollen wir einander ablösen.

Von meinem Platz aus kann ich das Treiben im Tal gut beobachten. Soweit der Blick reicht, ist alles vom Feind besetzt, aber eine eigentliche Stellung gibt es in der Val Sugana noch nicht. Ich muß unwillkürlich an Noemi denken. Wie es ihr wohl ergehen mag? Wie gerne würde ich sie wiedersehen! Vielleicht bei meinem zu erwartenden Urlaub? Wie schön wäre das!

Wir verbringen die Zeit mit Schlafen, Schauen und Rauchen. Während ich die dritte Wache halte, klopfen die Bayern eine Partie Schafkopf. Für passionierte Kartenspieler liegt auch nichts näher, als diese himmlische Ruhe hoch über allem irdischen Hader auszunützen. Mit einbrechender Dunkelheit machen wir uns wieder auf den Weg und klettern weiter den steilen Talrand entlang, steigen dann aufwärts, und ehe die zweite Nacht vorübergeht, haben wir den Kamm erreicht, von dem aus man den ganzen Sattel der Porta di Manazzo überblicken kann.

Mit Spannung erwarten wir das Tageslicht. Es regt sich nichts. Wir liegen zwischen Steinblöcken und Latschen, nur manchmal ist es, als ob in der Nähe Menschen wären und wir Stimmen hörten. Das kann aber auch eine Täuschung sein.

Nein, es war keine Täuschung: Kaum dreihundert

Schritt entfernt wandert eine Laterne, Gesprächsfetzen dringen bis in unser Versteck, jemand hustet. Wenn die einen Hund dabei haben, werden sie uns entdecken.

Dann bleibt das Licht eine Weile stehen, verschwindet. Wir atmen erleichtert auf. Die Spannung wächst. Was wird uns der Morgen zeigen? Sind wir dort, wo ich vermute, nämlich oberhalb der Porta di Manazzo?

So liege ich auf dem Rücken und schaue in das Flimmern der Gestirne. In einer Stunde muß es Tag werden. Eine Stunde ist lang, wenn man sie hinter sich haben will, sie ist endlos, wenn man nicht weiß, was sie bringen wird.

Fröstelnd schrecke ich auf, als Wider mir das Kartenblatt aus der Hand zu nehmen versucht. Es tagt, die höchsten Spitzen dieser großartigen Landschaft, die Cima Undici, der Dodici und das mächtige Gebilde des Kempelrückens beginnen sich schon zu verfärben. Ein Blick hinüber zu den Riesen genügt mir, um festzustellen, daß wir am Grat über der Porta di Manazzo sein müssen. Vorsichtig richte ich mich auf, krieche zu dem Stein hin, an dem Kaspar Wider kauert.

»Da unten san's«, flüstert er und schiebt mir seine mit Latschenzweigen geschickt getarnte Mütze her. Ich setze das Ding auf, hebe den Kopf über die Deckung.

Auf der Straße, die die einzelnen Batterien miteinander verbindet, gehen Menschen hin und her. Ich nehme einen der ahnungslosen Soldaten mit dem Fernglas aufs Korn und zähle seine Schritte. Jetzt ist er bei dem Brandplatz, jetzt bei den ersten Geschützen. Gezählt, eingetragen. Nach einer Weile kommt von unten ein anderer. Er macht mir nicht die Freude, die gewünschte Strecke abzuschreiten, sondern verschwindet in einer Baracke, aus der blauer Rauch steigt und die offenbar als Küche dient. Doch wir haben den ganzen Tag Zeit, und im Verlauf von einigen Stunden sind alle Entfernungen verzeichnet und kontrolliert.

Infanterie scheint hier nicht zu liegen, dieses Hochtal ist ausschließlich Werkstätte zur Zerstörung der Sperrforts von Lavarone. Sechs schwere Achtundzwanziger-Haubitzen machen wir aus und weitere sechs auf dem Verenakamm. Dazu kommen noch vier Einundzwanziger der Firma Krupp, deren besonders schwere Granatwirkungen wir mehr fürchten als die der anderen.

Am Mittag holen die drüben ihr Essen, eine ganze Menschenkolonne steht um die Küchenbaracke herum. Dann tritt die Bedienung der mittleren Batterie an, und wir erleben das seltsame Schauspiel, dem »Menagefeuer« auf Cima und Rocca Alta gewissermaßen beizuwohnen.

Sie decken die beiden Geschütze ab und laden. Mit dem Glas kann man die Gesichtszüge jedes einzelnen ausmachen. Das rechte Rohr geht hoch, Blitz und gelber Dunst fahren aus der Mündung, donnernd rollt der Abschuß und bricht sich gellend an den Höhen ringsum. Das Jaulen des Geschosses hält unendlich lang an, verklingt; dann dröhnt es fern her. Über Rocca Alta wird jetzt eine Rauchsäule stehen.

Das linke Geschütz feuert fünf Minuten später ab. So geht es eine Stunde ununterbrochen weiter. Wenn wir eine Muskete mithätten, ein automatisches Gewehr, dann wäre der Zauber gleich vorüber, wir könnten, wie in einem Wildwestfilm, die ganze Geschützbedienung in wenigen Sekunden abschießen, wären dann allerdings auch selbst gleich erledigt.

Der Betrieb sieht fast gemütlich aus. Auf einem Rollwagen bringen sie ihre Granaten heran, der Erste Offizier der Batterie spaziert hinter den Geschützen auf und ab. Vielleicht hat er seine Ziele nie gesehen, denn das besorgen die Beobachter, die weit unterhalb einige hundert Meter vor Rocca Alta und Cima liegen.

Wir bleiben den ganzen Tag über in unserem Versteck, schade ist nur, daß wir nicht mehr rauchen dürfen.

Einmal, gegen Abend, wird es sehr unangenehm: Den Hang hinauf schlendert ein Alpini-Soldat; er scheint zu botanisieren, denn von Zeit zu Zeit bückt er sich, pflückt etwas ab und schiebt es in die Tasche. Wir halten den Atem an, wagen keine Bewegung.

Der Botaniker setzt sich etwa vierzig Schritt von uns entfernt ins Gras und singt. Was er singt, ist so einfach und innig, daß mir die Melodie für mein Lebtag im Gedächtnis bleibt: »Mio bel alpino sei tu mio amoooree . . . tu car tresoooroo . . .«

Uns ist weder nach amore noch tresoro zumute, aber wohl nach Heimweh und Frieden, und ihm ginge es wohl auch so, wenn er wüßte, daß nur wenige Schritt hinter ihm zwei Bajonette im Gras liegen. Da beginnt sich die Menschenkolonne bei der Küchenbaracke wieder zu sammeln. Der Troubadour schmettert ein letztes sehnsüchtiges »amore miiooo . . .« in den Abend und geht dann langsam zu seiner Batterie hinunter.

Ohne besondere Schwierigkeiten kehren wir in der übernächsten Nacht zu unseren Linien zurück. Als ich meinem Hauptmann das Ergebnis melde, ist er froh, uns gesund wiederzuhaben, und leitet das Resultat an Oberst Ellison weiter. Wir hoffen, daß es die Geschütze auf Porta di Manazzo künftighin nicht mehr so einfach haben werden wie bisher.

Am gleichen Tag erfahren wir durch einen Überläufer, daß durch das Assatal neue, schwere Schiffsgeschütze herangebracht würden, um die Sperrforts endgültig auszuschalten. Wie sehr der Mann, dem zunächst kein Glauben geschenkt wurde, recht hatte, bewies die Zukunft.

Endlich kommt mein Urlaubsschein vom Sperrkommando. Partik, inzwischen zum Oberleutnant befördert, meint, ich könne bei dieser Gelegenheit aus Bozen ein paar hundert Liter Wein für die Offiziersmesse mitbringen. Stary, Weber und Koppel haben Geld zum Kauf eines Klaviers gesammelt. Ein Piano, gern werde ich die Bitte der Freunde erfüllen, freue ich mich doch selbst am meisten darüber. Ich verspreche, einen besonders guten Tropfen zu besorgen und den Transport der guten Dinge persönlich zu überwachen.

Im Verlauf einer Viertelstunde bin ich reisefertig und auf dem Weg durch den morgendlichen Wald zur Drahtseilbahnstation Monterover. Ein paarmal höre ich es hinter mir poltern, und wenn ich mich umschaue, steht eine dicke Rauchwolke über der von der Morgensonne beleuchteten Cima di Verle.

Ich beschleunige meine Schritte. Solange dieses Poltern in meinen Ohren klingt, solange irgendwo dunkler Qualm in den blauen Himmel steigt, bin ich nicht auf Urlaub. Es gibt eine Menge Frontgeschichten, die den Tod ausgerechnet auf diesem Weg in den Frieden des Hinterlandes zum Gegenstand haben, und ich möchte ihre Fälle nicht um meinen eigenen Fall bereichern.

Die Formalitäten auf der Seilbahnstation sind schnell erledigt. Ein Blick des Werkmeisters in meinen Urlaubsschein, ein zweiter auf die Uhr, und schon winkt er mit einer merkwürdigen Hast: Einsteigen! Vorwärts! Nur rasch! Ich werfe meinen Rucksack in eins der Wägelchen, das eben auf der Ringschiene steht, schwinge mich hinein, und der russische Gefangene, der hier arbeitet, gibt dem Materialwagen einen Stoß. Ein Anschlagstück legt oben den Klemmhebel um, die Stahlbacken greifen ins Seil, und im steilen Abstieg schnurrt das luftige Gefährt in die Tiefe.

Erst jetzt begreife ich die Hast des Werkmeisters: Täglich um acht Uhr morgens pünktlich versuchen die Herren Artilleristen vom Fort Verena, unsere Seilstation zu treffen. Das dauert in der Regel bis halb zehn. Während dieser Zeit wird der Betrieb eingestellt, und die Seilbahnmannschaft sitzt in ihrer Kaverne. Das alles geschieht mit jener schönen Regelmäßigkeit, deren sich die Italiener bei vielen ihrer Handlungen befleißigen. Ich schaue auf die Uhr. In zwölf Minuten wird es losgehen, vorausgesetzt, daß sie auf Verena genaue Zeit haben; da kann ich gerade noch rechtzeitig unten anlangen.

Herrlich sitzt sich's während des Tiefergleitens durch die Schlucht ins Tal hinunter. Die Val Sugana mit ihren Weingärten und hellen Torrenten scheint einem entgegenzuschweben, tiefblau wie ein Augenpaar schimmern zur Linken die beiden Seen von Levico und Caldonazzo herauf. Doch ich habe heute wenig Sinn für landschaftliche Schönheiten, blicke vielmehr immer wieder auf meine Uhr, horche auf das Geräusch der Rollen über meinem Kopf. Sie drehen sich gleichmäßig, sie rumpeln über die Tragstützen auf den Jochen, über die konischen Hülsen der Verspleißungen. Noch fünf Minuten, vier, drei . . . Die Talstation kommt wie ein offenes Riesenmaul näher. Auf den Gegenwagen fährt nur noch Preßheu, ein Beweis, daß meine Annahme richtig ist. Gott sei Dank, da sind wir schon!

Krachend legt sich der Klemmhebel auf die andere Seite, die Rollen laufen nicht mehr auf dem Seil, sondern auf einem Schienenbogen; und während ich meinen Rucksack umhänge, wird der Lauf des Zugseils langsamer, ich steige aus, wechsle noch ein paar Worte mit der Seilbahnbedienung und gehe.

In Caldonazzo erfahre ich, daß der nächste Zug erst gegen Abend fahren wird. Seit der Feind auf der Armenterra sitzt, liegt auch die Bahnstrecke unter Beschuß. Nun sollte ich eigentlich warten, aber das bringe ich nicht fertig. So nehme ich mein Gepäck und gehe die weiße, staubige Straße entlang nach Calceranica.

Wie wunderbar ist dieses Alleinsein! Meine Augen sehen wieder, ohne zu suchen, meine Ohren hören, ohne zu horchen. Ich lasse Grasrispen durch die Finger gleiten und schaue einer Lerche nach, die trillernd ins Blau steigt. Wie gut bin ich allem und wie gut ist alles zu mir!

Vor mir mündet eine Straße ein, auf der eine Kolonne plachenüberzogener Fuhrwerke kommt. Vielleicht fahren sie in Richtung Pergine. Ich bleibe stehen, warte.

Es ist ein Verwundetentransport. Auf dem Wagen liegen Soldaten, ihre Gesichter schauen wächsern unter dicken Verbänden hervor. Manche haben die Arme frei und halten sich mühsam an den Seitenleitern, um das schmerzende Rütteln und Stoßen abzuschwächen.

Ich gehe zu einem der Wagen und reiche dem Kutscher eine Handvoll Zigaretten hinauf. Es ist ein Bosniak mit einem dunkelroten Fez auf dem verwitterten, braunen Schädel. Bereitwillig rückt er zur Seite. Ich steige auf.

Wir wechseln nur ein paar Worte, denn er spricht so schlecht Deutsch wie ich Serbokroatisch. »Bumbum«, sagt er, »oh! Viele kaputt!« Hebt alle zehn Finger hoch und deutet nach rückwärts in die Berge.

Ich nicke. Verstanden, zehnmal so viele als hier auf den Wagen liegen. Dann zündet er sich eine Zigarette an, sinnt eine Weile nach und dreht sich mir wieder zu.

»Du fort, Trient?« fragt er.

»Auf Urlaub.«

»Urlaub schön, dobre schön, ich ganze Jahr nix Urlaub«, sagt er, und seine dunklen Augen wandern über die Felder.

Von rückwärts reitet ein Trainwachtmeister heran. Ich grüße ihn freundlich, denn es ist verboten, auf Verwundetenwagen mitzufahren. Er hebt zwei Finger an den Kappenrand, kümmert sich aber weiter nicht um mich und trabt weiter.

Der Bosniak nimmt den Gesprächsfaden wieder auf: »Sie sagen, ich fahren mit eine Woche. Kaiser kauft alles, Wagen, Pferde, Kukuruz, ich nur fahren. Und ich fahren schon ein Jahr. Kein Urlaub, nix.«

Bei den ersten Häusern der verlassenen Ortschaft Vigo wartet der Wachtmeister und winkt mit der Reitgerte. Im Schatten auffahren! Einige Sanitäter kommen, sie haben Feldflaschen und Tränkeimer in den Händen. Ich steige ab und fasse mit an. Von einem der Höfe holen wir frisches Brunnenwasser, gehen an der Wagenreihe entlang und reichen es den Verwundeten. Ein Sanitäter bestimmt: »Dem nicht. Dem auch nicht. Dem nur einige Tropfen . . .«

Gierig flehende Blicke folgen den Feldflaschen, farblose Lippen betteln, Flüche werden hinter uns laut. Doch es nützt nichts. Manche haben Bauchschüsse, ein

Schluck Wasser würde ihnen den Tod bringen. Manche öffnen nicht einmal die Augen. Sie sind dankbar für die kurze Rast, das Rütteln und Stoßen muß ihnen grauenhafte Schmerzen bereiten.

Und dann, o Himmel, sehe ich Noemi!

Sie steht am Ende der Wagenkolonne neben der Tür eines kleinen Hauses und blickt mich mit ihren großen, strahlenden Augen an. Ihr dunkles Haar ist von einem bunten Tuch bedeckt, ihr Gesicht erscheint mir in dieser traurigen Umgebung schöner denn je.

Eilig stelle ich den Tränkeimer auf den Boden und gehe zu ihr. Ein Sturm widerstreitender Gefühle überfällt mich. War sie es nicht, um die ich den ersten herben Liebesschmerz erlitten habe? Habe ich nicht geholfen, ihren Bruder Giovanni zu fangen?

»Noemi!« sage ich. Sie streckt mir ihre schöne, schlanke Hand entgegen, lächelt.

»Wie geht's, Noemi?«

»Gut.« Doch ein Schatten fliegt über ihr klares Gesicht. »Gut«, wiederholt sie und errötet.

Noch immer halte ich ihre Hand, und da mein Blick sich unwillkürlich senkt und den Goldreif an ihrem Finger sucht, sagt sie leise: »Er ist gefallen. Eine Granate auf Fort Sebastiano.« Ich weiß keine Antwort, schweige.

Der Wachtmeister steigt in den Sattel und trabt an uns vorbei. Ich beeile mich, meinen Rucksack vom Wagen zu holen, ich kann jetzt nicht weggehen von hier. Noemi führt mich in ihr Häuschen. Sie hat sich einen kleinen Laden eingerichtet und tauscht, wie sie mir erklärt, Schuhschmiere, Stearinkerzen und ähnliche Kleinigkeiten gegen Kaffeekonserven und Polentamehl, die sie wieder an die Weinbauern weitergibt. Als ich sie noch einmal frage, wie es ihr gehe, füllen sich ihre Augen mit Tränen, doch sie schüttelt den Kopf und schweigt.

Draußen fahren die Wagen vorbei, einer nach dem anderen, schnauben die Pferde, ich sitze auf einer Seifenkiste und schaue Noemi an, die am Türstock lehnt und zu Boden blickt. Große Tränen hängen an ihren Wimpern, rollen langsam über ihre Wangen.

Nach und nach erfahre ich, wie grausam der Krieg auch in ihr Dasein gegriffen hat: Ihr Bruder Giovanni in einem Lager eingesperrt, die Eltern in Katzenau bei Mittendorf in einem Flüchtlingslager, Daria arbeitet in einer Munitionsfabrik bei Wien, der elterliche Gasthof eine Beute des Kriegsgeschehens.

Wie gerne möchte ich ihr helfen, ich streichle ihre Hand, frage, ob sie nicht doch lieber zu den Eltern ins Flüchtlingslager gehen wolle, dort sei sie geborgener als hier in unmittelbarer Frontnähe. Da bricht es wild aus ihr hervor: »Nein, ich will nicht fort, ich will hierbleiben, was auch immer kommen mag.«

Nachdem sie sich beruhigt hat, fahre ich fort: »Wer weiß, ob sie dich nicht früher oder später zwingen werden, fortzugehen, hier bist du doch immer in Gefahr.«

»Das weiß ich, ich bin auch auf alles gefaßt«, antwortet sie, »aber meine Heimat, den Boden, auf dem ich geboren bin, gebe ich nicht auf, lieber sterbe ich hier, wenn dies mein Schicksal sein sollte.«

Arme Noemi, wie gerne möchte ich ihr helfen, doch der Krieg lastet auf uns allen, wir unterliegen denselben Gesetzen. Ich bewundere ihren Stolz und ihre Standhaftigkeit. »Außer durchziehenden Truppen«, sagt sie, »sind nur einige Feldgendarmen in der verlassenen Häusergruppe stationiert, hilfsbereite Landsleute, Trentiner, die mir helfen, so gut sie können. So lebe ich halt von meinem kleinen Laden und von den Fischen im See. Im Herbst werde ich genügend Trauben und anderes Obst finden, niemand kümmert sich mehr darum . . .«

Sie sagt das alles, ohne mich anzusehen und mit großem Eifer, so, als müsse sie sich rechtfertigen. Ich frage nicht weiter. Da schlägt sie endlich die Augen auf und lächelt wehmütig und dankbar.

Ich nehme aus meinem Rucksack einige Lebensmittel und bitte sie, uns etwas zum Essen zu richten.

Gern. Aber sie möchte nicht, daß ich mich beraube. Sie habe genug Vorräte, in der Stube hinten stehe ein Sack Maismehl, auch Reis sei da, und Milch hole sie manchmal aus Calceranica, wo noch einige Bauern wären.

Während sie unser Mahl bereitet, gleitet ihr Blick immer wieder ängstlich nach oben, nach Chiesa di Lavarone, ihrem kleinen, unsichtbaren Heimatdorf.

Ihre Arme sind wie aus Bronze, ihr Gesicht stark gebräunt. Sie muß viel im Freien sein. Wir essen in ihrer kleinen Stube. Noemi lacht wieder und erzählt von früheren, friedlichen Zeiten und kommt auch auf einen Landesschützenleutnant zu sprechen, der im Sommer 1914 fort sei und von dem sie nie mehr etwas gehört habe. Diesem Leutnant sähe ich ein bißchen ähnlich, sagt sie, schenkt Wein ein und bringt einen Teller Kirschen.

Der Abend verblaßt, ein erster Stern steht hoch über der Cima, als ich von Noemi Abschied nehme und gegen die Bahn gehe, um den Zug aus Caldonazzo zu erreichen. Sie bleibt zurück, sie traut sich nicht, in der Nacht allein heimzugehen, sie hat den Feldgendarmen versprochen, bei Einbruch der Dunkelheit das Haus nicht

Generalissimus Conrad von Hötzendorf (Mitte) im Gespräch mit Soldaten, rechts am Rande Oberst Otto v. Ellison (oben). Besuch des Hauptmanns Rose, dessen schwere bayrische Haubitzbatterie willkommene Unterstützung brachte . . . (unten).

Fähnrich Hanke, der tapfere Beobachter von Col Alto mit dem Autor auf dem Weg zur Cima.

mehr zu verlassen. Als wir uns zum Abschied noch einmal küssen, weint sie herzzerbrechend, ich muß ihr bei allen Heiligen schwören, wiederzukommen.

In Bozen gilt der erste Besuch der Mutter, bei der ich während der Urlaubstage bleibe. Die kleinen Schwestern sind bei ihr. Im Kreise meiner Lieben bin ich restlos zufrieden. Die nervenzerreißende Spannung vom Sperrfort vergessend, sitze ich neben der Mutter, die erzählt, daß der Vater gesund sei und, wie alle, auf ein baldiges Kriegsende hoffe.

Wir wohnen in unmittelbarer Nähe des Augustinerklosters Muri in Gries, dessen Mönche hervorragende Weine anbauen. Ihr Weißwein, ein grüner Veltliner, soll heuer besonders gut geraten sein, sagt man. Mit dem freundlichen Weinpater, dem Ökonom, wie er sich bezeichnet, bin ich bald einig. Drei Fässer zu je 100 Liter, der Liter zu einer Krone fünfzig. Als ich mich verabschiede, meint er allen Ernstes, wir sollten baldigst Schluß machen da unten mit der Front, der saudumme Krieg dauere schon lang genug.

»Schluß machen! Wie stellen Sie sich das vor, Pater?« frage ich. »Ganz einfach«, sagt er, »vorgehen, Vicenza schnappen, Venedig abriegeln, sind ja nur 80–100 km, dann habt ihr sie!«

»Großartig, Sie sind ein genialer Stratege! Wissen Sie was? Ich gebe Ihnen meine Uniform und Sie geben mir Ihre Kutte. Ich bleibe hier im Kloster, Sie gehen mit dem Wein an die Front! Sobald Sie Venedig haben, kommen Sie wieder und lösen mich ab. Einverstanden?«

»Das got leider nüt«, sagt der schlaue Pater, »wissen'S, i bin nämlich Schwitzer Bürger, unser Kloster Muri gehört zum Kanton Graubünden.«

»Schade, sehr schade, dann müssen wir halt ohne Ihre

Hilfe ›Schluß machen‹«, sage ich und verabschiede mich mit dem Versprechen, wenn der Wein gut sei, wiederzukommen.

Noch am selben Tag kaufe ich um 250 Kronen ein altes Klavier. Wie wir dieses Prachtstück vom Valsuganer Tal mit der Seilbahn nach Monterover, dann durch den Wald auf den Hügel hinter Verle und während der Nacht durch den schmalen Laufgraben in unser Werk brachten, das war trotz Tod und Teufel, trotz Granaten, Nacht und Plage ein Mordsspaß. Von jetzt an hatten wir die Möglichkeit, während der Kampfpausen den Krieg zu vergessen. Noten hatte ich mitgebracht, und die Geige, mit der mich Gimpelmann erwischt hatte, war auch noch da.

Im gnadenlosen Dienst auf Rocca Alta tauchen die Bozener Urlaubstage unter wie eine selige Insel in den stürmischen Wogen des Meeres. Immer wieder sehe ich mich in der Stube der Mutter sitzen, die Härten der Zeit durch ihre heitere Ruhe und ihr Gottvertrauen vergessend. Ich hatte ihr nicht gesagt, daß ich in einer Stunde wieder fort mußte, weil ich ihr den Abschied erleichtern wollte. Beim letzten Urlaub hatte sie mich zum Bahnhof begleitet. Als der Zug abfuhr, weinte sie. Diesen Schmerz wollte ich ihr diesmal ersparen. »Vielleicht fahre ich heute, vielleicht morgen, ich weiß es noch nicht genau.« Sie verstand, nickte mit dem Kopf. »Ja, ja, ist schon recht.«

Nun bin ich mit dem Wein und dem Piano wieder bei den Kanonieren, Turmhaubitzen und Granateinschlägen in den Betontrümmern von Verle.

Dem tapferen Fähnrich Schwarz, einem Egerländer von Geburt, der mit 30 Mann den kühnen 1900 m hohen »Spitz Verle«, wie ihn die Alpini nennen, verteidigt, schickt Partik ein paar Flaschen vom Veltliner. Was Schwarz und seine Leute auf der exponierten Warte hoch über dem Val Sugana und unserem Fort in den vergangenen Wochen an furchtbaren Stunden, Minuten und Tagen durchgemacht haben, ist unbeschreiblich.

Die Front ist zur Zeit ruhig. Seit in der winzigen Kasematte, die ich mit Fischer teile, ununterbrochen Wasser durch die Risse der Betondecke tropft und an den Wänden handtellergroße Salpeterkristalle glänzen, schlafe ich im Verbandsraum. Stary ist glücklich, wenn er eine Stunde Chopin spielen kann, seine Gefährten singen polnische Lieder, deren sehnsuchtsvolle Weisen uns wohltun.

Stary fordert mich immer wieder auf, mit ihm zu spielen. Der Feuerwerker Gottschlich, dem es obliegt, die eingedrückten Betonwände und aufgerissenen Wunden auf dem Deck auszubessern, ist oft unser dankbarer Zuhörer.

Fünfundzwanzig slowenische Rekruten sind ihm unterstellt, lauter brave Burschen, die während der schweren Beschießungen Zementsäcke auf das zerwühlte Deck schleppen und in den Minuten zwischen den Einschlägen das vorgemischte Material in die frisch aufgeschlagenen Bombentrichter werfen müssen, wo die rasch bindende Masse manches Loch wieder notdürftig stopft.

Es ist Nacht, schlaflos liege ich auf meinem Strohsack und höre die pausenlosen Einschläge, das jaulende Heulen der Schrapnells. Gern möchte ich den armen Rekruten helfen, die alle zwanzig Minuten schwer beladen von der Kasernenmulde herauftrampelnd an der Tür unseres Schlafraumes vorüberkeuchen. Gottschlich ist immer bei ihnen. »Vorwärts, Burschen, heidi, heidi, schnell, schnell, nur noch zweimal, dann bekommt ihr Tee und Rum.« Im Halbschlaf sehe ich sie vor mir, die armen Teufel, ihre schweißüberströmten Gesichter unter der Last der Zementsäcke auf ihren Rücken, Nacht für Nacht . . .

Für was das alles? frage ich mich jedesmal wieder, wenn mir der Wahnsinn dieses Krieges schmerzlich bewußt wird.

Da das oberste Stockwerk völlig unbenutzbar geworden ist, sind auch Weber und Wolf in den Verbandsraum übersiedelt, der uns zugleich auch als Offiziersmesse dient. So kommt es immer wieder vor, daß schleunigst Teller, Gläser, Bestecke und Tischtuch von Sanitätsgehilfen entfernt werden müssen, weil Verwundete gebracht werden.

»Es hat ein paar von den slowenischen Rekruten erwischt«, sagt Dr. Wunderer. Auf Tragbahren bringen sie drei herein. Ihre Gesichter sind über und über voll Zementstaub, dazwischen rieselt Blut, die Wunden schmerzen fürchterlich.

Ich gehe hinaus zu den Glücklichen, die unverwundet geblieben sind. Sie haben Angst, noch einmal auf das Deck hinauf zu müssen.

Werkmeister Gottschlich hat redlichen Anteil am Durchhalten unserer Forts. Nach jeder Einschlagserie rennt er mit den Rekruten hinauf, um die nassen, schweren Betonkörbe in die neuaufgerissenen Löcher zu schütten. Am Deckausgang beobachten zwei Posten die Kammlinie, hinter der die schweren Schiffsgeschütze liegen. Flammt dort Mündungsfeuer auf, schrillen ihre gellenden Pfiffe, rennen alle so schnell wie möglich wieder durch die Luke zurück. Dreiundzwanzig Sekunden haben sie Zeit, wenn die Schiffsgeschütze, und achtunddreißig, wenn die Haubitzen vom Manderiol aufblitzen.

An einem ruhigen Vormittag streite ich mit Wolf, ob Beethoven oder Wagner das größere musikalische Genie gewesen sei. Ich behaupte Beethoven, er sagt Wagner. Da geht die Tür auf, und herein kommt Gottschlich. Seit er im Offiziersrang ist, trägt er, wenn er in die Offiziersmesse kommt, stets sorgfältig gewaschene, weiße Zwirnhandschuhe und raucht eine Virginia.

»Mit Verlaub«, sagt er, setzt sich an den Tisch und horcht unserem Streit interessiert zu. Schließlich wende ich mich an ihn: »Gottschlich, Sie hören, um was es geht. Sagen Sie Ihre Meinung: Ist Beethoven der größere oder Wagner?«

»Ja«, meint er, »wenn ich mich nicht täusche, geht es um ein musikalisches Problem?«

»Natürlich«, antworte ich lebhaft. »Das heißt, nicht direkt, sondern darum: War Beethoven oder Wagner das größere Genie?«

»Also, meine Herren«, sagt er auf und ab gehend und dabei mit der zwirnbehandschuhten Rechten nachdenklich die Zigarre aus dem Mund nehmend: »Wenn Sie mich so fragen, dann muß ich Ihnen sagen, daß sowohl bei dem einen als auch bei dem anderen die Hauptsache in der Akustik liegt!«, wobei er die letztere Silbe von Akustik besonders betont.

Wolf und ich geben uns geschlagen. Natürlich, das Problem liegt in der Akustik, wo denn sonst?

Hochbefriedigt genießt Gottschlich den starken Eindruck seiner Worte.

Die Wiederherstellungsarbeiten auf unseren Forts gehen trotz des ständigen Störfeuers zügig voran, die Stützpunkte sind gesichert und die beweglichen Batterien der Hochfläche vermehrt worden. Wir haben auch keine Zeit zu verlieren, denn es besteht kein Zweifel, daß der nächste Vorstoß bald kommen wird. Telefonisch werde ich wieder mit drei Kameraden als Beobachter auf den Basson zurückbeordert.

In diesen Tagen, die voll drohender Erwartung sind, läßt mich die Sehnsucht, Noemi wiederzusehen, nicht los. Ein Vorwand, ins Tal zu gehen, ist bald gefunden: Ich bitte Oberleutnant Partik, mich für einige Tage zu beurlauben, in Calcernica gäbe es noch Bauern, die Obst und Wein zu verkaufen hätten. Wenn ich die Erlaubnis bekäme, einmal nachzuschauen, würde ich es gerne tun. Er ist einverstanden, stellt mir einen Passierschein aus, und ich fahre an einem glühenden Augustnachmittag mit der Materialbahn ins Tal.

Bevor ich nordwärts biege, statte ich dem bekannten Kurort Levico einen kurzen Besuch ab. Wie sonderbar, durch eine Stadt zu gehen, die völlig ausgestorben ist! Die Häuser sind unbeschädigt, die Fensterläden geschlossen, die Blumen wuchern in den Gärten, die Bäume biegen sich unter der Last der Früchte. Die vornehme alte Barockkirche ist unversehrt, die vergoldeten Heiligenfiguren stehen verlassen im weihevollen Raum. Nirgends ein Mensch, nirgends eine Stimme, die das Schweigen durchbricht, alles ist tot und gespenstisch leer.

Ich gehe weiter, bleibe manchmal an einer Ecke stehen und lausche in diese beklemmende Stille. Ich habe meinen Stutzen mitgenommen, weil italienische Patrouillen schon bis hierher gekommen sein sollen, doch die Unversehrtheit der Häuser, der Mangel an Fußspuren in den staubigen Straßen sprechen dagegen. Levico hat nie einen so tiefen Frieden geatmet wie jetzt, da es zwischen den Fronten liegt. Seine Heilquellen rauschen ungenutzt der Brenta zu.

Das weiträumige Kurhaus im Park steht offen, es ist zum Teil geplündert worden, überall merkt man die Spuren liebloser Hände und hastig raffender Gier. Der Park ist märchenhaft schön, eine heilige Ruhe geht von seinen Lorbeerhainen und Magnoliengruppen aus. Nur die Stimme eines rastlos glucksenden Springbrunnens unterbricht das Schweigen.

Der Marsch nach Vigo ist in der drückenden Hitze des Nachmittags beschwerlich, und ich bin mehr als einmal daran umzukehren, um im Schatten der Cima gegen die Seilbahn von Caldonazzo zu gehen. Was suche ich bei Noemi? Zuneigung? Freundschaft?

Langsam schlendere ich durch die staubige Dorfstraße. Die Häuser sind fast alle abgedeckt und ruinenhaft, weil sie in Volpi Baracken bauen und die Hohlziegel brauchen. Da und dort hat man auch die Tür- und Fensterrahmen herausgerissen. Der Ort wirkt wie ein Trümmerhaufen, obwohl er den Krieg noch kaum zu fühlen bekommen hat.

Noemis Laden ist geschlossen, das Stubenfenster verhängt. Wahrscheinlich ist sie gar nicht mehr da, aber die Vermutung genügt mir nicht. Ich steige über den Zaun, der den kleinen Garten rückwärts abschließt, stapfe möglichst geräuschvoll durch den Flur und drücke die Klinke nieder. Die Tür gibt ein wenig nach, sie ist von innen verstellt.

Da höre ich Noemis Stimme: »Chi val là?«

»Ich bin's«, sage ich, »habe ich dich erschreckt?«

Einen Augenblick lang ist es drinnen still, dann beginnt es zu rumoren, und eine Männerstimme flucht auf italienisch. Ich glaube ein Fenster öffnen zu hören. Eine

Kiste wird beiseite geschoben und Noemi erscheint im Türspalt.

»Was wollen Sie? Bitte, gehen Sie!« ruft sie laut und verhüllt mit beiden Händen ihr Gesicht.

Ich stehe verblüfft da und weiß nicht, ob das Komödie oder Ernst ist. Sie muß mich doch erkannt haben, weiß doch, wer ich bin.

»Warum steigst du über den Zaun, statt durch die Tür zu kommen«, fragt sie jetzt, während ihr Blick in den Gang hinausgeht. Schnell begreife ich, wende mich. Eine geduckte Gestalt will an mir vorbei, ein bärtiger Mann von vielleicht zwanzig Jahren. Ich fasse ihn, halte ihm meine Pistole unter die Nase. Da schreit Noemi verzweifelt: »Um Gottes willen, nicht schießen, es ist der Freund meines Bruders. Du siehst doch, daß er verwundet ist«, setzt sie weinend hinzu. Ich bin sprachlos, stoße mit einem Fußtritt die Zimmertür auf.

»Hinein, alle beide!« befehle ich.

Zögernd weicht Noemi gegen das Bett zurück. Mit maßloser Angst hängen die Augen des Burschen an meiner Pistole.

»Bitte, bitte, tu die Waffe weg«, bettelt Noemi, »er ist verwundet. Ich erzähle dir, was vorgefallen ist.« Erst jetzt sehe ich, daß sein rechter Arm in einer Schlinge hängt. »Was ist denn hier los?« will ich wissen.

»Er ist aus dem Lager geflohen, wollte in der Nacht bei Carzano über die Grenze nach Italien, wurde aber von einem Posten angeschossen und flüchtete wieder zurück zu mir.«

»Also hast du gewußt, daß er hinüber will?«

»Nein, davon hat er kein Wort gesagt, nur diesen Brief von meinem Bruder hat er gebracht und die Grüße meiner Eltern. Er hat versprochen, sofort wieder zurückzugehen, doch statt dessen wollte er hinüber, und dabei ist es passiert.« – »Wie heißt er?« – »Nino Disertori, er ist Irredentist, wie Giovanni, aber doch deswegen kein schlechter Mensch!«

Ich verstand Noemi nicht. Ich hätte den Kerl am liebsten geohrfeigt und zum Teufel geschickt, doch ob ich nun wollte oder nicht, er mußte verhaftet und in ein Lazarett gebracht werden.

»Wenn die Feldgendarmen erfahren, was hier vorgefallen ist, wirst auch du abgeführt und der Spionage verdächtigt, und dann ade, schöne Heimat«, sage ich verärgert zu Noemi, die mich ängstlich anschaut.

»Gib den Brief her, ich will ihn lesen!«

Bereitwillig reicht sie ihn mir. Der Inhalt ist harmlos. Den Eltern ginge es gut, im Lager sei es langweilig. Man müsse den Bauern bei der Landarbeit helfen. Er hoffe, daß bald Frieden werde und daß ihre Heimat, das Trentino, zu Italien käme. Kein Wort über den angeblichen Freund, der apathisch vor mir steht.

Mir bleibt keine andere Wahl, ich muß den Vorfall beim Gendarmeriekommando melden und versuchen, Noemi, so gut es geht, aus dem Spiel zu lassen, obwohl ich zweifle, daß der Bursche ohne ihr Wissen auf die andere Seite wollte. Noemi wird viel Glück brauchen, wenn sie ihren Laden behalten und im Dorf bleiben darf; ich kann ihr nach diesem peinlichen Vorfall beim besten Willen nicht mehr helfen. Enttäuscht, verbittert und traurig kehre ich Vigo den Rücken.

Eine schwere Detonation reißt mich aus dem Schlaf. Es braucht einige Augenblicke, bis ich mich zurechtfinde. Ich bin im Unterstand auf dem Basson, und neben mir steht mein treuer, stets gutgelaunter Korporal Wider. Und draußen . . .

Eine weitere Überlegung braucht es nicht, denn im nächsten Moment klirrt das Glas meines Gucklochs, das ich mir so mühsam verschafft habe, in winzigen Splittern auf meinen Umhang. Schwaches Dämmerlicht fällt herein. Es muß noch sehr früh sein.

Kaspar Wider will gerade etwas sagen, als es erneut ganz in der Nähe einschlägt und ihm und mir den Atem nimmt. Doch er findet schnell seine Fassung wieder, grinst und sagt lakonisch: »Die tun aber grob . . .«

Drei Uhr morgens, 15. August. Der langerwartete Angriff ist da, und wieder sieht alles so unwirklich und unheimlich aus, als hätte die vertraute Landschaft plötzlich ein anderes Gesicht bekommen. Ein erstes Licht färbt den Himmel grau. Nebelschwaden hängen an den Gipfeln und liegen als weiße Fladen über Vezzena und der Mulde vor dem Costesin. Im weiten Halbkreis zuckt es wie Wetterleuchten durch die Dämmerung, poltert, brüllt, kommt mit langgezogenem Heulen aus dem Raum, schlägt mit grellen Blitzen und aufwallendem Qualm in den Boden. Cima, Verle, Lusern, der Basson, die Stützpunkte, alles liegt unter dem dröhnenden Hammerwerk der italienischen Batterien. Es sind viel mehr, als wir vermuteten, viel mehr noch als die Überläufer angaben. Ich lege das Diopterlineal auf den Plantisch, den wir uns im mittleren Graben errichtet haben, und beginne die Mündungsfeuer einzumessen. Das hat wenig praktischen Wert, denn die Visuren sind ungenau, weil sie nur nach dem grellsten Punkt einer guten Aura gemacht werden können, aber irgend etwas zu tun ist in solchen Augenblicken die einzig wirksame Abwehr gegen eine übermächtige Bestürzung.

Der kleine Beobachtungsstand aus Rundhölzern und Wellblech füllt sich bald, so daß man sich kaum mehr rühren kann. Zwei Kadetten von einer Feld- und einer Gebirgskanonenbatterie sind da und Vizefeldwebel Bottstieber von der Rheinländischen Haubitzbatterie Nr. 2, der seinen Unterstand neben dem meinen hat.

»Junge, Junge, heute gibt es Kleinholz«, faßt er sein Urteil zusammen, nachdem er durch die schmalen Scharten links und rechts geblickt hat.

Verle meldet sich. Sie werden von Achtundzwanziger- und Einundzwanziger-Brocken eingedeckt und wollen nach unserem Erkundungsplan die Batterien auf Porta di Manazzo unter Feuer nehmen. Sie hoffen, das eine oder andere Geschütz ausschalten zu können.

Auch Lusern und die Batterie des Hauptmanns Rose brauchen Beobachtung. Wir tun, was wir können, um jede Veränderung in der Taktik des Feindes so schnell wie möglich auszumachen, zu vermessen und weiterzugeben.

Verena und Campolongo können bei diesem furchtbaren Feuerwerk, das uns die gegnerischen Batterien bereiten, Gott sei Dank nicht mithalten, beide Forts sind seit den Kämpfen im Juni und Juli noch nicht wieder voll einsatzbereit. Unsere beiden 30,5-Zentimeter-Mörser, die das besorgt haben, stehen nicht mehr bei uns in Vigolo, sondern weitab am Isonzo.

Es mag etwa zehn Uhr vormittags sein, als aus dem Kasemattblock von Rocca Alta eine ungeheure Rauchsäule steigt und der Donner einer gewaltigen Detonation uns aufschreckt. Bottstieber glaubt, ein Munitionslager sei in die Luft geflogen.

Bald darauf steht über Lusern eine ähnliche Wolke,

und es vergeht nur kurze Zeit, bis von Verle her wieder das unheimliche Dröhnen kommt. Wir sehen einander an, greifen zu den Telefonen und rufen die Forts.

Schon die Stimme des diensthabenden Korporals in der Zentrale von Verle verrät, daß Schreckliches geschehen sein muß. Dann spricht Oberleutnant Partik. Neue, schwere Geschütze habe der Feind eingesetzt. Der drehbare Beobachtungsturm sei durchschlagen worden, sechs Mann seien tot. Man habe die Spitze des Geschosses gefunden, die Achtundzwanziger machten sich daneben wie harmloses Spielzeug aus. Wenn es nicht gelinge, mit dieser Batterie fertig zu werden, sei das Fort verloren.

Er sagt das alles sehr ruhig und gefaßt, aber ich merke, daß er und die Besatzung schwer angeschlagen sind. Partik vermutet, daß es sich um Küstenhaubitzen handelt, die Granaten von 500 Kilogramm Gewicht verfeuern, während die Achtundzwanziger nur 280 Kilogramm und unsere 30,5-Zentimeter-Mörserbomben etwa 380 Kilogramm wiegen. Solchen Geschossen ist keines unserer Forts gewachsen. Wenn Cima, Verle, Lusern und Gschwendt den Einschlägen dieser mörderischen Haubitzen länger ausgesetzt sind, werden es bald nur mehr rauchende Trümmerhaufen sein.

Der Abschußrichtung nach müßten die schweren Batterien der Italiener auf Porta di Manazzo und vor dem Monte Paradiso stehen. Von Pergine her kommen Flieger. Wir sehen sie knapp über die fraglichen Stellen hinwegfliegen, währenddessen der Feind das Feuer einstellt. Doch kaum sind die Flugzeuge verschwunden, da bebt die Erde wieder vom Geheul der Eisenlasten und dem Dröhnen der Einschläge.

Hastig versuche ich, die Lage der Batterien auf Porta

di Manazzo festzustellen, zeichne meine Beobachtungen in die Karte ein und rufe Oberleutnant Partik an.

Kurze Zeit darauf ist die Turmhaubitzbatterie von Rocca Alta feuerbereit, und der fürchterliche Zweikampf eines Blinden mit einem Sehenden beginnt. Beobachtung gibt es hier nicht. Salve um Salve donnert aus den vier Panzerkuppeln, der Raum verschlingt das Eisen, und nur ein fernes Poltern zeigt die Einschläge an.

Ich kann meinen Blick nicht von dem flachen Betonhügel wenden, über dem ohne Unterbrechung mächtige Rauchbäume stehen, aus dessen Batterieblock jedoch immer wieder die Mündungsflammen der Haubitzen schlagen. Ich zittere um das Leben meiner Kameraden, die jetzt wohl die schwersten Augenblicke ihres Daseins durchstehen, und beiße die Zähne zusammen, um dieses Schauspiel zu ertragen. Das Fort schlägt wie rasend um sich, die Schnelligkeit des Feuers ist kaum mehr zu überbieten. Dabei fährt ein Achtundzwanziger nach dem anderen in den zerberstenden Beton, turmhoch übergipfelt von den Qualmsäulen der Dreißiger, die in drei Minuten Abstand folgen. Der Feind hat fast alle seine Rohre auf Rocca Alta gerichtet; es sieht so aus, als ob er durch unser Abwehrfeuer aufs äußerste gereizt worden wäre. Aus dem Wald am Marcairücken schießt eine Gebirgskanonenbatterie auf kaum dreihundert Meter Entfernung gegen die Kuppelscharten, ohne sie zu treffen. Rocca Alta ist vom Lärm der niedersausenden Geschosse so erfüllt, daß es den kleinen Angreifer gar nicht zu bemerken scheint.

Bottstieber aber bringt diese Frechheit, wie er es nennt, in Siedehitze. Er richtet sein Scherenfernrohr auf den Marcaiwald und ruft Hauptmann Rose an. Bevor jedoch der erste Schuß bei den Gebirgskanonen der Italiener landet, geschieht etwas Ungeheuerliches:

Aus dem Batterieblock von Rocca Alta bricht die Rauchwolke eines Dreißigers, riesenhafte Trümmer fliegen mit ihr hoch und krachen, sich vielfach überschlagend, auf das Fort nieder. Als sich der schwarze Schleier verzieht, hat Rocca Alta nur mehr drei Haubitzkuppeln. Die vierte ist weg, ich kann nur eine Hälfte davon sehen, sie liegt verkehrt auf dem brandgeschwärzten Betonrücken.

Jetzt ist es aus mit uns! Auch aus den drei anderen Rohren zucken keine Mündungsflammen mehr. Der Volltreffer muß den Großteil der Bedienungsmannschaft getötet haben. Das Feuer der Italiener geht weiter, es ist, als schlüge es in den Leib eines Sterbenden.

»Die Kuppel . . .«, sage ich.

Bottstieber starrt sprachlos durch die Scharte, schüttelt den Kopf, dreht an seinem Scherenfernrohr. »Donnerwetter«, murmelt er nach einer Weile, »das ist doch nicht möglich . . . ich kenne doch die Dinger, war selbst drinnen . . . wiegen sechsundneunzigtausend Kilo!«

»Aber sie ist weg! Sehen Sie: Links auf dem Verdeck liegt etwas Schwarzes. Das ist eine Hälfte. Die andere muß in den Graben geflogen sein.«

Es dauert lange, bis ich Fähnrich Weber ans Telefon bekomme. Seine Stimme klingt heiser: »Kuppel in zwei Teile gerissen, Geschütz zerstört, Bedienung tot. Volltreffer am Ring, vierzig Zentimeter Stahl durchschlagen. Werden vorläufig nicht weiterfeuern.«

Vorläufig? . . . Ich lege den Hörer auf. Ihr werdet überhaupt nicht mehr feuern, denke ich, denn das ist ganz bestimmt das Ende.

Als es Abend wird, gehe ich in meinen Unterstand.

Im Ringgraben liegen Verwundete, Sanitäter betreuen sie.

Oberleutnant Godowski, der den Basson befehligt, bringt weitere Nachrichten: In Lusern hat es eine der Kasematten völlig durchlöchert und ihre Bewohner, elf Mann, zerrissen. Von den Turmhaubitzen auf Rocca Alta ist nur mehr eine brauchbar; die Besatzung hat viele Tote und Schwerverletzte zu beklagen. Auf Cima wird bald kein Stein mehr auf dem anderen sein. Eine Dreißiger ist dort oben, ohne zu krepieren, quer durch das Werk gegangen und hat auf ihrem Sturz in die fünfhundert Meter tiefe Schlucht den großen Scheinwerferstand und vier Bedienungsleute mitgerissen . . .

»Wenn sie heute nacht kommen, drehen sie uns alle den Kragen um«, sagt er bekümmert. »Unsere Stützpunktlinie ist viel zu schwach und ohne die Sperrforts einem feindlichen Vorstoß völlig ausgeliefert. Hätten wir doch wenigstens einen durchlaufenden Schützengraben. Aber so sitzen wir bis zum Hals in der Scheiße.«

Godowski nimmt einen Schluck Sliwowitz. »Weißt du, wenn's nach mir ginge«, sagt er, »wäre alles bald entschieden. Die ganze Front vorwärts marsch, Angriff, Sturm auf den Marcairücken, Sturm auf den Costesin und die Cima Norre! Jetzt haben die drüben noch wenig Infanterie . . .«

»Womit denn vorstoßen?« frage ich ihn.

»Mit allem, was da ist, einschließlich der Köche und Tragtierführer! Hurra schreien, bis kein Ton mehr aus der Kehle kommt! Die Russen sind uns oft auf solche Tricks hereingefallen.«

Die Besatzungen der Forts gingen sicher lieber mit der bloßen Faust vor, als sich von den Dreißigern zertrümmern zu lassen. Doch an das von Godowski im Sliwowitztraum entworfene Bravourstück ist nicht zu denken, zumal auch die Bayern wieder abgezogen wurden und wir keinerlei Reserven haben.

Um Mitternacht ruft Oberleutnant Partik an und gibt mir den Befehl, nach Verle einzurücken. Das Fort, erklärt er, habe keinen Fernkampfwert mehr und brauche daher auch keinen Beobachter. In der noch halbwegs intakten Turmhaubitze habe man das Rohr zurückgezogen und die Scharte verstopft, doch werde Verle nicht aufgegeben.

Ich packe meine Sachen, ordne die Abtragung unserer Leitung an und gehe mit dem schimpfenden Kaspar Wider, der so ungern wie ich in die Betongruft einrückt, durch den Laufgraben zurück.

Als wir gegen die Straße kommen, die von Monterover her ins Assatal führt und jetzt bei unserer Widerstandslinie endet, hören wir helle, klare Stimmen ein Lied singen. Die meisten der jungen Burschen, die da durch die sternklare Nacht heranmarschieren, sind etwa sechzehn bis siebzehn Jahre alt. Die Uniform hängt schwer und übergroß an ihren schmalen Gestalten, manchem reicht der Gewehrkolben bis unters Knie. Aber sie marschieren rasch, taktfest. Von vorne kommt ein neues Lied, wird übernommen, braust mächtig auf: »Daß sich unsere alte Kraft erprobt, wenn der Schlachtsturm uns entgegentobt – haltet aus im Sturmgebraus, haltet aus im Sturmgebraus!«

»Wer seid ihr?« rufen wir ihnen zu.

»Oberösterreichische Jungschützen!« antwortet eine ganze Doppelreihe. Es liegt so viel Stolz, Wagemut und Entschlossenheit in diesen Worten, daß es mich kalt überläuft. Mein Gott, hat ihnen denn niemand gesagt,

Die Nordhänge der Porta di Manazzo von der Levespitze aus gesehen (oben). Vom Kehlkoffer aus wirkten zwei 12,5-cm-Schnellfeuerkanonen als Flankenschutz des Geländes zwischen Rocca Alta — Basson und Lusern (unten).

Autor, Werksarzt, der für Gimpelmann eingesprungene Werkskommandant Oberleutnant Partik, ganz rechts Oberleutnant Wolf (oben von links). Die dem Westen zugekehrte Kehlfront des Werkes mit den Kasematten für die 240 Mann (unten).

was es bedeutet, »auszuhalten im Sturmgebraus«, ahnen sie nicht, was ihnen bevorsteht? Müssen sie nicht an der grausamen Wirklichkeit des Krieges zerbrechen?

Während wir die Armierungsstraße zur völlig zerstörten Kaserne von Verle hinaufgehen, können sich meine Gedanken nicht vom Anblick dieser blutjungen, zu allen Opfern entschlossenen Soldaten lösen, die mit einem Lied auf den Lippen in den Hexenkessel von Lavarone marschieren.

In den Trümmern der Kaserne suchen wir Schutz vor den surrenden Sprengstücken, die um uns herum in den Boden schlagen. Jemand ruft uns an. Es ist die Postordonnanz, ein Kanonier aus Rocca Alta, der hier verschnauft, bevor er den entscheidenden Lauf bis zum Eingang in den gedeckten Graben bei der Zementbaracke wagt. Der Mann ist mittags aus dem Fort gegangen, hat also die Zerstörung der Haubitzkuppel noch miterlebt. Er sagt, es sei schauerlich gewesen, als mit einem Schlag die Türen aus den Angeln gerissen wurden, das Licht verlöschte und der Motor aussetzte. Von der Geschützbedienung habe man nur verbrannte Reste gefunden.

Während wir miteinander reden, explodiert eine Lage Schrapnelle als vierfaches Feuerwerk über der Straße. Noch zweimal heult und surrt ein Geschoß nieder, dann bleibt es ruhig. Der Kanonier meint, daß jetzt mindestens eine Feuerpause von zehn Minuten käme, und wir machen uns auf den Weg.

Laufen ist sinnlos. In Abständen von etwa dreißig Schritten sind längs der Straße kleine Sandsackwälle errichtet, hinter denen man Deckung findet, wenn die Granaten anpfeifen. Auch die Zementbaracke ist, soviel ich in der Dunkelheit erkennen kann, nur mehr ein Begriff aus vergangenen Tagen: Verbogenes Wellblech, zerfetzte Säcke, das scheint alles zu sein, was von ihr geblieben ist. Aber knapp dahinter gähnt ein schwarzes Loch, der Einstieg zum Laufgraben.

Ich knipse meine Taschenlampe an, wir stampfen aufwärts. Ein schwerer Einschlag trifft das Fort, der Boden bebt unter unseren Füßen und der Gedanke, nicht mehr im Freien laufen zu müssen, ist beruhigend. An mehreren Stellen ist die Eindeckung zusammengestürzt, wir müssen über Rundhölzer und Schotterhaufen springen. Das letzte Stück ist unversehrt; es besteht aus einer Betonwölbung, von der einige Stufen zum Zwinger führen.

»Halt! Wer da?« ruft der Posten, aus dem Kehlkoffer flammt ein kleiner Scheinwerfer auf.

Ich sage Feldruf und Losung. Das äußere Tor, das mit einem Seilvorhang gegen Sprengstücke versehen ist, rasselt auf. Wir sind wieder in der Betongruft!

Das erste, was mir auffällt, ist die beklemmende Stille zwischen den Einschlägen, die jetzt, bei Nacht, in Zeitabständen von fünf oder sechs Minuten erfolgen. Durch diese Stille kommt plötzlich ein langgezogener Schrei, der heiser und laut anhebt und in immer schwächer werdendem Wimmern verebbt, wieder von neuem in unsere Ohren dröhnt, so als würde ein Mensch gefoltert, und allmählich in unverständliche, klagende Laute übergeht.

Der Posten am Zwinger nickt bekümmert. »Der Bertl Gfall«, sagt er. »So schreit er schon seit Stunden. Es hat ihn erwischt, als er ein Maschinengewehr auslegen wollte. Der Doktor kann ihm nicht helfen, weil kein Morphium mehr da ist. Sie haben ihn in die Kammer gelegt, sonst halten es die anderen im Marodenzimmer nicht aus.«

»Der Bertl!«

»Ist wer bei ihm?«

»Zwei Sanitäter. Jetzt hebt er wieder an, der arme Teufel . . .«

So rasch wie möglich gehe ich hinüber in die noch gut erhaltene Kommandantenkasematte, um mich bei Oberleutnant Partik zu melden. Alle Offiziere bis auf Fähnrich Wolf sind da. Der Raum ist voller Zigarettenqualm, sogar Wein steht auf dem Tisch.

Das Gespräch dreht sich ausschließlich um die Möglichkeiten der weiteren Verteidigung.

»Wenn die Verluste weiter so hoch sind wie heute«, sagt Dr. Wunderer, »sind wir bald fertig. Neunundzwanzig Mann gefallen, jeder unentbehrlich. Von den Verwundeten werden heute nacht mindestens fünf sterben . . .«

»Hast du auf der Armierungsstraße niemand getroffen?« fragt mich Partik.

»Nur die Postordonnanz.«

»Wir warten dringend auf Ablösung für unseren Doktor, es soll ein Arzt namens Sozin kommen, ich habe ihm einen Unteroffizier entgegengeschickt.«

An Schlaf scheint hier keiner zu denken; der vergangene Tag muß ihre Nerven furchtbar strapaziert haben. Sie rauchen und trinken, horchen auf die Einschläge über uns oder starren aus geröteten Augen vor sich hin. Als ich davon sprechen will, daß eine Aussicht besteht, die Batterien auf Porta di Manazzo wirkungsvoll anzugreifen, spüre ich, daß sie mich für einen Phantasten halten. Hin und wieder ruft der Summer des Telefons, und Partik greift zum Hörer. Wolf, der mit Stary am vorderen Panzerstand Dienst tut, meldet Gewehrfeuer aus dem Raum um Lusern, Scheinwerfer am Hang der Brusolada, Patrouillen vor Rocca Alta. Der Oberleutnant notiert alle Meldungen gleichmäßig auf einem Block, den er vor sich liegen hat.

So verbringen wir die Zeit bis ungefähr zwei Uhr früh, als ein Ereignis eintritt, das uns gewissermaßen aus dem uferlosen Strom des Trübsalblasens einen Rettungsring zuwirft: Hastige Schritte werden auf dem Gang laut, die Tür wird aufgerissen, und herein tritt ein beleibter älterer Herr in der Uniform eines Feldarztes, schlägt hinter sich die Tür zu, schaut uns aus furchtgeweiteten Augen an, während sein schweres Schnaufen die erwartungsvolle Stille durchbricht. Dann endlich öffnet er den Mund und stößt einen wahren Schrei der Verzweiflung aus: »Vino!«

Der Oberleutnant gießt ein großes Glas voll und reicht es dem Gast. Der läßt den halben Liter hinunterrinnen, ohne auch nur ein einziges Mal abzusetzen, wischt sich den Schnauzbart mit dem Handrücken und sinkt stöhnend neben Partik aufs Bett.

»Corpo di Baccho!« stößt er grimmig aus, indem er den Kopf in beide Hände stützt und kräftig rülpst. »Verfluchtes Dreckloch!«

»Sind Sie Doktor Sozin?« fragt Partik, diesen Ausbruch der Verzweiflung sorgenvoll betrachtend. Ehe der Neue antworten kann, schlägt über uns ein schwerer Brocken ein, die Gläser und Flaschen auf dem Tisch tanzen klirrend. Unser »Gast« fährt erschrocken in die Höhe. »Santa Madonna«, jammert er, »das wird eine Fahrt zur Hölle! – Jawohl, Doktor Sozin aus Cavalese, porca miseria! Sie müssen entschuldigen, aber wissen Sie . . .«

Lebhaft schildert er seine Erlebnisse auf dem Marsch vom Sterzinger Standschützenlager durch den Laufgraben zum Fort:

»Also, Porco di Bacco, ich gehe mit dem Mann da, mit dem Strategen – ich weiß nicht, wie er heißt – und meinem Pfeifendeckel Vigilio Varesco durch den Wald. Die Idioten schießen. Natürlich schießen sie, es ist ja Krieg, aber ich bin Arzt, ich habe ein Zeugnis. Da! Frontdienstuntauglich! Bitte, lesen Sie!« Er kramt ein Blatt hervor und reicht es dem Werkkommandanten. »Also die Idioten schießen. Wir rennen wie die Hasen durch den Graben, weil wir Angst haben. Bei der linken Flanke werden wir hineinsteigen, sagt der Stratege, dort steht ein Posten bei der eisernen Tür. Wir kommen hin, Madonna mia, da haut mir der Vollidiot die Tür vor der Nase zu. Granaten schlagen ein, wir schreien. Endlich macht der Kerl das Loch auf und zieht uns herein in dieses finstere Narrenschiff.«

Er wühlt den Kopf in die Hände und stöhnt. »Aber der Doktor Sozin bleibt nicht hier«, murmelt er, »er geht gleich wieder fort, sobald sie mit dem Schießen aufhören. Er will vom Krieg nichts wissen, er ist frontdienstuntauglich . . .«

Das ist wahr, man hat ihn nur hergeschickt, weil Dr. Wunderer total überarbeitet ist und für eine Weile abgelöst werden muß.

Wieder saust eine schwere Granate auf das Fort nieder. Sozin springt auf, schreit zur Tür hinaus: »Vigilio! Nicht auspacken! Wir gehen! Wo ist der Stratege?«

Der »Stratege« ist offenbar der Unteroffizier, der ihn herbegleitet hat. Oberleutnant Partik erklärt dem Doktor, daß es jetzt ganz unmöglich sei, das Fort zu verlassen; wenn er auch beim Hereinkommen Glück gehabt hätte, so würde er auf dem Rückweg bestimmt erschlagen werden.

Wie zur Bestätigung kracht in dem Moment ein Sprengstück gegen die eisernen Fensterladen, daß wir unwillkürlich die Köpfe einziehen. Dr. Sozin blickt fragend in die Runde: »Ist das immer so?«

»Ja, wenigstens vorläufig.«

Er bohrt die Zeigefinger in die Ohren und streckt sich gebrochen auf Partiks Bett aus.

Die Beschießung dauert schon volle acht Tage und scheint kein Ende zu nehmen. Tag und Nacht heulen schwerste Granaten in unseren Trümmerhaufen, schmettern mit ungeheurer Gewalt hoch und lassen Betonbrocken, zerrissene Eisenstangen und Sprengstücke niederregnen. Die Sturzflut der Vernichtung schwillt in manchen Stunden zu einem wahren Höllengewitter an und verebbt zu Donnerschlägen. Pausen gibt es nicht, nur verschiedene Grade der Marter.

Das Abschnittskommando läßt die in diesen Tagen auf den einzelnen Forts einschlagenden Geschosse registrieren. So erfahren wir jeden Mittag, was unsere Nerven in den letzten vierundzwanzig Stunden auszuhalten hatten. Im Durchschnitt sind es 350 Dreißiger-, 500 Achtundzwanziger-Granaten und etwa 1200 der besonders gefürchteten Kruppschen 21-Zentimeter-Geschosse, also über 2000 schwere Einschläge je Tag, abgesehen von den ungezählten 149-Millimeter-Schrapnellen, die das Verdeck und die Zugänge mit ihren Bleigarben überschütten, sowie die Gebirgskanonengeschosse, die der Gegner auf kürzeste Distanz gegen die Panzerscharten feuert.

Werkmeister Gottschlich erklärt uns das Wunder, daß wir überhaupt noch leben, mit größter Sachkenntnis. Es besteht darin, daß ein großer Teil der Erde und Felstrümmer des Batterieblocks auf den Kasemattblock geschleudert wurde und ihn so durch eine neue Auflage wieder verstärkt.

Von außen gesehen ist das Fort ein Schotterhaufen, auf dem wie weggeworfenes Riesengeschirr halbe und ganze Kuppeln, Vorpanzer und Geschützpodeste umherliegen. Die Nahkampfanlage steht noch, auch der Kommandostand der Haubitzbatterie, in dem wir abwechselnd Dienst machen; ebenso ist die Flankierbatterie gegen Lusern, der sogenannte Traditor, bisher durch eine Kette von Zufällen der Zerstörung entgangen.

Innen sieht es nicht viel anders aus. Der Batteriegang ist wie ein Sieb, durch dessen Löcher Tageslicht fällt, das die geschwärzten Mauerreste fahl aufleuchten läßt. Mit jedem Einschlag, auch in entferntere Teile des Forts, rieselt es von der Decke, die Stahlträger der halb verschütteten Munitionsräume sind durchgebogen. Tausende Geschosse lagern hier und können jeden Moment in die Luft fliegen.

Am wüstesten sieht einer der Bereitschaftsräume aus, der von einer 30,5-Zentimeter-Granate durchschlagen wurde, während acht Sappeure einen Betonblock zum Abstützen der gesenkten Decke aufführen sollten. Der Durchschlag erfolgte so glatt, daß das schwere Geschoß mitten unter den Leuten krepierte. Sie klebten an den Wänden, wurden mit nachstürzendem Schotter vermengt, später ausgegraben und in Säcken fortgeschafft. Einen neunten, der eben mit Zement durch die Poterne kam, hatte der Luftdruck in eine Nische geschleudert und schwer verletzt.

Der Hauptgang des Kasemattblocks im ersten Stock ist eingestürzt, zu ebener Erde klaffen Risse vom Scheitel der Wölbung bis auf den Boden. Dort wurde das Profil durch Holzschablonen vielfach auf einen Durchschlupf von einem Meter Höhe verringert. Es soll noch heute nacht ausbetoniert werden, um dem drohenden Einsturz zu begegnen.

Nachdem das obere Stockwerk geräumt werden mußte, sind die tieferliegenden Kasematten bis zum Ersticken überfüllt. Es ist nicht auszudenken, was geschieht, wenn hier ein Volltreffer durchschlägt. Ein Ventilator bläst ununterbrochen Frischluft durch den Hauptgang, trotzdem kann man in den Kasematten kaum mehr atmen. Es herrscht ein unbeschreibliches Gemisch von Ausdünstungen, Karbolsäure, verbranntem Rohöl und Zementstaub. Tiefste Erschöpfung liegt auf den zerfurchten Gesichtern unserer Leute, die auf provisorisch errichteten Schlafgestellen hocken, in Dekken eingewickelt liegen, kauern und warten, warten ...

Trotz dieser furchtbaren, deprimierenden Situation ist merkwürdigerweise der Wille, das Werk zu halten, ungebrochen.

Ich habe Dienst im vorderen Panzerstand, einer eingebauten ovalen Kuppel, die bis zu den beiden schmalen Schlitzscharten hinauf einbetoniert und überdies mit mächtigen Stahlplatten verankert ist. Das heißt, so war es einmal. Jetzt ist ringsum alles aufgerissen, und die verkrümmten Eisenstangen der Eindeckung hängen bündelweise heraus.

Stary hat gemeinsam mit einem Korporal im Panzerstand Dienst. Im schweren Feuer merkt er plötzlich, daß mit Gasgranaten geschossen wird. Verzweifelt telefoniert er in die Kommandantenkasematte und bittet um Schutzmasken.

Wolf und Kobel versuchen sofort, den Batteriegang zu erreichen, aber schwere Einschläge haben alles verschüttet, Rauch, Gas und dröhnendes Fauchen der niedersausenden Geschosse machen die Hölle unpassierbar. Niedergeschlagen kommen sie zurück. In dieser irren Ratlosigkeit springt Fischer her, packt zwei Gasmasken, rennt zum Deckaufgang. »Ich versuche es von oben«, ruft er uns zu und ist verschwunden.

»Das ist Wahnsinn – beide sind hin«, murmelt Wolf. Er hockt resigniert auf einem Verschlag, nimmt die Telefonmuschel und versucht vergeblich, mit Stary Verbindung zu bekommen. In ununterbrochener Folge krachen die dreimal verfluchten Eisenkoffer dröhnend auf unser Deck nieder, eine dumpfe Detonation löst die andere noch furchtbarere ab.

Keiner von uns glaubt, Fischer je wiederzusehen. Wir zählen die Sekunden, Minuten. Aber dann hören wir hastige Schritte, es ist Fischer. Er hatte es gewagt, bei hellem Tage im schwersten Artilleriefeuer, allen Infanteriegewehren des Marcairückens ausgeliefert, über das offene Deck des Forts bis ganz nach vorne zum Panzerstand zu laufen, Stary durch die Schießscharten die Gasmasken zuzustecken und, vom Granatbombardement begleitet, auf demselben Weg wieder zurückzukehren.

Ausgerechnet Fischer, der unrasierte, nachlässige, von uns nie ganz ernstgenommene Wiener Tischlerssohn mit seinem ewig rinnenden Nasentröpfchen und der krächzenden Stimme hat unter Einsatz des eigenen Lebens unseren Stary und den Korporal vor dem sicheren Tod gerettet.

Sein Wagemut, seine bedingungslose Einsatzbereitschaft erfüllen mich mit tiefer Bewunderung. Männer wie Fischer, von denen keine Zeile berichtet, gibt es immer wieder. Es sind die stillen, die tapferen, namenlosen Helden aller Fronten, aller Vaterländer.

Der Dienst in der Kuppel dauert jeweils zwei bis drei Stunden in ununterbrochenem Tag- und Nachtwechsel mit Wolf, Stary, Weber und Kobel. Was diese Stunden bedeuten, kann sich nur jemand vorstellen, der, auf einem elektrischen Stuhl festgeschnallt, die gleiche Zeitspanne hindurch immer neu den tödlichen Schlag erwartet. Heult es knapp über die Kuppel hinweg und schmettert in den Kasemattblock, so kommt man mit dem Schrecken davon, krepiert aber so ein Ding dicht neben oder vor dem Panzerstand, sind Druck und Sog so stark, daß der ganze Bau wankt und den Körper auseinanderzureißen droht.

Nach solchen Stunden steigt man mit wankenden Knien die Eisentreppe hinunter, geht in den Kasemattblock, fällt auf sein Lager und braucht eine Weile, bis man wieder denken und sprechen kann.

Der Blick durch die Scharten sucht vergeblich nach dem Feind. Dieser sitzt in seinen Sturmgräben, bedient seine Geschütze und bleibt unsichtbar. Bei Nacht sieht man wenigstens das Aufleuchten der Mündungsfeuer, die Lichtkegel der Scheinwerfer, bei Tag aber hört man nur das Grollen der Abschüsse, das Heulen der Granaten und die dröhnenden Einschläge. In jedem Augenblick kann sich die Landschaft beleben, können Tausende plötzlich gegen unsere morsche Stellung vorgehen; darum müssen wir Beobachter Tag und Nacht in dieser Hölle ausharren und warten . . .

Leutnant Wolf kommt, um mich abzulösen. Das geschieht mit wenigen Worten: »Nichts Neues, schau, daß du gut zurückkommst!« Es ist wirklich nichts zu melden, denn in der donnernden, flammensprühenden Ewigkeit dieser Stunden habe ich keinen feindlichen Soldaten gesehen.

Schaudernd gehe ich durch die zerschossene Batterie. Im Bereitschaftsraum muß man um einen großen Trichter herum, in dem zerrissene Stahlträger von der Decke herunterhängen. Vom Hauptgang her sind aufgeregte Stimmen zu hören. Ich laufe vor. »Platz!« ruft jemand. »Was gibt's denn da?« – »Verschwinden!« – »Der Kroll . . .«, sagt ein anderer. An der Stirnwand, auf dem Ofen, der aus Rohziegeln gemauert ist, hockt ein Mensch – der Sappeur Kroll. Er schreit, schreit mit Lauten, die nicht mehr menschlich zu nennen sind, die Augen quellen ihm aus dem Kopf. Das unheimliche Wüten des Tobsüchtigen lähmt alle . . . dann stürzt der Körper kopfüber hinunter, bleibt röchelnd am Boden liegen.

Dieser Sturz, das jähe Verstummen der Schreie bricht den Bann . . . Lange liege ich auf meinem Feldbett, versuche das Sterben des armen Kroll aus meinen Gedanken zu verbannen und habe nur einen einzigen, sehnlichen Wunsch: daß der entsetzliche Krieg endlich aufhören möge.

Wieder ist ein Tag zu Ende und die Nacht bricht herein. Das Krachen der Einschläge über uns hält unvermindert an. Wer nicht auf dem Panzerstand Dienst tut, weiß nicht, ob draußen Tag oder Nacht ist. Immer liegt das gleiche trübe Licht auf den gelben Gesichtern, surren die Ventilatoren, nur das Dröhnen und Krachen wechselt an Stärke. Glücklich, wer mit der Schaufel in der Hand arbeiten darf, wer Stunde um Stunde Beton mischt, Pölzungen in die zersprungenen Gewölbe treibt. Er kann sich betäuben, er kann den Körper so übermüden, daß er schließlich schlafen muß. Aber die anderen, die mit brennenden Augen in das Dunkel starren, die auf Posten in der Nahkampfanlage, im Kehlkoffer und vorne im Beobachtungsstand ihre Pflicht tun, sie lernen die Minuten zählen, lernen, daß Zeit nicht Zeit ist und Stunde nicht Stunde.

Ein Donnerschlag in der Nahkampfanlage drüben verwandelt den bisher als Insel im Meer der Schrecken betrachteten Raum mit Augenblicksschnelle in Verwüstung, Brandschwärze und Tod. Partik, Kobel, der seit einiger Zeit immer häufiger zur Schnapsflasche greifende Wolf und ich sitzen rings um den Operationstisch im Verbandsraum. Wir haben keine Eile mehr, hinüberzulaufen, um uns die Folgen des neuen Einschlags anzusehen, wir kennen bis zum Überdruß die verqualmten Löcher, aus denen sie, die Sauerstoffmasken vor den Gesichtern, herauskriechen. Hier erstirbt alles, auch der geheimnisvolle Drang des Menschen nach dem Blick ins Chaos.

Kobel, der die Verteilung der Mannschaften auf die einzelnen Räume genau kennt, zählt die Namen der fünf auf, die im Vorraum der Nahkampfanlage waren und die nun wahrscheinlich gefallen oder verletzt sind.

Während wir noch das düstere Ereignis besprechen, geht die Tür auf, und zu unserer maßlosen Verwunderung tritt Dr. Sozin ein. Seit er bei uns ist, hat ihn keiner mehr gesehen. Er hat sich in einem Kellerwinkel einen Raum eingerichtet, läßt die Verletzten und Kranken heruntertragen, verbindet sie, ordiniert, operiert, soweit das möglich ist, sein Bursche Vigilio holt Essen und

Wein, von dem wir noch genug haben, viel Wein, oft fünf, sechs Flaschen am Tag.

Und nun steht er da, unser tapferer Doktor aus Cavalese, dem das Zeugnis »Zu jedem Frontdienst untauglich« bisher wenig geholfen hat, steht vor dem Operationstisch und fuchtelt mit den Händen herum. »Meine Herren!« ruft er, »Platz bitte! Es hat einen erwischt, dem muß ich den Schädel trepanieren, jawohl! Das wird er machen, der Doktor Sozin, der Feigling, verstehen Sie? Er wird es machen, Madonna mia, und Sie werden staunen, meine Herren. Nur Platz da, weg mit der Fresserei, weg mit dem verdammten Wein! Der Doktor wird jetzt operieren.«

Wir sehen einander an. Es ist klar, daß er einen Rausch hat; und dieser Rausch nimmt ihm die Angst. Aber wie sicher jeder Griff ist, mit dem er die Instrumente aus dem Kasten holt, sie in den Sterilisator wirft. Vielleicht hat er sich zu lange gefürchtet, und jetzt schlägt der Zustand der letzten Wochen ins Gegenteil um. Die Natur hilft sich manchmal auf merkwürdige Weise.

»Heißes Wasser, Corpo di Bacco!« ruft er. »Seife! Bürste!«

Der Sanitäter Döllinger rennt, schleppt alles Gewünschte her. Währenddessen blitzt uns der Doktor mit seinen dunklen Augen an. »Es hat ihn schlimm erwischt«, sagt er, sich die eingeseiften Hände bürstend. »Splitter im Kopf. Ich kann ihn vielleicht retten, aber es muß schnell gemacht werden.«

Auf einer Tragbahre bringen sie den Verletzten herein. Er ist bewußtlos, ein Notverband verhüllt seinen Kopf und das halbe Gesicht, ein Bubengesicht, das einem Vierzehnjährigen gehören könnte. Sie heben ihn vorsichtig auf den Operationstisch, und Doktor Sozin macht sich an die Arbeit. Er entfernt den Verband, reinigt das blutverklebte Haar, rasiert geschickt eine Art Tonsur auf der rechten Seite aus und beginnt die Schädeldecke zu öffnen. Das alles tut er hastig, aber mit unglaublicher Sicherheit, all den erschwerenden Umständen zum Trotz, den einschlagenden Granaten, dem mangelhaften Licht, der fehlenden Assistenz.

In knapp einer halben Stunde sind die Splitter entfernt, ist die Wunde versorgt. Der Doktor wäscht seine Hände, holt aus der Blusentasche eine Zigarre, beißt die Spitze ab und zündet sie an.

»So«, sagt er, »jetzt können die Herren gleich weiteressen.«

Die Ordonnanz reinigt den Überzug des Operationstisches, breitet ein Leinentuch darüber, stellt Teller und Gläser hin. Hier wechseln die Bilder rascher als auf einem Film. In ein paar Tagen weiß keiner mehr, ob die dunklen Flecken auf dem Tuch von Blut oder Rotwein herrühren.

Dr. Sozin geht, heftig an seiner Zigarre ziehend, auf Kobel zu: »Herr Leutnant«, beginnt er seine Betrachtung, »hast auch Angst vor den verfluchten Granaten, was?« Dann starrt er mich an und sagt: »Du bist ein Held, aber morgen tot!« Zu Fischer und Wolf das gleiche: »Ihr seid tapfere Männer, per bacco, du und du, und du, alles Helden, verdammt noch mal, alle bald tot! – Der Dr. Sozin ist kein Held, der geht jetzt wieder in sein Kellerloch auf seinen Strohsack, und wenn wieder einer von euch ein Loch im Kopf hat, holt ihn nur schnell, per la Madonna, den Sozin, der ist sofort da! Er wird sein Messer wetzen, auch wenn er feig ist und volle Hosen hat!« Dann geht er zur Tür und verschwindet,

»La donna è mobile« singend, im dämmerigen Dunkel des Kasemattenganges.

Oberleutnant Partik tippt sich an die Stirn: »Der ist verrückt . . ., aber ein netter Mann«, sagt er, »man muß ihn nehmen, wie er ist.«

Giorgio Sozin stammte aus dem Vigolo Vattaro. Lange hatte er auf seinen ersten Posten als Gemeindearzt warten müssen. Nachdem endlich eine Gemeinde geneigt war, ihn anzustellen, waren weder Wohnung noch Praxisräume vorhanden, also stellte man dem Junggesellen in der Osteria des Ortes ein Schlaf- und Ordinationszimmer zur Verfügung. Da nicht genügend Bargeld vorhanden war, der Doktor aber essen und trinken mußte, übernahm die Gemeinde alle Kosten der vom Gasthof zu liefernden Verpflegung. Sozin ließ den Passus, diese mußte »ad eguato un medico«, also einem Arzt entsprechend, gut und reichlich sein, in den Vertrag aufnehmen.

Die Einwohner des Dorfes, besonders die Männer, zogen es natürlich vor, sich anstatt in das Ordinationszimmer zum leutseligen Dr. Fioravante Sozin in die Wirtsstube zu setzen. Das sprach sich herum, der Stammtisch wurde größer und größer und Dr. Sozin immer beliebter, weil er großmütig alles auf seine Rechnung schreiben ließ. Von der Gemeinde zur Rede gestellt, pochte er auf die Vereinbarung, die zu stellende Verpflegung müsse »ad eguato un medico« sein, ein Arzt müsse eben standesgemäß leben und leben lassen!

Nach Kriegsausbruch hat man den Wunderdoktor in eine Uniform gesteckt und schließlich als Vertretung für unseren Werkarzt Dr. Wunderer zu uns nach Verle geschickt.

Mit der Zeit gewöhnte sich der weinumnebelte Jünger

des Äskulap an das Leben im Sperrfort. Unser lieber Dr. Wunderer kam nicht mehr zurück, er hatte sich während seines langersehnten Heimaturlaubes in Salzburg durch einen Kopfsprung in zu seichtes Wasser das Genick gebrochen.

Der neunte Tag seit Beginn des Artillerietrommelfeuers ist angebrochen. Im Morgengrauen, während dichter Nebel das Fort und seine Umgebung einhüllt, klettere ich durch den zerschossenen Schacht aufs Deck, um mir die Schäden anzusehen. Zwischen den einzelnen schweren Einschlägen liegen jetzt größere Pausen, oft sieben oder acht Minuten, das genügt, um einen Überblick zu gewinnen.

Ein furchtbares Bild der Zerstörung! Es hält den Blick fest, man könnte sich stundenlang damit beschäftigen, die Gewalt der Sprengwirkung an hundert Einzelheiten zu studieren. Aber die Minuten laufen davon. Ich werfe nur noch einen Blick auf die Eindeckung des Traditors, dann laufe ich quer über den zertrichterten Hügel gegen die Nahkampfanlage, um dort in Deckung zu gehen, bevor der nächste Gruß kommt. Der Posten ist verständigt, er wird mir den Eisladen öffnen, den wir jetzt als Eingang benutzen.

Plötzlich reißt es mich in einen Trichter herunter: Vor der innersten Zone des Verhaus kauert ein Italiener! Es muß ein Italiener sein, denn von uns ist niemand draußen. Vorsichtig hebe ich den Kopf. Der Mann da unten, etwa dreißig Schritte von mir entfernt, bleibt nicht allein, drei, vier weitere Gestalten tauchen aus dem Nebel, kommen näher, schieben lange Sprengrohre vor sich her.

Unbegreiflich, daß sie der Posten in der Nahkampfanlage nicht bemerkt, aber vielleicht hindert der umgestürzte Scheinwerferstand die Sicht. Ich habe keine Waffe, nichts, um den Mann darauf aufmerksam zu machen, daß direkt vor seiner Nase etwas vor sich geht.

Bevor der nächste Einschlag kommt, packe ich einen Betonbrocken, hole kräftig aus und werfe ihn hinunter. Ein unterdrückter Fluch antwortet, dann knirschen Schritte im Schotter. Aus der Kuppel der Nahkampfanlage kracht ein Schuß, Stimmen werden laut.

Die Italiener liegen wahrscheinlich in einem der Trichter der äußeren Verhauzone. Durch klaffenden Beton und weichenden Schutt zwänge ich mich durch verbogene Eisenstangen und will eben zum Noteingang hinunter, als aus dem Hindernis eine Flamme zuckt und mit ungeheurem Krachen Drahtknäuel, zerrissene Stäbe und Trümmer hochfliegen.

Stille. Dann knattert ein Maschinengewehr aus der Kuppel, zu spät! Eine breite Gasse gähnt im Drahtverhau, die Sprengung ist ihnen gelungen. Doch das schlimmste ist, daß der Feind jederzeit bis an unseren Frontgraben herankommen kann, daß dieser Frontgraben in seinen beiden Ausläufen kaum mehr ein Hindernis für ihn ist.

Trotzdem hat dieser Anschlag auch sein Gutes: Wenn die Italiener sich jetzt daranmachen, unsere Verhaue zu sprengen, kann der Sturmangriff nicht mehr lange auf sich warten lassen. In diesem Angriff aber sieht jeder von uns eine Art von Erlösung, das Ende der schrecklichen, trostlosen Zeit des Wartens. Der Wille zur Abwehr wird übermächtig, eine Art Wut packt die Leute. Am liebsten möchten sie hinaus und sich auf die feindlichen Patrouillen stürzen, die sich bei Nebel immer wieder in unser Vorfeld wagen.

Alle sind überzeugt, daß die entscheidende Stunde

unmittelbar bevorsteht. Ohne Befehl geht die Mannschaft daran, Maschinengewehre herzurichten, Handgranaten zu verteilen und Sandsäcke zu füllen. Diese Sandsäcke sollen bei der Verteidigung des Forts aufs Verdeck mitgenommen werden, um daraus kleine Schutzwälle zu bauen. Großes Erstaunen löst eine neue Waffe aus, ein Ding von mittelalterlicher Wucht, das so etwas wie einen magischen Zauber ausübt, der sogenannte Morgenstern.

Wir haben vor kurzem eine Kiste voll davon erhalten. Diese Morgensterne bestehen aus einem Hartholzstiel, auf den eine Eisenhülse mit fingerlangen Stacheln gezogen ist. Die Sendung war begleitet von einem Erlaß des Heeresgruppenkommandos, in welchem es hieß, daß mit dem Morgenstern den Soldaten der Alpenländer eine traditionelle Waffe gegeben werde. Eine Gebrauchsanweisung enthielt der Erlaß nicht. Sie war auch überflüssig.

Unterdessen lastet dieser Tag wahrhaft kaum mehr Tragbares auf unsere Widerstandskraft. Als der Nebel verschwindet, brüllt das Feuer der italienischen Batterien wieder mit verheerender Wucht los. Oberleutnant Partik läßt den vorderen Panzerstand räumen. Das Fort ist nunmehr blind, aber kein Beobachtungsdienst könnte ihm größeren Schutz vor Überfällen gewähren als dieser pausenlos krachende Stahlhagel, der im weiten Umkreis jedes Leben austilgen würde, das etwa Lust verspürte, sich zu nähern.

Die Besatzung befindet sich in den Kasematträumen, wir sitzen im Verbandszimmer und warten. Wir können nichts anderes tun als warten, warten. Jeder Schritt, jeder Handgriff ist für den Fall eines Ansturms der Italiener genau besprochen und vorausbestimmt. Wenn wir bis dahin überlebt haben, wird Wolf die Haubitze befehligen, die in der schiefen Frontkuppel steht, Kobel den Traditor und Weber die Nahkampfanlage. Ich werde mit den Landesschützen aufs Verdeck gehen. Außer den sechs Maschinengewehren, die dort verteilt werden sollen, werden wir zwei automatische Gewehre mitnehmen, sogenannte Musketen, und natürlich alle Waffen für den Nahkampf. Wir sollen den Angriff mit einem Gegenstoß beantworten, sollen, wenn wir Glück haben, die Angreifer bis zum Waldrand verfolgen.

Das ist natürlich nur ein Plan, denn vorderhand sieht es gar nicht so aus, als ob wir unsere Betongruft je wieder verlassen könnten. Zweimal hintereinander wird die Poterne, die in die Batterie führt, durchschlagen, und beide Male erlischt das Licht, so daß Partik den Kabelstrang abschalten läßt. Zu Mittag können wir feststellen, daß Verle zwar eine elende Dreckkiste, aber doch das wundervollste Bauwerk ist, das je zu militärischen Zwecken errichtet wurde, denn nun hat es unter beiläufig dreißigtausend Granateinschlägen seinen dreitausendsten Dreißiger hinter sich und steht noch immer, und in seinen Höhlen, Gängen und Kasematten leben noch immer 240 Mann, die zu allem entschlossen sind, nur nicht zur Aufgabe!

Dreitausend Dreißiger! Dazu viereinhalbtausend Achtundzwanziger! Geschosse, die uns im Mai noch soviel Schrecken eingejagt haben und sich jetzt fast harmlos ausnehmen gegen die ungleich schwereren Dreißiger der Schiffsgeschütze. Kobel, der zusammen mit Stary in jedem freien Augenblick statistische Betrachtungen anstellt, fängt sofort nach Erhalt der Meldung zu rechnen an. Eine gute Weile schmiert er Zahlen auf einen Zettel, dann zündet er sich eine Zigarette an und sagt: »Freut euch! Umarmt euch! Wir befinden uns hier in Verle in einer der wunderbarsten Erscheinungsformen des statistischen Gleichgewichts, denn eben waren es rund zweieinhalb Millionen Kilogramm Dreißiger und Achtundzwanziger, die uns nach dem Leben getrachtet haben. Dazu kommen rund eine Million Kilogramm Achtzehner, macht zusammen viereinhalb Millionen Kilogramm oder viertausendfünfhundert Tonnen oder vierhundertfünfzig Eisenbahnwagen erstklassigen Stahl, aus welchem Quantum man den Schreibfedernbedarf der ganzen Welt für siebenunddreißig Jahre decken könnte!«

Im selben Augenblick erfolgt eine furchtbare Detonation, die Tür wird aus Schloß und Angel gerissen, schlägt krachend hin, und eine ungeheure Rauchwolke dringt zugleich mit dem schmetternden Dröhnen herein. Das ist das letzte, was ich sehe. Das Licht zuckt noch ein paarmal, erlischt. Mich hat es mit solcher Gewalt vom Stuhl gegen ein Bettgestell geschleudert, daß Sterne vor meinen Augen flimmern.

Ich bleibe liegen. Alles ist still, der Kopf brummt, in meinen Ohren zirpt und gluckst es, als ob ein Vogel auf einem Wasserschaff säße. Blut? Ich taste vorsichtig hin. Nichts.

Was ist denn überhaupt los?

»Mmmmmmh ...«, stöhnt jemand im Finstern. Und dann ruft Partik: »Liegenbleiben! Alles voll Rauch!«

Ich höre ihn über zersplittertes Holz steigen, dann trappeln Schritte und eine Handlampe flammt auf. Durch den dicken Qualm sehe ich, daß Leute in die Kasematte kommen, sie haben Selbstretter vor den Gesichtern. Ein Ventilator beginnt auf dem Gang zu surren. »Es war ein Durchschlag!« schreit jemand. »Durchschlag in der Viererkasematte.«

Kobel sitzt neben mir und betrachtet seine rechte Hand, an der alle Finger bluten. Er war es offenbar, der vorhin so gestöhnt hat, denn Weber, Fischer, Wolf und Stary lehnen etwas benommen, aber scheinbar unverletzt an dem umgestürzten Tisch.

Man will mir aufhelfen, aber ich komme allein hoch und gehe, noch etwas unsicher auf den Füßen, zur Türöffnung. Die Kasematte 4 liegt rechts, sie gehört zu den kleineren. Im Licht der Taschenlampe kann ich rauchgeschwärzte Gesichter erkennen, die Verwundete auf Bahren vorbeitragen.

Oberleutnant Partik kommt mir entgegen. Er ist verstört und schüttelt den Kopf, als wolle er etwas loswerden. Ich frage ihn, was denn geschehen sei, aber er deutet nur nach hinten, rennt an mir vorüber, dreht sich dann um und schreit unwirsch, als hätte ihn meine Frage erbittert oder gereizt: »Schau dir das selber an! Alle tot, verflucht noch mal! Zehn vielleicht oder zwanzig, was weiß ich!«

Nun sind die Kasematten dran, die bisher gehalten haben, die Kasematte 4 wurde vom oberen Stock her durchschlagen. Was der Kegel einer Handlampe enthüllt, läßt uns erschauern. Schwarzer Qualm steht noch im Raum. Nur mühsam ist zu erkennen, was geschehen ist. Tote und Verwundete liegen auf dem Boden, durcheinandergewirbelt mit Holz, Stoff, Eisen und Beton; alles ist brandgeschwärzt und bis zur Unkenntlichkeit verzerrt.

Partik befiehlt: »Die Verwundeten herausholen, in den Verbandsraum bringen, dann Kasematte 4 zubetonieren! Mit Spezialzement, der ist bis zum Abend hart.

Und Spannsäulen zur Gegenwand! Wenn es noch einmal durchhaut, stürzt wenigstens der Gang nicht ein.«

Gottschlich stimmt zu. Und so geschieht es. Vom Abschnittskommando ruft Oberleutnant Gogger an, fragt, wie es uns gehe. Wolf erklärt kurz, was sich zugetragen hat, und bittet, Zigaretten und ein paar Flaschen Kognak zu schicken. Gogger verspricht beides.

Vor der Türöffnung unserer Kasematte hängt eine Bettdecke, Kobel geht unruhig auf und ab. Seine rechte Hand ist verbunden, er trägt sie in einer Schlinge. Weber, Wolf und ich liegen auf den Betten und rauchen. An den Wänden glitzern große Ammoniakkristalle, es ist feucht und kalt. Wir haben seit dem frühen Morgen nichts mehr gegessen, und trotzdem verspürt keiner Hunger. Sinkendes Schiff – das ist alles, was wir noch denken können. Aus . . . Erledigt . . .! Sie werden nicht angreifen, sie werden so lange feuern, bis verläßlich keiner von uns mehr lebt.

Es ist zehn Uhr. Jetzt muß draußen schon tiefe Nacht sein. Von den Stützpunkten kommen keine Meldungen mehr, nur zwei Beobachter am Hang der Cima halten noch Verbindung mit uns.

Das pausenlose Auf und Ab von Kobel macht mich verrückt. Dazu summt er andauernd eine blödsinnige Melodie und haut hüben und drüben jedesmal mit der Linken auf das Fußende eines Lagers. Doch wer könnte in solchen Stunden Einspruch gegen das Betragen eines Leidensgefährten erheben? Jeder wird auf seine Art mit dem Wahnsinn fertig, der uns umgibt. Er versucht es eben auf Raubtierart. Hinter den Gitterstäben auf und ab, immer auf und ab . . .

Plötzlich bleibt er vor Weber stehen und hebt die

Hand. Wahrscheinlich ist er übergeschnappt. Er steht mit erhobenem Zeigefinger da und grinst ihn an.

»Ja und . . .?« fragt Weber.

»So horch doch!«

Jetzt erst fällt uns auf, daß es merkwürdig still ist, daß seit geraumer Zeit kein Schuß mehr dröhnt, nicht einmal die gewohnten Schrapnellagen bellen.

Kobel geht zum Telefon und verlangt den Kadetten Frank, der am Cimahang sitzt. »Alles still«, meldet auch Frank, »seit zehn Minuten kein Schuß auf Lusern, Verle, Cima, kein suchender Scheinwerfer mehr.«

Kobel legt den Hörer auf, nimmt seine Kappe, die er nie vergißt, und sagt: »Guten Abend, meine Herren! Ich gehe auf Alarmposten. In fünf Minuten wird es brenzlig. Vergeßt eure Zigaretten nicht! Partik wird bald alarmieren lassen.«

Und draußen ist er.

Wir springen auf, packen unsere Ausrüstung zusammen. Wahrscheinlich hat er recht. Noch immer ist es totenstill. »Alaaarm!«

Die Glocke schwingt, rotes Licht flammt auf, genagelte Schuhe knirschen über Beton. Ich gehe hinaus. In dem kleinen Gang vor dem Schacht, der auf das Verdeck führt, treten die Landesschützen an.

Die Maschinengewehre stehen griffbereit, die Gurte sind eingezogen, wir brauchen nur noch den trümmerübersäten, schrägen Schacht hinaufzusteigen und uns auf dem Verdeck zu verteilen.

Wir stürmen den Schacht hinauf, stehen auf dem Verdeck, laufen geduckt auf die vorbestimmten Punkte. Hüben und drüben blitzen Mündungsfeuer auf, rollend geht der Artilleriekampf hin und her, der Kampf der beweglichen Batterien untereinander, das Sperrfeuer auf die Anmarschwege. Es herrscht ein verwirrender Lärm, und man kann nicht unterscheiden, ob wir angegriffen werden oder umgekehrt.

Partik läßt mich ablösen und teilt mir mit, daß ich als Artilleriebeobachter sofort zum Unterabschnittskommando abzugehen habe. Er gibt mir Well und Wider mit, wir sollen auf dem Weg zum Beobachtungsposten Costa Alta, einem etwa 300 Meter hinter dem Brückenkopf Basson liegenden Waldhügel, die beschädigten Telefonleitungen instand setzen.

Es ist halb zwei Uhr morgens. Eine merkwürdige Spannung liegt in der Luft, wir spüren es alle: Noch in dieser Nacht will der Feind den Durchbruch durch das Etschtal erzwingen.

Verle wird einen Totalangriff überstehen können, aber die Stützpunkte, deren Eindeckungen zerschlagen, deren Standschützen dezimiert und zermürbt sind, die Sterzinger, Meraner, werden sie diese Nacht überstehen? Well und Wider verlassen mit mir das Werk. Drüben am Basson ist alles ein Rauch, ein Feuer, wir springen in den Laufgraben, hetzen in großen Sätzen gegen die Straßensperre, dann atemlos weiter gegen den Wald von Costa Alta. Zwischendurch kontrollieren Well und Wider die Leitungen, während ich den Hügel zum Beobachtungsposten Nummer 9 hinaufhaste, der von Leutnant Hanke, einem ruhigen, verläßlichen Reichenberger Sudetendeutschen, betreut wird. Vorhänge von Gewehrkugeln prasseln durch den Wald, doch alle zu hoch, Gott sei Dank!

Ich steige die Holzleiter zu Hanke hinauf, sein Stand ist hoch zwischen Baumkronen versteckt und hat Telefonverbindung mit dem Abschnittskommando.

»Servus – du kommst gerade recht«, grüßt er, »du

sollst sofort auf den Basson hinaus zu Oberleutnant Godowski.«

Mir ist alles recht. Wie alle anderen denke ich nur an das, was noch kommen wird nach diesen furchtbaren Tagen und Nächten.

Es ist der 13. August 1915. Plötzlich setzt wieder überall und unerwartet ein irrsinniges Trommelfeuer ein, Salve um Salve bricht in die Gräben. Ich renne, was ich kann, durch den Laufgraben hinaus zum Erdloch von Godowski, das weder bombensicher noch wohnlich ist. Godowski, ein Pole, ist Stellungskommandant am Basson, er ist verwundet, zwei Streifschüsse im linken Arm, bleibt trotzdem auf seinem Posten.

»Geh durch den Graben, schau dir das selbst an, die vorderste Feldwachstellung ist nicht mehr da, ein Chaos von Holztrümmern, Erde und Menschenleibern, am Vorkopf sind alle Feldwachtposten gefallen.«

Unterdes trommelt das schwere Feuer weiter auf unsere Stellungen nieder. Plötzlich setzt es aus, aber nur für wenige Minuten, dann fällt wieder der schwere, verfluchte Eisenhagel der Geschütze ein. Doch jetzt heult er über unsere Köpfe hinweg, zurück in den Wald, um die Zugangswege abzuschneiden. Ein mörderisches Infanteriefeuer prasselt überall los. Wir müssen Verstärkung bekommen, sonst ist alles verloren. Godowski ruft mir zu: »Ich muß eine Kompanie haben, ich bitte dich, lauf, hol Leute, hol Hilfe!«

Ich renne zurück in den Wald, links, rechts schlagen Granaten in die Bäume, darüber zischen Schrapnells in die Lichtung. Während des stolpernden Laufens denke ich immer wieder: In der Lichtung ist alles total zerschossen.

Eine Kompanie Tiroler Landesschützen, gerade aus

Rußland eingetroffen, bekommt Befehl, sofort in den Kampf am Basson einzugreifen. Hauptmann Bauer flucht: »Gestern erst, nach vier Tag- und Nachtfahrten, in Trient auswaggoniert und jetzt gleich wieder in die nächste Scheißgasse, immer nur wir Landesschützen, der Teufel soll alles holen!«

Es mag Mitternacht sein, als wir am Friedhof vorbei im Eilschritt gegen den Basson marschieren. Über unseren Köpfen heult der Krieg sein wahnsinniges Konzert. Vor uns, neben uns, von allen Seiten her brodelt ein geradezu wahnwitziges, pausenloses Maschinengewehr- und Infanteriefeuer. Ich bin überzeugt, keine zehn Minuten mehr am Leben zu bleiben, denn daß in dieser Schreckensnacht alle vor die Hunde gehen würden, schien gewiß. Unsere Schritte werden schneller; den Waldrand verlassend, beginnen wir zu laufen, nun haben wir das rollende Knattern des Kampfes direkt vor uns.

Endlich sind wir da, es war allerhöchste Zeit. Godowski ist erleichtert. Die Landesschützen springen auf die Wälle, um besser zielen und feuern zu können, die angreifenden Alpinis haben bereits den vordersten Grabenteil in ihrer Hand. Dort versuchten sie im Kampf Mann gegen Mann weiter vorzustoßen . . . es ist alles eine einzige Hölle, ein Inferno.

Gegen Morgen läßt das Kampfgetöse nach. Ich bin jetzt bei Hanke im Beobachtungsstand. Er ist kaum fähig zu sprechen, wir dösen stumpf in das apokalyptische Vorfeld hinaus.

Durch die Mulden ziehen leichte Nebel; drüben, hinter dem Monte Verena, beginnt sich der Himmel leicht zu röten. Der ganze Jammer dieser fürchterlichen Nacht überfällt mich; ich habe nur den einen Wunsch, daß es nicht gleich wieder losgehen möge. Auf dem Basson draußen ist es lautlos wie auf einem großen Friedhof, auch vor den Stützpunkten und Forts rührt sich wenig. Auf dem Basson gehen Soldaten hin und her, doch wir können nicht unterscheiden, ob es eigene oder gegnerische sind. Da schnurrt das Telefon.

»Hallo, hier Beobachter Costa Alta. Wer dort?«

»Oberst Ellison. Wie sieht es am Basson aus? Ist er fest in unserer Hand?«

»Ich denke schon, Herr Oberst!«

»Ich will nicht wissen, was Sie denken, ich will wissen, ob der Basson fest in unserer Hand ist. Antworten Sie!«

»Genau läßt sich das nicht feststellen, Herr Oberst.«

Mit einem Fluch bricht das Gespräch ab. Nach einer halben Stunde ist der Oberst da, befiehlt uns wutschnaubend mitzugehen und läuft in Begleitung seines Adjutanten, eines Feldgeistlichen und zweier Offiziere zum Bassongraben. Im letzten Stück eile ich voraus, treffe Hauptmann Bauer auf einer Munitionskiste sitzend, völlig apathisch, mit einer Rumflasche in der Hand und melde ihm, daß Oberst Ellison käme. Bauer nimmt kaum Notiz davon, er ist vollkommen fertig. Tote, Sterbende, Stöhnende liegen ringsum am Eingang des Unterstandes. Auch Alpini stehen und hocken ratlos da. Die Stille ist unheimlich. Ich springe auf die Grabenbrüstung. Nie habe ich ein grausigeres Bild gesehen. Sechs Landesschützen liegen mit gebrochenen Augen da, die Köpfe himmelwärts, daneben drei mit den Gewehren im Anschlag. Leere Patronenhülsen zu Tausenden links und rechts am Boden. Überall die Spuren des Wahnsinns dieser Nacht!

Hinter mir im Graben gellen Kommandorufe. Es ist

die Stimme des Obersten: »Su le mani, alles gefangen – marsch, indietro – sofort!« In der Hand hält er schußbereit seine Armeepistole.

In den Gräben des Basson befinden sich etwa vierhundert völlig apathische italienische Soldaten, darunter viele Offiziere und ein verwundeter Oberst; an Verteidigern sind kaum mehr als fünfundachtzig abgekämpfte Tiroler Landesschützen und einige Meraner Standschützen da. Aber Ellison läßt niemanden zur Besinnung kommen, eigene Leute nicht und nicht den Gegner. »Su le mani, indietro tutti«, höre ich seine mächtige Stimme weiterrufen . . .

Nach wenigen Minuten ist der Fall zu Österreichs Gunsten entschieden: Die überlebenden Landesschützen bleiben auf dem Basson, die Italiener gehen als Gefangene ins Hinterland ab.

Nur in der Nacht ist es möglich, weitere Verwundete zu bergen, denn eine feindliche Batterie feuert unbarmherzig, so oft sich im Vorfeld etwas rührt. Nach drei Tagen nimmt das Stöhnen, Wimmern und Rufen der Leidenden langsam ein Ende.

Die Augustsonne brennt unbarmherzig und heiß auf die Toten. Da man sie nicht beerdigen kann, bestreut man die verwesenden Leichen mit Chlorkalk. Übler Pestgeruch liegt über allem und würgt uns im Halse; und immer noch dringt das Stöhnen einzelner aus den Leichenhügeln zu uns.

Über dreizehnhundert Tote liegen im Vorfeld, fast alles Alpini der Bataillone Bassano und Treviso. Bassano ist eine wunderschöne Stadt am Fuße der Alpen. Hier liegt nun die Jugend dieser beiden Städte, schöne große Männer, regungslos, in ganzen Reihen hingemäht, zwischen aufgewühlter Erde.

Hätte Oberst Ellison die Gefahr nicht rechtzeitig erkannt und gebannt, wäre das Schicksal unseres Frontabschnitts besiegelt gewesen. Er hat mit seinem Eingreifen den Durchbruch des Gegners verhindert. Verdientermaßen erhielt er für diese entscheidende Tat den Maria-Theresia-Orden, die höchste Auszeichnung, die in der österreichischen Armee verliehen werden konnte.

Hanke, der monatelang Tag und Nacht auf seinem im ununterbrochenen Feuer liegendem Beobachtungsposten ausgehalten hatte, wurde mit der goldenen Tapferkeitsmedaille ausgezeichnet, ebenso Godowski und einige Landesschützen Hauptmann Bauers.

Tragisch verlief das Geschick des schwerverwundeten Regimentskommandanten Oberst Riveri vom 115. Infanterieregiment, das den Basson erstürmen sollte. Als Riveri zu Oberst Ellison geführt wurde, brachte es dieser nicht übers Herz, seinem tapferen Gegner, der seelisch und körperlich völlig gebrochen war, die versöhnende Hand zu verweigern, wie dies vom Armeekommando gefangenen italienischen Offizieren gegenüber befohlen worden war.

Vor seinem Abtransport äußerte Riveri den Wunsch, sich von seinen toten Offizieren verabschieden zu dürfen. Sich von der Bahre aufrichtend, küßte er ihnen zum Abschied die Stirn – ein Anblick, der uns tief bewegte.

In dem von ihm vor dem Angriff erlassenen Tagesbefehl an sein Regiment hieß es zum Abschluß: ». . . und ich bin überzeugt, daß das anbrechende Morgenrot des 25. August das siegreiche 115. Infanterieregiment auf den Höhen von Costa Alta begrüßen wird . . .«

Der tapfere Oberst Riveri überlebte den Tag von Costa Alta nicht lange. Er kam mit einem amputierten Bein als Austauschgefangener in die Schweiz, wo er nach wenigen Monaten starb.

Aber zurück zum Basson, auf dessen Vorfeld immer noch ungeborgene Verwundete liegen, eigene und italienische. Der tapfere Feldkurat Pardatscher aus Salurn hilft uns in aufopfernder Weise bei den Bergungsarbeiten. Mit seinem wallenden Bart und dem Kreuz in der Hand erweckt er den Eindruck eines mittelalterlichen Heiligen, wenn er zwischen Verwundeten kniend Trost zu spenden versucht.

Die Artillerie vom Costesin eröffnet immer wieder das Feuer auf unsere Sanitäter und die freiwilligen Helfer; die Dummköpfe bedenken nicht, daß die Schrapnellkugeln auch ihre eigenen Leute treffen.

Mehrmals muß ich bei Nacht mit Meldungen den halbstündigen Weg zum Unterabschnitt hin- und zurückgehen. Jedesmal packt mich ein unheimliches Angstgefühl, wenn ich den Maultierkolonnen mit den wankenden, vom Mondlicht gespenstisch beleuchteten Kalkleichen begegne; dann renne ich wie von Furien gejagt, um so rasch wie möglich ihrem Anblick zu entgehen.

Besonders erschüttert hat mich das Schicksal des blutjungen Landesschützen Bauernfeind, dessen Name mir im Gedächtnis geblieben ist. Da liegt er nun tot auf der Grabenbrüstung, seine weitaufgerissenen hellblauen Augen starren zum leeren Himmel. Drei Tage zuvor war er hemdsärmelig, zufrieden und glücklich lächelnd mit Nadel und Faden auf der Wiese gesessen, um zwei weiße Zelluloidsternchen an den Kragen seiner Bluse zu nähen, während seine eben aus Galizien eingetroffenen Kameraden rasteten.

»Bist Patrouillenführer geworden?« hatte ich ihn gefragt.

»Ja, gestern«, hatte er geantwortet. Nun lag er da, reglos, starr . . .

Ein Alpinisoldat und ein Landesschütze tragen einen Schwerverletzten vorbei. Schau her, denke ich, die Nacht über Todfeinde, jetzt hilfsbereite Kameraden, gute Menschen, Christen, einer wie der andere, alle drei.

»Warum das alles? Perche tutto questo? Kannst du das verstehen?« frage ich den Alpino. Hilflos vor sich hin blickend antwortet er: »Non sono io, sono gli ordini – Nicht ich bin's, die Befehle sind es!«

Das traurige Nachspiel auf dem Basson dauert noch Tage. Partik bewilligt mein Verbleiben beim Unterabschnitt für eine weitere Woche. Wir binden die Erkennungsmarken, armselige Habseligkeiten wie Notizbüchlein, Geldbörsen, Fotos oder Briefe der Gefallenen jeweils in kleine Päckchen, versehen sie mit Namen und Anschrift und leiten sie an das Rote Kreuz weiter. Bei dieser traurigen Arbeit fällt mir das Bild eines Mädchens in die Hand, aus dessen Antlitz solch unsagbare Güte und soviel Liebreiz spricht, daß ich, nachdem ich auf der Rückseite die Worte »Carissimo! Il Signore ti salve! Pia!« lese, aufspringe, Krieg, Elend und Feindschaft vergessend, es meinem Hauptmann zeige: »Ach, schauen Sie, wie wunderschön dieses Mädchen ist.«

Hauptmann Leo sieht erst das Bild an, dann mich und sagt mit leisem Vorwurf: »Denk lieber daran, wie unglücklich die Arme beim Empfang der Todesnachricht sein wird.« Ernüchtert, beschämt und kleinlaut gehe ich wieder an meine triste Arbeit.

Abends helfe ich bei den Bergungsarbeiten am Basson, sehe einen Sanitäter, der sich über eine Gruppe übereinanderliegender Toter beugt. Er ruft mich, unter den Leichen hat er einen Lebenden gefunden, einen Offizier. Er ist ohne Besinnung, sein Kopf fällt auf die Seite, seine Lippen bewegen sicht lautlos. Was ich entdecke, wirft mich fast um, es ist Dr. Delapina, mein Tourengefährte aus den Dolomiten. Ein Granatsplitter hat seine Kopfdecke gespalten, das erstarrte Blut klebt in dicken Krusten auf seiner Stirn. Seit drei Tagen liegt der Ärmste unter den Toten. Wir veranlassen die sorgsame Überführung in die Sanitätsstation am Monterover. Hauptmann Leo erlaubt mir, den Sterbenden zu begleiten, der nur immer wieder das eine Wort flüstert: »sete – sete – Durst – Durst.«

Am anderen Morgen erfahre ich, daß Delapina noch in derselben Nacht seinen schweren Verletzungen erlegen ist. Auf dem Friedhof von Costa Alta findet er neben vielen anderen, Freund und Feind, die Ruhe, in der es keinen Krieg mehr gibt.

45 Offiziere und 1046 Soldaten sind im Kampf um den Basson gefallen. Eine große Anzahl Verwundeter konnte geborgen werden; wir hatten 150 Tote und 300 Verwundete zu beklagen.

Allmählich tritt auf dem ganzen Frontabschnitt Asiago, Lavarone und Folgaria Ruhe ein. Ich gehe wieder ins Fort zurück. Im Werk hat sich während meiner Abkommandierung allerlei geändert. Gottschlich hat Unglaubliches geleistet. Zwei Turmhaubitzen sind wieder einsatzfähig, in der Offiziersmesse fehlt unser Dr. Fioravente Sozin, das Genie zwischen Krieg und Frieden, Heldenmut und Feigheit, Humor und Gutmütigkeit. An seiner Stelle wirkt jetzt ein junger, ungarischer Assistenzarzt, Dr. Szattler, intelligent, nationalistisch-

Das völlig zerstörte Deck, unter dem die Besatzung von 1915 bis 1917 lebte. Auf der Höhe die (noch) vorhandene Beobachtungskuppel.

Der Transport schwerer Geschütze in die hochgelegenen Gebirgsabschnitte stellte die Truppen vor schwierige Aufgaben (oben). Ein 42-cm-Mörser in Feuerstellung vor der im Frühjahr 1917 erfolgten Offensive (unten).

patriotisch, ein guter Soldat, aber unerfahrener Mediziner. Auch ein Oberleutnant Hauser aus Wien ist neu und ein polnischer Fähnrich namens Wotruba. Hauser ist weder an Verle noch an sonst etwas interessiert, das mit der Verteidigung Tirols zu tun hat. Sein Hobby ist ein kleines Album mit pornographischen Zeichnungen, er hat damit bei uns wenig Glück, denn nach der ersten, eher peinlichen Wirkung schert sich keiner mehr um das Zeug.

Dr. Szattler, Weber, Wolf und Kobel spielen in der Offiziersmesse, die immer noch als Sanitätsraum dient, bis spät in die Nacht hinein Karten, sie streiten oft und wecken mich auf, doch an Krach und Bombenlärm gewöhnt, schlafe ich meist gleich wieder ein.

Wann immer es möglich ist, bei Nebel oder in stilleren Nächten, hissen wir eine Fahne auf unserem Schutthaufen. Die drüben geben keine Ruhe, bis sie die Stange und das zerfetzte Tuch heruntergeschossen haben, doch am nächsten Morgen weht das durchlöcherte Zeichen unseres Verteidigungswillens wieder neben der Kommandantenkuppel.

Die Post kommt trotz allem fast jeden zweiten oder dritten Tag. Die Ordonnanzen haben ihre eigene Taktik im Kommen und Gehen. Um die Septembermitte bringen sie mir ein Körbchen voll wunderbarer Bozener Äpfel mit, die die Mutter geschickt hat. Ihr Gruß löst große Freude in mir aus, aber auch Heimweh und Sehnsucht nach Frieden.

Die ruhigen Herbsttage sind plötzlich vorbei, denn nun scheint der Gegner noch einmal den Versuch zu unternehmen, Verle im Handstreich zu erobern.

Die italienischen Batterien legen überraschend mit einem wahren Höllenfeuer los. So gewaltig war es nicht einmal bei ihrem ersten Durchbruchversuch. Alle Dreißiger und Achtundzwanziger, die sie zwischen Porta di Manazzo und dem Val d'Assa stehen haben, schleudern ihre Stahlmassen auf unseren wankenden, morschen Betonkasten. Wir haben kaum Zeit, die wenigen Fensteröffnungen, durch die wir frische Luft bekommen, einzuziehen. Dann sitzen wir wieder in den düsteren Kasematten, warten auf den Tod oder das Ende dieses furchtbaren Trommelfeuers.

Wie durch ein Wunder geschieht eigentlich nichts. Kein Durchschlag, nirgends der deprimierende Anblick zerfetzter Menschenleiber in einer giftig qualmenden Höhle unter Betonblöcken und verkrümmtem Eisen. Werkmeister Gottschlich kommt von einem Rundgang durch das Fort in den Kehlkoffer zurück und meldet dem Kommandanten, daß Rocca Alta so kaum mehr bezwungen werden könne. Das unermüdliche Betonieren habe die totale Vernichtung unmöglich gemacht.

Wir sind etwas skeptisch über diese Feststellung, denn Sein oder Nichtsein ist hier doch eher eine Frage des Zufalls und der Zeit, vor allem der Zeit; denn wenn sie jetzt wieder zwei Wochen, nein, nur zweimal vierundzwanzig Stunden feuern, wie wir es eben erleben, kann auch die Arbeit Gottschlichs und seiner Rekruten, die Hunderte und aber Hunderte Kubikmeter nassen, schweren Betons mischten, stampften und schleppten, auf die Dauer nicht mehr helfen.

Merkwürdig ist, daß sie mit Absicht so schießen, daß alles auf die Innenseite des bisher verschonten Kasemattblocks und in den Kehlgraben geht. Wir können uns das nicht recht erklären. Sollten sie von unseren Schutzarbeiten, die den Einschlägen auf der Feindseite des Kasemattblocks eine Betonmauer von sechs Meter Stärke entgegenstellen, Kenntnis haben?

Unsinn! Solche Einzelheiten weiß außer unserer Besatzung und dem Sperrkommando niemand, da müßten sie ja mit dem Teufel im Bunde sein.

Draußen herrscht jetzt tiefe Nacht, aber der Höllenlärm geht weiter. Rot und gelb zuckt es durch die Scharten. Wir haben unser Quartier in die Felsgänge verlegt, weil man von hier aus die noch brauchbaren Kampfräume, den Traditor und den vorderen Panzerstand am leichtesten erreicht. Der Kehlkoffer ist voll von Menschen – eine bedenkliche Sache, aber doch weniger gefährlich als die Besatzung in den Kasematten zu lassen. Es gibt Tee mit Rum für alle.

In einer Ecke beginnt ein uriger Landesschütze, es ist der Hagmayr aus dem Zillertal, auf einer Ziehharmonika zu spielen. Das klingt ganz unwahrscheinlich im Getöse des unablässig rollenden Feuers, aber es hellt die Gesichter der Mannschaften auf, obwohl kaum ein Wort vom Text des beliebten Schnaderhüpfl-Liedes zu verstehen ist, den der muntere Tiroler singt:

Draußen auf der grünen Au
Steht a Birnbam schön blau.
Draußen auf der grünen Au
Steht a Birnbam schön blau.
Was wachst denn auf dem Bam?
A wunderschöner Ast . . .
Ast aufm Bam
Bam in der Erd . . .
Draußen auf der grünen Au
Steht a Birnbam schön blau.

Überraschend erscheint Partik im Eingang des Kehlkofferraums, er ist totenblaß, es verstummen Ziehharmonika und Gesang, als er sagt: »Stary ist mit seinen Männern in der Kontereskarpe. Er meldet sich nicht mehr, die Telefonleitung ist kaputt, da muß etwas passiert sein . . .«

Ich springe auf. »Schnell! Drei Mann! Wider, Haberfellner und Simmel, kommt mit!« Es sind die drei, die mir am nächsten sitzen.

Der Batteriegang hat auch diesmal seinen Teil abbekommen, er ist zum stinkenden, stockdunklen Trümmerhaufen geworden. Wir steigen über zerfetzte Kabel, Betonblöcke und zerschossene Eisenträger. Wir trachten, so rasch wie möglich an den Turmbreschen vorbeizugelangen, denn da gibt es oft böse Überraschungen, wenn Sprengstücke hereinfliegen oder Stahlbrocken. Gleich sind wir am Abstieg in die Grabenverteidigungsanlage.

Eine Treppe führt zwei Stockwerke tief hinunter, von dort kommt man in eine Poterne, die unter dem Frontgraben hindurch in der Kontereskarpe mündet. Der Tunnel ist durch eine schwere Stahltür gesichert.

»Licht aus!« Wenn dort unten wirklich etwas los ist, brauchen wir uns nicht noch anzukündigen. Ich überlege, wie ich mich mit der Besatzung der Anlage verständige, denn die Tür ist versperrt, und man wird mich durch das Dröhnen der Einschläge kaum hören, wenn ich durch die Schießscharte rufe.

Kaspar Wider bleibt mit Haberfellner zurück, ich steige mit Simmel die finstere Treppe hinunter. Endlich kommt keine Stufe mehr, wir sind auf der Sohle der Poterne angelangt und tasten uns an der Wand weiter.

Da blitzt ein Schuß auf. Mit ein paar Sprüngen bin

ich wieder an der Treppe, stürze die Stufen hinauf. Unheimliche Wut erfüllt mich: Sie sind in der Kontereskarpe! Der Schuß fiel durch die Scharte der Eisentür. Jetzt ist Verle verloren!

»Simmel!«

Keine Antwort.

Er war doch hinter mir, als wir die Treppe wieder hinaufliefen.

»He, Wider!«

»Jawohl, Herr Fähnrich.«

»Schnell zurück in den Kehlkoffer; melden Sie Oberleutnant Partik, daß die Kontereskarpe von den Italienern besetzt ist.«

Wider blickt mich entgeistert an, dreht sich dann blitzschnell und verschwindet in der Dunkelheit. Ich bin mit dem jungen Haberfellner allein. Wir drücken uns an die Wand und horchen in den Treppenschacht hinunter. Stille. Dann ein paar Schüsse. Wieder Stille . . .

Ich muß wissen, was aus Simmel geworden ist, nehme Widers Gewehr, das an der Wand lehnt, lege die Sperrklappe um und versuche, ohne jedes Geräusch wieder den Treppenschacht hinunterzusteigen. Da . . . ein Geräusch.

»Halt! Wer da?« rufe ich.

Keine Antwort. Haberfellner hat das Gewehr im Anschlag, aber ich lege die Hand auf seinen Arm. Es ist schwer, bei dem Lärm, der vom Kehlgraben kommt, etwas zu unterscheiden.

Ich glaube, ein schweres Schnaufen zu hören.

»Simmel?«

»Ja«, kommt es gepreßt zurück.

»Sind Sie verletzt?«

Ich steige einige Stufen tiefer. Da lehnt er an der

Wand, keucht und stöhnt. Ich fasse ihn vorsichtig um die Mitte, führe ihn hinauf, lasse ihn auf den Boden gleiten. Dem pfeifenden Geräusch des Atems nach hat er einen Lungenschuß.

Licht kommt durch den Batteriegang näher. Es ist Partik mit einigen Landesschützen. Ich melde, was vorgefallen ist. Er schüttelt den Kopf. Wenn Simmel nicht schwer verwundet auf dem Boden läge, würde er mich sicher für verrückt halten.

Unten ist alles ruhig. Wir füllen Sandsäcke mit Schutt, schichten sie zu einem Brustwall und bringen ein Maschinengewehr in Stellung. Hier kommt niemand durch. Aber wie vertreiben wir sie aus der Konterescarpe? Ein Angriff durch die Poterne ist unmöglich, ein Versuch von außen wäre heller Wahnsinn. Sie haben unsere vier Kasemattkanonen und zwei Maschinengewehre zur Verfügung; unsere Leute sind entweder tot oder gefangen; durch einen tollkühnen Handstreich des Feindes sind wir in eine fast ausweglose Lage geraten.

Gegen ein Uhr nachts poltert es unten. Sie haben die Panzertür gesprengt. Wir feuern mit dem Maschinengewehr in den Treppenschacht, werfen Handgranaten, horchen. Rauch quillt herauf, aber kein Laut ist zu hören.

Das Vorfeld liegt ständig im Licht unserer Scheinwerfer, aus den Trümmern der Nahkampfanlage und vom vorderen Panzerstand her sorgen scharfe Augen und vier Maschinengewehre dafür, daß der eingedrungene Feind weder Verstärkung erhalten noch zurückgehen kann. Ebenso schwer ist es jedoch für uns, die Grabenanlage wieder zu nehmen. Wenn die Italiener genügend Mundvorrat und Wasser haben, werden sie sich nicht ergeben.

Die Kontereskarpe liegt tiefer als das Hauptfort, wenn wir die Poterne mit Wasser füllen, gibt es kein Durchkommen mehr. Wir werden sie auswässern! Haben sie aber einmal die Vergeblichkeit ihres Unternehmens eingesehen, werden sie sich ergeben müssen.

Alles gerät in Bewegung. Wir bringen Hanfschläuche, ziehen ein Kabel durch den Batteriegang, schließen eine Elektropumpe an. Plätschernd fließt das Wasser die Stufen hinunter. Von der Kühlwasserzisterne wächst ein zweiter Schlauch heran. Jede Minute feuern wir eine MG-Salve in den Schacht.

Stunden vergehen. Das Wasser steigt, es muß bald die Decke der Poterne erreichen. Im Scheinwerferlicht sehen wir einen Körper im Wasser treiben. Kobel steigt mit zwei Leuten hinunter. »Genug!« rufen sie. »Das Wasser steht bis oben!«

Sie tragen den Italiener herauf. Er ist tot. Ein Kadett, sehr jung, vielleicht achtzehn.

Beim Morgengrauen greifen sie aus der Mulde her frontal an. Es ist eine Qual mitanzusehen, wie zwecklos all der Mut und die Todesverachtung der Alpini ist, die in den Garben unserer Maschinengewehre, im Hagel der Schrapnellkugeln liegenbleiben. Solange ein Dutzend unserer Männer aus dem Trümmerhaufen steigt und den mühsam sich heranarbeitenden Angreifern begegnen kann, so lange hat keiner dieser irren Vorstöße Aussicht auf Erfolg. Warum sie immer wieder die Sperrforts angehen und nicht die schwach besetzten Zwischenräume, wird ein Rätsel bleiben.

Nachdem noch ein paar Dreißiger in unseren Betontrümmern krepiert sind, wird es plötzlich wieder ruhig. Ich krieche über das Verdeck bis an den Rand des Frontgrabens und rufe den Italienern in der Kontereskarpe zu, daß der Angriff ihrer Leute abgewehrt ist und ein weiteres Ausharren sinnlos sei. Nach längerem Hin und Her werfen sie ihre Gewehre durch die Scharten und ergeben sich. – Eine Patrouille steigt in den Graben und holt sie herüber. Es sind acht Sappeure und ein Leutnant. Sie verweigern jede Aussage über den Hergang des Überfalls. Stumm stehen sie da und schütteln auch ablehnend die Köpfe, als wir ihnen heißen Kaffee, Brot und Käse anbieten. Oberleutnant Partik läßt ihnen die Bluse des gefallenen Kadetten zeigen. Der Leutnant fährt sich mit der Hand über die Augen. »Brutta guerra«, flucht er vor sich hin und sagt dann unter Tränen, daß der Tote sein Vetter sei.

Unsere Leute in der Kontereskarpe, Stary und sieben Mann, sind gefallen. Nach den Brandzeichen zu schließen, haben die Italiener von oben aus Sprengrohre in die Scharten geschoben und sie zur Explosion gebracht. Dann sind sie durch die Öffnung des Scheinwerferstandes eingestiegen. Ein Heldenstück, das uns die Illusion nimmt, ruhig schlafen zu können, solange die Grabenbestreichungsanlage in unserer Hand ist.

Der Tod Starys, dieses lieben, guten Menschen, erschüttert uns über alle Maßen. Ich kann meine Tränen nicht zurückhalten, es ist für mich der bitterste Verlust seit dem Tod meines unvergeßlichen Freundes Hans Pescosta. Wir sind still, hilflos und so arm in dieser traurigen Stunde. Partik schreibt dem Vater Starys, der an der Universität von Krakau Philosophie lehrt, einen Brief, den wir alle unterzeichnen. Mit einigen Habseligkeiten des lieben Kameraden gehen auch die beiden Tapferkeitsmedaillen in seine Heimat ab. In unseren Augen steht die stumme Frage, wer von uns wohl der nächste sein wird.

Die ersten großen Schneefälle hüllen alles in ein mildes Vergessen. All die Tage des letzten Halbjahres, das Bangen, ob man die nächsten Minuten noch überleben werde, das unerbittliche Ringen um die Forts, die zu verlieren uns ebenso unmöglich schien wie unseren Gegnern das Aufgeben der Hoffnung, sie zu erobern, die furchtbaren Blutopfer, die hüben und drüben gebracht worden waren, das trostlose Dasein in den Betonklüften, die einmal Befestigungen gewesen sind – all das entschwindet als unmittelbarer Eindruck wie die häßlichen Trichternarben, die jetzt ein glitzerndes, versöhnendes Weiß deckt. Wir sind jung, wir vermögen uns bald wieder aufzurichten, neue Hoffnung zu gewinnen.

Vom weißen Tod, der in den benachbarten Frontabschnitten unendlich viele Opfer fordert, bleiben Cima, Verle und Lusern einstweilen verschont, doch sind die Zufahrtswege ständig durch Lawinen verschüttet, den Italienern geht es nicht besser, auch ihre Transporte sind blockiert. Die dadurch bedingte himmlische Ruhe tut uns ungemein wohl, dann und wann blicken wir zum Himmel und danken für die sonnigen Wintertage, die den langandauernden Schneefällen folgen. Ich bin unsagbar froh darüber, daß ich mich in den Mittagsstunden hinter der Kehlmauer hemdsärmelig im Freien aufhalten, meine Pfeife rauchen und schreiben oder lesen kann. Partik, Wolf und Weber merken bald, daß man in der frischen Luft ohne Rock weniger friert als mit Mantel, Schal und Mütze zwischen den feuchtnassen Mauern der Kasematten, durch deren Schuttauflagen das Schmelzwasser in die Räume tropft und sie mit salpeterhaltigen Kristallen schmückt.

Da auf den Zubringerstationen akute Lawinengefahr herrscht, holt mich das Abschnittskommando nach

Monterover, der Seilbahn- und Verteilungsstelle des Sperrkommandos, als Patrouillenführer eines kleinen Skidetachements.

Die täglichen Patrouillengänge verlaufen mit Ausnahme einer von uns mit Handgranaten versuchten Forellenfischerei im Asticotal, bei der wir angeschossen werden, meist ohne besondere Aufregungen.

Eine verständliche Anhänglichkeit zwingt mich immer wieder, nach Verle zu gehen, um mir die mit zielbewußter Energie durchgeführten Ausbesserungsarbeiten anzusehen. Meinen Freunden helfe ich, so gut ich kann, indem ich im Abschnittskommando bei jeder Gelegenheit um Zement, Zigaretten, Eisentraversen, Rum, Steinbohrer, Marmelade oder Sprengmittel bettle, wofür mir Werkmeister Gottschlich, in weißen Zwirnhandschuhen und eine wohlduftende Virginiazigarre rauchend, herzlich dankt.

Die Italiener haben sich auf Respektentfernung zurückgezogen und schaufeln emsig an ihren Maulwurfshügeln und Batteriestellungen herum, die uns, Gott sei's gedankt, in Ruhe lassen. Partik hat mich nur »auf Zeit« aus dem Werk beurlaubt, er wacht eifersüchtig darüber, daß seine Besatzung intakt bleibt. Unser Maulwurfsbau braucht Verteidiger, die sich in den Gängen, Schlupfwinkeln, Schützennestern und behelfsmäßigen Maschinengewehrständen genau auskennen und mit einer Treue an dem Trümmerhaufen hängen, wie sie nur aus schwersten Opfern und Erlebnissen erwachsen kann. Jeder von uns empfindet das Panzerwerk unbewußt als sein Zuhause, die Besatzung als verschworene Bruderschaft, das Ganze als eine Art Heimat in der Front.

Beim Stabe des Oberst Ellison begegne ich einigen Leuten, von denen keiner recht weiß, warum sie sich dort aufhalten. Auch einen »alten Bekannten« sehe ich da, Major Jellinek, der, wie Gimpelmann, immer sofort ans Einsperren dachte, wenn er mich sah, den man längst allen Einflusses beraubt hat und der vom Krieg nur mehr die Niederlage Österreichs und seine Feldzulage erwartet. Er traut dem größten Erfolg so wenig wie der mächtigen Felsauflage über seiner Etappenkaverne. Wann immer er einen Zuhörer findet, schildert er ihm seinen Zukunftstraum: »Wenn der Krieg einmal aus ist, weißt du, dann werde ich mir ein Häuserl bauen, weißt du, so ein kleines, ebenerdiges Häuserl in Pardubitz ... Und dann pflanze ich meinen Kohl und pfeif auf alles andere!«

Vor Oberst Ellison und dessen Gängen in die Feuerlinie, bei denen der Stab mit muß, hat er eine höllische Angst. Im Frühjahr 1916 traf ihn – wunderbarer Zufall – eine Schrapnellkugel in den Rücken, dort, wo er am fleischigsten ist, und führte ihn endgültig seinem Ideal, dem »kleinen Häuschen« bei Pardubitz, zu. Der Kampfwert der k.u.k. Armee hat dadurch nicht viel eingebüßt.

Das muntere Gegenstück zu Jellinek ist ein alter Dragoner-Oberstleutnant, Freiherr von Unterrichter, 70 Jahre alt, Standschützenberater, klein, schneidig und von nie versiegendem Humor. Zahllose Anekdoten sind über diesen zierlichen, silberhaarigen Mann in Umlauf. Er sammelt sie und erzählt sie weiter.

Ihm verdanke ich die Bekanntschaft mit dem Südtiroler Seilbahnbauer Luis Zuegg aus Lana bei Meran. Zuegg erzählt mir von den Sorgen, die ihm der Auftrag Ellisons, von der Talsohle Caldonazzos aus innerhalb kürzester Frist eine Seilbahn nach Monterover zu bauen, brachte.

»Der Seilbahnbau muß sofort in Angriff genommen werden, er ist für die Versorgung der Truppen von Lavarone und Folgaria lebensentscheidend.«

»Es ist in solch kurzer Zeit keiner Fabrik möglich, ein entsprechendes Tragseil zu liefern, Herr Oberst«, lautete Zueggs Antwort.

»Dann bauen Sie eine schon bestehende Anlage ab und stellen sie hier auf. Sie haben alle Vollmachten vom Kriegsministerium, das muß genügen, danke!«

Zuegg suchte im gesamten Alpenraum nach geeigneten Trag- und Zugseilen. Er meldete dem Oberst, daß er nur ein einziges brauchbares Seil gefunden habe, doch reiche dessen Länge nicht aus, um die Berg- und Talstation miteinander nach den bestehenden Vorschriften für Transportseilbahnen zu verbinden.

»Das interessiert mich nicht, Sie garantieren die Fertigstellung in der gegebenen Zeit, oder ich lasse Sie versetzen.«

»Die bestehenden Vorschriften verlangen zwischen den Stützen große Durchhänge, um die Tragseile zu schonen. Wenn das Rayonskommando die Verantwortung übernimmt, spanne ich das Seil so stark, daß ich mit einer einzigen Stütze auskomme, gewinne dadurch die fehlenden 120 m, lasse die Verankerungen verstärken und das Seil ohne Durchhang montieren.«

Ellison ist damit einverstanden. Zuegg legte los, und zum gegebenen Zeitpunkt konnte die Anlage betriebsbereit übergeben werden. Es war die Geburtsstunde des modernen Seilbahnbaues.

»So«, erzählt Ingenieur Zuegg weiter, »erreichte ich entgegen den bisher von den technischen Hochschulen sowie den Weltfirmen Bleichert & Co., Leipzig, praktizierten Methoden einen ungeahnten Erfolg! Die straffe

Spannung der Seile ermöglicht ein viel rascheres Gleiten der Wagenrollen, zugleich enormen Zeitgewinn der Transporte und durch das Wegfallen der Reibungsstellen an den Auflagern der Stützen eine bedeutend längere Haltbarkeit der Tragseile.«

Das System Bleichert-Zuegg hat von Monterover-Lavarone ausgehend im Verlauf der Jahre die Welt erobert.

Zuegg verschafft mir einen Fünf-Tage-Urlaub. Das ist ein unverhofftes, überaus wertvolles Geschenk für jemanden, der seit Monaten in keinem anständigen Bett mehr geschlafen hat. Ich bitte Partik, auch Raffael Delago für diese Zeit zu beurlauben. Zwei Stunden später rollen wir wieder einmal auf der Materialbahn nach Caldonazzo hinunter.

Das Tal ist herrlich in seiner flammenden Schönheit. Während die Hochflächen tief verschneit sind, nimmt hier ein milder Spätherbst Blatt für Blatt von den Bäumen und Weinstöcken. Wir gehen weit ab von der Straße. Ich erzähle Delago, was bei meinem letzten Besuch Noemis geschehen ist. Ich kann nicht vergessen, es bedrückt mich, ihr nicht helfen zu können, wie ich das so gern getan hätte. »Schauen wir doch einmal nach, wie es ihr geht, ob sie noch da ist«, schlage ich vor. Wir machen den Umweg über Vigo, und bald sehe ich erfreut und ein wenig erschreckt zugleich Noemi. Sie steht schlank und schön wie immer in einem schwarzen Kleid vor ihrem Laden. Der scheint jetzt etwas reichhaltiger ausgestattet zu sein, denn ringsum drängt sich eine kleine Schar Trainsoldaten. Als sie uns erblickt, schickt sie die Leute fort, lächelt und winkt uns überrascht zu.

»Das ist mein Freund Raffael Delago«, stelle ich vor. Sie überlegt kurz und sagt: »Ach, den kenne ich doch!«

Jetzt fällt mir ein, daß Delago an jenem Abend dabei war, als wir ihren Bruder Giovanni verhaftet haben. Noemi scheint an das gleiche zu denken, geht aber taktvoll darüber hinweg, fragt nur: »Wo ist der andere, der Bertl?«

»Gefallen«, sage ich.

»Ach, der fröhliche, große Mann!« ruft sie, und ein Schatten echter Trauer huscht über ihre Züge.

»Und der Kleine mit der Brille?«

»Auch tot.«

»So viele, viele . . . es ist alles so unendlich traurig . . .«, murmelt sie und schüttelt den Kopf.

Wir unterhalten uns eine Weile. Von dem bärtigen Irredentisten, den ich damals zu den Feldgendarmen brachte, reden wir beide nicht. Die Geschichte scheint in Noemis Gedächtnis ausgelöscht zu sein. Sie faßt mich unter den Arm, ihre schlanken Finger spielen zärtlich mit den meinen.

»Warum bist du nie mehr gekommen?« fragt sie und blickt mich an wie ein gekränktes Kind.

»Wir hatten andere Sorgen, Noemi, du weißt . . .«

»Ja, schrecklich!«

Delago mahnt zum Aufbruch. Ich sehe Noemi an und denke an die Irrgänge und Widersprüche dieses Lebens: Den Bruder half ich gefangennehmen, sie liebte ich einmal sehr und wäre ihretwegen fast in eine recht unangenehme Situation geraten. Nun sitzen wir wieder friedlich nebeneinander, als wäre nichts von alledem geschehen.

Sonderbare Welt!

»Lebwohl, Noemi«, sage ich und stehe auf.

Sie legt die Arme um meinen Hals. »Ich habe dich sehr lieb«, flüstert sie und streichelt meine Wangen.

Dann nimmt sie eine Blume und steckt sie an meine Bluse.

Ach, Noemi, ich brachte es nicht übers Herz, dir zu sagen, wie sehr es mich schmerzt, dich in diesem Kramladen zu wissen, allein und verlassen, dein junges Leben zwischen Trainsoldaten und Landsturmarbeitern vertrödeln zu sehen, die dir freundliche Blicke, Schuhbänder, Zigaretten, Taschenlampen, Obst und ein wenig Zärtlichkeit abkaufen. »Lieber hier sterben als in einem Flüchtlingslager heimatlos vegetieren«, sagtest du, als ich dir riet, zu deinen Angehörigen in das behütete Hinterland zu gehen.

An all das denke ich, während wir die Dorfstraße hinunter zum Bahnhof gehen, und an die vielen zärtlichen Worte, die ich ihr nicht gesagt habe. »Lebwohl, liebe Noemi, lebe wohl.«

Weihnachten 1916 – das Fest des Friedens auf Rocca Alta. Welch ein Gegensatz! Merkwürdig, wie schnell die Grenze zwischen Krieg und Frieden fällt, und tröstlich, wie sehr die kindliche Erwartung an dieses schönste aller Feste die Besatzung verwandelt. Die blassen, scharfen Gesichter der Männer, die nun seit dreiviertel Jahren im Halbdunkel dieses Forts leben, sind vom Hauch der Freude verklärt. In jedem Raum steht ein Christbaum, kleine Geschenke liegen auf den saubergescheuerten Tischen, die alten, vertrauten Weisen erklingen.

Als der Kommandant die Namen unserer Gefallenen verliest, als er gleichsam ins Leere hinein mit ihnen spricht, ihnen dankt für die Treue, die sie dem Vaterland und uns, ihren Kameraden, gehalten haben, spielen die Hände der Männer von Verle verlegen mit Blusenknöpfen, Ergriffenheit liegt auf ihren verhärmten Zügen.

Tiefe Stille herrscht, wo Monat für Monat der Feuerschlag krepierender Geschosse, das Röcheln und Stöhnen Verwundeter und Sterbender das Gehör quälten; die Kerzen am Christbaum bringen mit ihrem Duft die langvergessene Kindheit zurück. Wäre der Wein nicht in den schneegefüllten Mänteln schwerer Geschosse eingekühlt, tropfte nicht Wasser von der zersprungenen Decke – niemand würde glauben, daß wir dreihundert Schritt von einem Feind entfernt sitzen, mit dem uns ein gerütteltes Maß an Kämpfen, Leiden und traurigen Erinnerungen verbindet. Um Mitternacht rufen wir ihnen: »Gute Weihnachten!« zu; sie antworten mit »Buon Natale!« rufen sogar einzelne Namen. Durch die Nacht weht der Wind den melodiösen Gesang der Alpini zu uns. Wie oft habe ich ihren einfachen Weisen gelauscht, die über Gräben und Stacheldraht so nah und doch so fern von uns zu hören sind. Heute singen sie vom »Bel Bambino Natalizio« und vom »Bambino Gesú«. Wir richten den Trichter unseres Grammophons zum Marcairücken hinüber und antworten auf jämmerlich zerkratzten Platten mit unseren Weihnachtsliedern.

Tiefempfundene Sehnsucht nach Ruhe und Frieden beherrscht die unvergeßliche Stunde, die wir auf dem Trümmerdach unseres Werkes verbringen können, ohne beschossen zu werden.

Im Verbandsraum sitzen wir noch lange beisammen; zur Gitarre singe ich das alte Tiroler Krippenlied, das die Weihnachtstage meiner Kindheit begleitet hat:

Es hat sich halt eröffnet das himmlische Tor,
die Engelen, die kugeln grad haufenweis hervor,

Armes Bergdorf hinter der Kampflinie, verlassen und zerstört (oben). Im Freien kampierender, kleiner Kaiserschützenzug wartet auf Einsatzbefehl (unten).

Übermüdete, von der russischen Front eingetroffene Soldaten halten vor dem mörderischen Angriff am Basson eine kurze Schlafpause (oben). 1936, Besuch an der Ruine des ehemaligen Panzerforts Verle, dessen Stahlarmierungen 1936 während des Abessinienfeldzuges abgetragen wurden (unten).

die Bübelen, die Madelen, die machen Purzigagelen
bald hin und bald her
bald überschi, bald unterschi
dös gefreit sie um so mehr.
Alleluja, Alleluja!

Zur Zeit der größten Schneefälle, um die Mitte des Monats Februar, dringt das Gerücht zu uns, daß im Frühjahr die zähe Verteidigung der Hochfläche von Lavarone durch eine großangelegte Durchbruchsschlacht beendet werden soll und daß dieser Vorstoß in die venezianische Ebene das Schicksal Italiens besiegeln werde.

Auf der Cima, in Verle und Lusern löst dieses Gerücht stürmischen Jubel und große Hoffnung aus. So wären dann die Opfer und Leiden, der heldenhafte Widerstand endloser Monate, der Kampf gegen Feind, Schnee, Nässe, Kälte und Krankheit, gegen das nervenzerstörende Dasein in den finsteren Kasematten und Felslöchern nicht umsonst gewesen!

Der Dominikanerpater, der »Ökologe« vom Kloster Muri in Gries, fällt mir ein. Nun kann der Weinstratege ruhig in die Zukunft blicken. »Es sind ja nur 80 km bis Venedig«, hatte er vor Jahresfrist zu mir gesagt. Eigentlich müßte ich ihm die Neuigkeit mitteilen, sie ist ihm gewiß ein paar Fässer Klosterwein wert.

Wir hoffen indessen voll Zuversicht auf die Stunde, in welcher der befreiende Schlag zur Entlastung unserer Fronten von Lavarone bis zum Isonzo geführt werden wird.

Oberleutnant Partik läßt die Besatzung antreten und ermahnt sie in seiner ruhigen, klaren Art, diesem Gerücht nicht allzuviel Beachtung zu schenken. Es könne sein, daß der geplante Angriff erst im Sommer oder

Herbst kommen werde – dann müsse man sich eben auch damit abfinden, alles noch einmal und wahrscheinlich in verstärktem Ausmaß auf sich zu nehmen. Aber eines sei sicher: Die Hochfläche, der Raum, von dem wir bisher keinen Fußbreit verloren haben, werde auch weiter gehalten werden, denn hier und nur hier werde der Verteidigungskrieg um Tirol und die Adria entschieden werden. Dann geht er von Mann zu Mann und nimmt jedem einzelnen unter Handschlag das Versprechen ab durchzuhalten, was auch kommen mag.

Staunend erlebe ich immer wieder, was menschlicher Wille zu leisten vermag. In selbstlosem Einsatz hat die Besatzung unter der zerschossenen Eindeckung eine neue Zwischendecke aufgeführt, die Löcher im Batteriegang vermauert und in den Schächten der zerstörten Panzertürme Maschinengewehrstände betoniert. Das großartigste aber ist die Kavernenanlage, die sie unter Gottschlichs rastlosem Optimismus vom Keller aus in den Fels gesprengt haben – ein System von Höhlen und Gängen, dem kein Geschoß der Welt mehr etwas anhaben kann. Wenn das Fort wieder angegriffen wird, sollen die Unterkünfte hierher verlegt werden, ein Großteil der Vorräte, die Waffen, die Munition, die leichten Scheinwerfer, kurzum alles, was unentbehrlich ist. Und während oben vielleicht die Hölle los ist, wird die Besatzung zehn Meter tief im Gestein so ruhig schlafen können, als wäre der Krieg nur ein wüster Traum.

So ist unter dem alten Fort Verle ein neues entstanden, ein Fort, wie es in Friedenszeiten niemand erdacht hat, viel bestaunt und bewundert von denen, die es hätten erdenken sollen. Dann und wann kommen kleine Gruppen von Geniestäblern und Befestigungsingenieuren, sehen sich das zerstörte Bauwerk aus Beton an, die zertrümmerten Kuppeln und eingestürzten Decken und besichtigen dann das neuerstandene Werk, das Oberleutnant Partik und Gottschlich mit ihren Leuten geschaffen haben, schütteln ungläubig die Köpfe und gehen.

Auch der Chef des Geniestabes der Festung Trient kommt und läßt sich auf das Verdeck führen, das unter dem Schnee wie ein riesiges Schollenfeld daliegt. Er erklärt seinem Stab, der ihn begleitet, daß hier genau das geschehen sei, was er vorausgesagt habe. »Den Felsen hat man weggesprengt und an seiner Stelle einen Betonkasten aufgeführt – ein Wahnsinn.« Dann wendet er sich an Leutnant Weber, der unmittelbar neben ihm steht, und fragt ihn, wie er, der Gelegenheit hat, so viele Erfahrungen zu sammeln, sich eine künftige Befestigungsanlage im Hochgebirge denke.

»Ich denke mir nichts«, erwidert Weber, »denn es sind zuviel Herren vom Fach hier, die mich auslachen könnten. Aber einen Vorschlag möchte ich doch machen: Wann immer Soldaten in ein Fort gesteckt werden, müßte man den Erbauer dazusperren. Das sollte Vorschrift sein.«

Die Herren vom Stab lächeln, der General klopft Leutnant Weber auf die Schulter und sagt: »Das ist ein guter Vorschlag, er würde die Vorstellungskraft der Fachleute sicher mächtig schärfen.«

Überraschend werde ich als Instruktor zur alpinen Ausbildungsgruppe der 11. Armee nach dem friedlich im Kranz der Brentagruppe gelegenen Madonna di Campiglio versetzt. Der Marschbefehl lautet auf drei Wochen. Ich juble innerlich, etwas Schöneres hätte mir gar nicht passieren können, es ist klar, daß ich über Bozen fahre, wo ich im Alpindepot Skistiefel, Brettln und einen besseren Rucksack fassen werde.

An der Seilbahnstation von Monterover schließt sich mir ein schüchterner Landesschützenfähnrich an, der ein paar Urlaubstage in Bozen verbringen will. Er heißt Engelbert Dollfuß und ist, wie wir schon bald erfreut feststellen, am selben Tag und im selben Jahr geboren wie ich. Diese Tatsache haben wir bei meiner glücklichen Mutter in Gesellschaft meiner Schwestern und der Kusinen Lina und Josa Rubatscher fröhlich begossen. Niemand von uns hat damals geahnt, daß der bescheidene, kleine Fähnrich einmal österreichischer Bundeskanzler werden und welch tragisches Schicksal diesem treuen Diener seines Vaterlandes beschieden sein würde.

Die Mutter freut sich mit mir, sie braucht für die nächste Zeit keine Sorge mehr um mein Leben zu haben. Vom Vater sind beruhigende Nachrichten da; er dient noch immer bei den Grödner Standschützen in Grünwald, am Fuße des Col di Lana.

Rasch vergehen die drei Tage daheim, und ich mache mich auf den Weg in das tiefverschneite Madonna di Campiglio, wo wir im Hotel Rainalter wie Fürsten untergebracht sind. Neue Freundschaften sind schnell geschlossen. Besonders gut verstehe ich mich mit dem Sportarzt Dr. Lothar Ebersberg. Er fährt Arlberger Schule, kann Zähne reißen und großartig erzählen. Seine Schilderungen, wie er nach seiner Gefangenschaft durch die Russen in Galizien nach dem fernen Nowosibirsk verfrachtet wurde, wie es ihm dann nach gründlichen Vorbereitungen gelungen war, gemeinsam mit einem Wiener Arzt zu fliehen, sind einmalig. In langen Nachtmärschen war er mit seinem Gefährten, Dr. Kassowitz, unter Benützung eines primitiven Kompasses und eines winzigen, im Gefangenenlager entwendeten Landkartenblattes ausgebrochen. Als Chinesen verkleidet, zogen die beiden durch die endlosen Weiten Asiens bis in die von den Japanern besetzte Mandschurei, dann weiter nach Peking. Mit Unterstützung der österreichischen Konsulate gelang es ihnen, noch vor dem Kriegseintritt Amerikas über San Franzisko nach Österreich zurückzukehren.

Müßig zu sagen, welch unbeschwert friedliche Skitouren wir mit den Mannschaften unternehmen können, ohne Furcht, von irgendwoher beschossen zu werden. Im herrlichen, weichen, sonnenglitzernden Pulverschnee ziehen wir in aller Früh unsere Spuren in die stillen Höhen hinauf, kommen abends froh und hungrig in unser Quartier zurück. Ein Künstler, ein Meisterkoch, serviert uns dann in der Offiziersmesse wahre Wunder an Suppen, Braten, Maronitorten, dazu die besten Weine, die aus weiß Gott welchen Kellern stammen. Im Gegensatz zur Kost in Verle, die fast ausschließlich aus Salami, Käse, Kaffee und Kommißbrot bestand, ist die Verpflegung hier geradezu lukullisch.

Übermütig fahren wir von den Cinque Laghi ins Tal, legen unsere Schwünge in die steilen Hänge, weiter unten nutze ich ein Almhüttendach als Sprungschanze, komme hart auf den flachen Boden eines Heuweges und schlage beim Aufsprung die Eisenspitze des rechten Skistocks durch das Leder des Skischuhs tief in meinen Fußrist. Mit aller Kraft reiße ich den Stock wieder hoch, der Fuß schmerzt, aber weiter geht die lustige Fahrt, ich vergesse die Sache so rasch, wie sie passiert ist.

Nachmittags, es war ein Sonntag, rücken wir wieder

aus, am Abend beginnt der Fuß sehr stark weh zu tun, so sehr, daß ich Dr. Ebersberg rufen lasse, der, um den stark geschwollenen Fuß freizumachen, den Schuh aufschneiden muß. Die Schmerzen treiben mir das Wasser in die Augen, der Fußrist ist blau, die Venen sind geschwollen.

Ebersberg schüttelt bedenklich den Kopf: »Du hast eine Blutvergiftung, wir müssen aufpassen, sonst kann es deinen Fuß kosten – lieber Freund. Also sofort ins Bett, Wunde aufschneiden, reinigen, Jod. Fuß möglichst hochbinden, stillhalten, morgen werden wir weitersehen.« Die Unsicherheit dauert drei Tage. Das Wetter ist herrlich, die idealsten Wintertage, die es auf dieser Welt geben kann. Ich bitte und bettle Ebersberg, er solle mich ausrücken lassen, die Geschwulst sei zurückgegangen, ich habe keine Schmerzen mehr, sei gesund wie eh und je.

Endlich, am vierten Tag, darf ich ausrücken. Hurra, eine längere Tour mit dem gesamten Kurs von 60 Mann ist vorgesehen. Dr. Ebersberg kontrolliert am Morgen die kleine Schnittwunde, legt einen festen, frischen Verband an, ist aber nicht recht glücklich, daß ich mit ausrücke, dafür bin ich es dreifach.

Weit, gemächlich und schön dem Gelände angepaßt, spuren wir zum Passo del Grostá hinauf, außer Ebersberg ist noch der Landesschützenhauptmann Klinke mit uns, ein ungemein sympathischer Offizier. Die Mannschaft ist trotz der Kälte von etwa 20 bis 23 Grad fröhlicher Stimmung.

Nach etwa drei Stunden Aufstieg beginnt mein rechter Vorderfuß wieder stark zu schmerzen, oben am Paß werden die Schmerzen fast unerträglich. Dr. Ebersberg schaut sich die Sache an. »Ja«, meint er, »da haben wir's, der Verband hat den Fuß abgeschnürt – das ist alles ganz weiß, eine schwere Erfrierung ...«

Mit welcher Engelsgeduld nun Ebersberg eine geschlagene Stunde lang, vor der Hütte sitzend, den Fuß massiert, jede Zehe immer wieder knetet, mit Schnee einreibt und nicht nachgibt. Obwohl ich von der Nutzlosigkeit seines Samariterdienstes überzeugt bin, macht es mich doch glücklich zu erfahren, daß es immer wieder gute, selbstlose Menschen gibt. Und als nun doch das Blut in meinem Fuß wieder zu kursieren beginnt, was sehr weh tut, bin ich ihm dankbar, so unendlich dankbar, daß die Abfahrt im späten Abendlicht unter den goldleuchtenden Türmen der Brenta im doppelten Sinne zu einem unvergeßlich schönen Erlebnis wird.

Nach dieser Traumkommandierung wieder nach Verle zurückgekehrt, erhalte ich von Oberst Ellison den Befehl, mit je zwanzig Landesschützen aus den drei Sperrforts ein Skidetachement zusammenzustellen und auszubilden. Er habe mich für eine sehr interessante Aufgabe vorgesehen, auf die er später zurückkommen werde.

Neu zur Besatzung von Verle hinzugekommen ist der Fähnrich Dr. Julius Deutsch, Redakteur der Wiener Arbeiterzeitung. Er bringt eine bisher unbekannte Note in unsere Welt. Deutsch ist Sozialdemokrat und davon überzeugt, daß die österreichisch-ungarische Monarchie den Krieg nicht überdauern werde. Wir können seiner pessimistischen Auffassung nicht folgen, wollen ihr nicht folgen. Partik, Wolf und Kobel führen heiße Debatten mit ihm. Ich kann diesen Mann, der 1918 in der Republik Österreich Heeresminister und im Spanienkrieg roter General werden sollte, nicht ernst nehmen, verstehe ihn nicht. Er ist Wiener, also in unserer Monarchie geboren, ist angehender Offizier unserer Armee. Weiß er denn, was uns das Vaterland, für dessen Bestand wir kämpfen, bedeutet? Nein, den Krieg verlieren, nicht auszudenken, was dann sein wird. Es ist gut, daß uns die harten Tatsachen zwingen, an das Heute zu denken und nicht an das Morgen.

An einem der folgenden Tage bin ich bei Leutnant Wolf. Seit die reparierten Lafetten der Turmhaubitzen etwa dreihundert Schritt gut getarnt hinter der Kehlmauer des Werkes im Freien aufgebaut sind, besuche ich ihn oft. Wolf ist leidenschaftlicher Kartenspieler. Er sitzt mit zwei anderen Offizieren am Tisch und haut seine Trümpfe hin, ich kiebitze. Das Telefon surrt Anruf, einmal, zweimal, dreimal. Wolf rührt sich nicht, deutet nur, als es wieder läutet, ich solle das Gespräch abnehmen. Also gehe ich zum Apparat und melde: »Hier Turmhaubitzbatterie Verle!«

»Du, sag mal, wieweit tragen denn eigentlich unsere Haubitzen?«

Es ist die schnarrende, näselnde Stimme Fischers, ich kenne sie genau und wundere mich nicht wenig, daß er, der doch seit eineinhalb Jahren bei uns ist, die Tragweite unserer Geschütze nicht kennen sollte.

»Was fragst du denn, du Trottel!« rufe ich in die Muschel, »bis in deinen Arsch tragen sie hinein, unsere Haubitzen!«

»Was? Wie? Unglaublich! Hier Brigadekommando, Oberst Mühlberger. Ich verbitte mir diesen Ton! Nennen Sie mir sofort Ihren Namen, Sie Dreckskerl. Unglaublich! Hallo! Hallo! Hier . . .«

Ich halte den Hörer weit weg, winke Wolf, er möge weitersprechen, der denkt nicht daran – noch immer tönt die wütende Stimme des Obersten; ich hänge schließlich auf, um nicht doch noch antworten zu müssen.

Dem bei Wolf unmittelbar darauf eingetroffenen Befehl, den Sprecher zu melden, konnte dieser nicht Folge leisten, weil er mit ruhigem Gewissen behaupten konnte, er sei es nicht gewesen.

Die Kampfhandlungen sind jetzt, im tiefen Winter, noch immer eingestellt; sicherer als jede Waffe schützt uns der Schnee. Die Mannschaften werden im Turnus abgelöst und ruhen in Lagern hinter der Front von ihren Strapazen aus.

Während dieser Zeit sind einzelne Stützpunkte mit Tschechen und Ruthenen belegt. Da heißt es, die Augen offenzuhalten, denn die Erfahrungen haben gezeigt, daß diese Reserven nicht zuverlässig sind.

Eines Nachts werden wir von einer heftigen Schießerei geweckt. Handgranaten krachen, wildes Kampfgeschrei schallt bis zu den Maschinengewehrschützen im Kehlkoffer des Forts, die aber nicht eingreifen können, denn der Nebel liegt dick und zäh über der verschneiten Erde, und die Scheinwerfer schaffen nicht zehn Meter Sicht.

Nach einer Weile verebbt der Lärm, der Stützpunktkommandant, ein tschechischer Zugführer, meldet nach Rocca Alta, er sei von einer starken feindlichen Patrouille überfallen worden, die bereits unsere Linien passiert habe, er habe aber den Angriff erfolgreich abgewehrt.

Mir war die ganze Geschichte rätselhaft. Weder die Posten im Frontgraben noch die Leute auf dem übernächsten Stützpunkt hatten etwas bemerkt. Der Versuch der Alpini, in unsere Linie einzudringen, muß sich ausschließlich auf den schwierigsten Abschnitt, nämlich auf die Stelle unmittelbar unter den Maschinengewehren des Forts, beschränkt haben.

Der sichtlich beeindruckte Oberleutnant Partik schickt mich mit drei Mann am anderen Morgen zum Stützpunkt 47, sagt, ich solle mir die Sache gut ansehen und dann melden. Der Zugführer erklärt mir genau, aus welcher Richtung die Alpini gekommen seien, wie er zunächst mit seinen Leuten geschossen habe, aber dann über die verschneiten Drahtverhaue hinweg mit Handgranaten zum Gegenstoß ausgeholt habe. Die Italiener hätten Schneemäntel angehabt und seien daher schwer auszumachen gewesen, doch seine Männer hätten die Alpini am liebsten bis in ihre eigenen Gräben verfolgt.

»Gut«, sage ich, »brav, Zugführer! Da wird es ja eine schöne Belobigung geben. Aber jetzt gehen wir und schauen uns die Sache gemeinsam an.«

Der Mann zögert, meint, daß das gefährlich sei. Ich beruhige ihn und befehle ihm mitzukommen.

Wir machen uns auf den Weg. Ich mit Well und Wider auf Skiern voran, er hinter uns nach. Die weiße Pulverschneefläche ist an der Kampfstätte vom »Gegenstoß« zertrampelt, doch gleich darauf ist sie wieder glatt und unberührt, keine Skispuren, keine Fußtapfen, nichts, gar nichts. Wir ziehen einen weiten Bogen bis vor Rocca Alta, holen noch einmal aus und gelangen, immer vom Nebel geschützt, zum Stützpunkt 47 zurück.

»Zugführer«, sage ich, »die Geschichte kann nur so gewesen sein: Engel haben die Angreifer vom Marcaiwald herübergeflogen, haben sie in den Schnee gesetzt und diese haben dann auf uns geschossen. Als die Engel Ihre Leute kommen sahen, sind sie wieder hergeflogen und mit den Alpini spurlos verschwunden. Es ist der erste Fall, daß wir es mit Engeln zu tun haben, die feindliche Patrouillen durch die Luft befördern und wieder abholen.«

In Rocca Alta erstatte ich Partik Meldung von dem Ergebnis meiner Untersuchung. Der »Held« vom Stützpunkt 47 wird noch am selben Tag nach Monterover gebracht und dem Militärgericht übergeben.

Die Gerüchte über die geplante Offensive verdichten sich, es gibt genug Ereignisse, die diesen Plan bestätigen: Das Sperrkommando interessiert sich immer lebhafter für die Widerstandslinie der Italiener, Flugaufnahmen werden untersucht und alles Wissenswerte in die Karten eingetragen.

Anfang März erhalte ich den Befehl, von Rocca Alta aus Patrouillengänge auf den Marcairücken zu unternehmen und von diesem Abschnitt die genaue Verteidigungsstellung des Feindes festzustellen. Obgleich der Marcairücken nur wenige hundert Schritte vor uns liegt, wissen wir noch immer von ihm so gut wie nichts, weil seine dichte Bewaldung jeden direkten Einblick unmöglich macht.

Zwei Tage später mache ich mich nach gründlichen Vorbereitungen mit neun Mann auf den Weg. Dichter Nebel liegt über der Hochfläche, man kann kaum zwanzig Meter weit sehen, was mir sehr günstig für unser Unternehmen zu sein scheint.

Alle haben Schneemäntel umgehängt, ich halte es dummerweise für unnötig, gehe mit meiner Windjacke los, weil der Nebel ja alles deckt. Als ich mich von Wolf verabschiede, meint dieser, ich solle vorsichtig sein, denn es wäre schade, wenn ich eine Kugel abbekäme.

Leutnant Wolf ist bei seinen zwei Maschinengewehren in der Nahkampfanlage, um uns, wenn wir angegriffen werden sollten, Deckung zu geben. Auch diese

Maßnahme erscheint mir bei dem dichten Nebel unnötig, denn: Werden wir angegriffen, so sieht er doch nichts, und schießt er, sind wir am Ende durch seine Kugeln gefährdet.

Vor uns tauchen die ersten Fichten auf. Der Nebel ist nicht mehr so dick, er gibt hier und da die Sicht auf etwa fünfzig Schritt frei. Ich bleibe stehen, suche das Unterholz Meter für Meter mit dem Fernglas ab. Der Wald ist wie eine dunkle Mauer, aus der überall ein Gewehrlauf zielen kann. Zum Überfluß schwirrt ein Schwarm Krähen mit lautem Gekreisch auf, als wolle er die Italiener warnen. Hinter mir sirren die Bretter meiner Leute leise durch den tauigen Schnee. Bald sind wir am Waldrand, tauchen ins Unterholz.

Ich bedeute meiner Patrouille zurückzubleiben, dann schleiche ich mit Wider behutsam aufwärts, an mächtigen Stämmen vorbei, immer wieder die Umgebung scharf beobachtend. Nichts! Nur Wald.

Dann plötzlich Brandgeruch, Holzrauch. Wir müssen knapp vor jener Linie sein, von der ein Überläufer berichtet hat. Noch wenige Schritte, und wir sehen durch den Nebel einige Blockhütten: Die italienische Grabenstellung mit Schießscharten und starken Eindekkungen, davor ein Wall im Schnee – die Drahtverhaue. Dieser Graben bildet die Hauptwiderstandslinie des Gegners.

Äußerst vorsichtig gleiten wir zurück, kommen zur Patrouille. Oberjäger Well flüstert mir zu, sie hätten Stimmen vom Cimahang her gehört, wir müßten verschwinden, bevor sich der Nebel lichtet.

Nur schnell fort aus der Nähe dieser Blockhütten, in denen einige hundert Alpini sitzen. Wir spuren durch den Wald zurück und gelangen auf freies Feld. Wenn sie uns entdecken, fahren wir gegen Venezza ab und trachten, zur Straßensperre zu kommen.

Lautlos gleiten unsere Bretter abwärts. Wir befinden uns jetzt in den offenen Mulden zwischen dem Marcairücken, Rocca Alta und den Basson. Da geschieht es: Wie ein Hauch verfliegt der Nebel von einer Sekunde zur anderen, und strahlend scheint die Wintersonne über das weite, verschneite Feld. Panik erfaßt mich, wir werfen uns platt in den Schnee. Was tun? Bis zur Straßensperre sind es noch gut tausend Meter, über das Vorfeld den Rückzug zu wagen ist ausgeschlossen, da schießen sie uns ab wie Spatzen. Zum Stützpunkt 43 zu gelangen, wo wir unsere Linien verlassen haben, ist genauso unmöglich. Schon hören wir die ersten Rufe im Marcaiwald, knallen die ersten Gewehre. Die Kugeln schlagen links und rechts vor uns in den Schnee, glatt und flach liegen wir auf dem Bauch. Wenn ich nur meinen Schneemantel hätte, Herrgott!

Jeden Augenblick erwarte ich eine feindliche Skipatrouille, aber nichts ist zu sehen. Das Feuer wird immer ärger, es scheint unmöglich, noch einmal nach Rocca Alta zurückzukommen. Sehnsüchtig schweifen meine Blicke zur oft verfluchten Betonkiste, hinauf zu unseren Stützpunkten.

Die Kugeln schlagen jetzt spannweit vor meinem Kopf in den Schnee; wir müssen sofort weg von hier. Vor uns liegt eine kleine, kaum merkliche Mulde, vorsichtig schiebe ich mit beiden Händen die Skier vor und gewinne so jedesmal einen bis zwei Meter, die anderen folgen auf dieselbe Art. Wir erreichen die Mulde und sind nun rechts etwas gedeckt. Well liegt etwa drei Meter neben mir, Kaspar Wider weiter hinten, er ist ganz ruhig und blinzelt mir zu.

Im gleichen Augenblick beginnen Standschützen vom Basson auf uns zu schießen, halten uns für Alpini. Mir fällt das Herz in die Hose – jetzt sind wir hin, denke ich, denn gegen zwei Flanken können wir uns nicht dekken. Gott sei Dank verstummt der Basson schon nach wenigen Schüssen. Wolf scheint ihnen telefoniert zu haben, daß eigene Leute im Vorfeld liegen. Da . . ., endlich wird Rocca Alta lebendig. Verles Maschinengewehre klingen wie himmlische Musik in unseren Ohren. Gedeckt durch ihr Trommelfeuer kommen wir Meter um Meter vorwärts, der Straßensperre zu. Ein kleiner Sattel versperrt uns den Weg. In kurzen Abständen riskiert einer nach dem anderen, jedesmal von einem wahren Kugelregen überfallen, den Todessprung . . . ein guter Schutzengel hilft uns: Nur ein Mann wird getroffen, Lungenschuß; wir können ihn mitnehmen.

Nachdem wir abends unsere Linien erreicht haben, schicke ich ein kurzes Dankgebet zum Himmel, beglückwünsche meine Leute, die sich so gut gehalten haben, und danke den Kameraden vom Sperrfort, die unseren Rückweg gedeckt haben.

Die Offensive, deren strategische Durchführung seit Jahren dem General Conrad von Hötzendorf am Herzen lag, sollte nun doch, trotz aller Hindernisse, eingeleitet werden.

Hötzendorfs Plan war einfach und klar: Wenn es gelang, die venezianische Tiefebene zu erreichen, war Italien ausgeschaltet, denn unsere Front war nur 80 Kilometer von Venedig entfernt. Doch mußte, bevor die in Eis und Schnee erstarrten Linien in Bewegung kommen konnten, besseres Wetter abgewartet werden. Dauernde

Regenfälle, Kälte und Schnee erschwerten die Vorbereitungen seit Wochen.

In den Wäldern und Schluchten der Hochfläche liegen bereits massenhaft zerlegte Geschütze, die Straßen sind Nacht für Nacht vom Lärm der Autokolonnen erfüllt. Bald ist der Großteil der modernen Artillerie Österreichs hinter der Sperrfortlinie in Bereitschaft, aber der Schnee will nicht weichen, er wird immer mehr zum furchtbaren Verbündeten des Gegners. Bevor der Schnee nicht schmilzt, ist an einen Vormarsch des Edelweißkorps nicht zu denken. Auch ist es nicht möglich, genügend Infanterie auf die Hochfläche zu bringen, weil keine Unterkünfte vorhanden sind und die Leute in Zeltlagern erfrieren müßten. So lagert hinter der alten, brüchigen Linie ein unersetzliches Gut an Geschützen und Munition, an Material und Verpflegungswerten, das bei einem Durchbruch des Feindes fast schutzlos preisgegeben wäre.

Während unsere Soldaten mit dem Widerstand einer dreifachen, sorgfältig ausgebauten Stellung zu rechnen haben, würde der Gegner nur auf eine Reihe angeschlagener Forts und schwacher Stützpunkte stoßen. Die Ungunst der Witterung hat also die Rollen völlig vertauscht: Aus dem Angreifer von morgen ist ein um sein Material besorgter Verteidiger geworden.

In die gedrückte Stimmung dieser Tage schlägt eine niederschmetternde Nachricht: Am Morgen des 19. April wird bekannt, daß unsere Stellung am Col di Lana von den Italienern gesprengt und besetzt wurde.

Wenn auch die Bedeutung dieses Verlustes für den Bestand nicht entscheidend ist, so ist doch mit dem Col di Lana einer der heißest umkämpften Gipfel gefallen. Für unsere Forts ist dies ein warnendes Signal: Die Italiener werden nun mit ähnlichen Mitteln das zu erreichen versuchen, was sie im offenen Kampf nicht erreichen können. Schon ist auch eine streng geheimzuhaltende Nachricht des Kundschaftsoffiziers der Armee eingetroffen, die uns vom Werkkommandanten vorgelesen wird: »In einer Schweizer Zeitung fand sich der Abdruck eines Aufsatzes aus italienischen Blättern, in dem es u. a. heißt: ›Nachdem die Sperrforts der Hochfläche von Lavarone artilleristisch nicht niederzukämpfen sind, wird man gegen sie das Verfahren des Col di Lana anwenden.‹ Dazu: Der Spionagedienst meldet, daß die Italiener eine neue Methode der Minierung gefunden haben, nach welcher Kalkgestein mittels eines Phosphorpräparates gebrannt und dann geräuschlos herausgegraben werden kann. Es ist wahrscheinlich, daß sie sich beim Minenkrieg gegen die Sperrforts dieses neuen Verfahrens bedienen werden.«

Partiks Stimme klingt heiser. Wir sind uns der Bedeutung dieser Nachricht bewußt.

»Wir werden«, fährt Partik fort, »aus der Konterescarpe einen Stollen treiben und zwei übereinanderliegende Horchgalerien im Halbkreis vor unser Werk legen. Das mit dem Phosphorpräparat ist noch nicht erwiesen, aber selbst wenn es wahr wäre, kann eine Annäherung des Feindes nicht erfolgen, ohne daß er unter, zwischen oder über unseren Galerien durchstößt. Das Sperrkommando hat mir jede Hilfe zugesagt, nur eines ist ausgeschlossen: die Räumung. Wir werden bleiben, werden unter allen Umständen die Linie halten. Mit dem Fall von Verle wäre auch der Cimahang verloren, das heißt der wichtigste Beobachtungsposten für die kommende Offensive.«

Das ist alles klar, es fällt keine Frage. Partik klopft

mit dem Zeigefinger auf das Blatt Papier in seiner Hand: »Ich brauche euch nicht zu bitten«, fährt er fort, »diese Nachricht und den Zweck unserer Vorkehrungen streng geheimzuhalten. Wir sind Offiziere, und man erwartet von uns, daß wir mehr tragen als die Mannschaft. Wenn die Arbeiten beginnen, werde ich der Besatzung erklären, daß es sich um den Vortrieb einer Mine gegen den Marcairücken handelt. Ich danke euch!«

Sprengschüsse krachen Tag und Nacht in unseren Schlaf, in unser Wachen. Wie eine heimtückische Krankheit hat uns dieser raffinierte Schachzug des Feindes angefallen, hat sich etwas wie Angst in uns festgekrallt.

Rastlos dringen unsere Bohrer in das stäubende Gestein. Der Stollen hat ein kleines Profil, man kann nur gebückt darin kriechen, aber jetzt arbeiten sie schon an den Galerien, die übermannshoch und eineinhalb Meter breit sind, weil sie vielleicht als Sprengkammern benützt werden müssen. Im tiefen Keller weit unter dem Kehlkoffer lagern mehr als zweitausend Kilogramm Dynamit und Ammonal – das ist die Ladung, mit der wir den feindlichen Stollen abquetschen wollen. Dieser Vorrat an Sprengmitteln nimmt der Mannschaft die letzte Unklarheit über den Zweck dieses Stollenbaus.

Als der Stollen angeschlagen wurde, war es leicht, sie von der vorgetäuschten Absicht zu überzeugen. Eine Mine gegen die geheimnisvolle Stellung am Marcairükken, das sah jeder ein. Aber dann, als nach dreißig Metern Vortrieb die Quergänge begonnen wurden, als jede Nacht Kisten voll Dynamit durch die Laufgräben herangeschafft werden mußten, hatte sich der Besatzung eine tiefe Unruhe bemächtigt. Zuerst ahnte sie, um was es ging, jetzt wußte sie es.

Aber niemand fragt, kein Wort des Unwillens fällt. Mit stummer Verbissenheit arbeiten sie. Am Vortrieb die Sappeure, dahinter die Kette, die Sack um Sack den Schotter durch den Stollen, die Kontereskarpe, die Poterne, das Hauptwerk schleift, bis der letzte Mann das Material in den Kehlgraben schüttet.

Horchposten werden eingerichtet. Jede halbe Stunde ertönt die Alarmklingel.

Ein strenger Befehl ordnet an, daß sich dann jeder für fünf Minuten still zu verhalten hat, wo immer er auch sei, was immer er auch tue. Dann schrillen wieder die Klingeln, und das Knattern, Schlagen und Schaufeln geht weiter.

Gottschlich meldet, daß er in einer Horchpause ein verdächtiges Geräusch im Fels gehört habe. Es sei zwar sofort wieder verstummt, aber diese merkwürdigen Schläge könnten nur von drüben kommen.

Partik fragt, wie sich dieses Geräusch mit dem Phosphorpräparat vereinbaren lasse, doch Gottschlich sagt, was er gehört habe, das habe er gehört, es drehe sich offenbar um ein Minieren von Hand, das heißt, ohne Sprengungen, und wenn wir die untere Galerie rechtzeitig durchsprengten, sei das italienische Angriffswerk fürs erste gescheitert.

Zwei Stunden bleiben die beiden allein in der Horchgalerie. Um Mitternacht befiehlt Partik, unverzüglich an das Laden des unteren Stollens zu gehen und beide Stollen zu verdämmen. Stunde für Stunde werden Kisten mit Dynamit und Ammonal vom Kehlkoffer in die Mine geschleppt, dann wandert das mühsam herausgeschaffte Schottermaterial wieder seinen Weg zurück, wird in Säcken in den Leerräumen gestapelt; der Sprengstoff soll möglichst nur nach unten wirken, soll den etwa sechs Meter tiefer liegenden Gang der Italiener eindrücken.

Um drei Uhr früh in der nächsten Nacht ist das schwere Werk geschafft. Wir alle sind in der Menschenkette gestanden, durch deren Hände in pausenloser Hast Kisten und Säcke befördert wurden. Wir atmen auf: Nur noch kurze Zeit, und wir werden von diesem Alpdruck befreit sein, und der Feind wird unter den Trümmern seines eigenen Stollens liegen.

Der vordere Beobachtungsstand wird geräumt und die gesamte Besatzung rückwärts im Kasemattblock zusammengezogen. Leutnant Wolf geht auf den linken, ich auf den rechten Nachbarstützpunkt. Wir sollen feststellen, ob man nach der Sprengung im Marcaiwald, wo ja der Eingang des italienischen Stollens liegt, den Erfolg unseres Versuches wahrnehmen kann.

Nie haben wir Minuten größerer Spannung erlebt. Die Standschützen sind in ihre Unterstände geschickt worden; ich stehe allein an der Scharte und schaue hinaus in die Landschaft, von der jeder Baum, jeder Stein mit Erinnerungen beladen sind. Da drüben haben wir den Versuch gemacht, den Wald anzuzünden; verkohlte Stümpfe zeigen noch die Stelle; dort gerieten wir einmal nachts auf eine italienische Patrouille, die bei der Verfolgung ihre Petarden nach uns warf . . . Der winzige Hügel, der dort aus dem Schnee ragt, ist ein feindlicher Beobachtungsstand, von dem aus ein »Wunderschütze« schoß. Und da drüben, jenseits der Trümmer der Malga Busa, standen wir, als der Nebel sich plötzlich hob und wir um ein Haar abgeschossen worden wären, wenn . . .

Doch dann bebt der Boden, als ob ein Erdbeben den Fels rüttelt, zugleich steigt vor Verle eine gewaltige

Rauchsäule hoch. Donnernd schlägt es ans Gehör, rollt mit mächtigem Echo von den Bergen wider, riesige Steinbrocken fallen vom Himmel nieder zum Waldrand auf die gut gedeckten Stützpunkte in der Erde. Dann wird es so unheimlich still, als sei alles Leben weithin ausgelöscht. Wie eine riesige Trauerfahne schwebt die dunkle Sprengwolke gegen Venezza. Mein Fernglas ist gegen den Marcairücken gerichtet, dorthin, wo wir den Eingang des feindlichen Stollens vermuten. Wenn es den Stollen zertrümmert hat, müßte ein Teil der Rauchgase durch ihn ins Freie gedrückt werden. Weder mit dem freien Auge noch mit dem Glas kann man die erwartete Wirkung feststellen, nichts geschieht, die Sturmgräben bleiben leer.

Aber dann, nach fünf Minuten etwa, lautes Rufen, Schreien, Zurufe durch ein Megaphon; ich verstehe kein Wort. Halb betäubt laufe ich nach Verle zurück. Gottschlich, dem ich in der linken Flanke begegne, ist völlig verstört: »Die Auflage war zu schwach«, sagt er, »es hat nach oben durchgeschlagen, statt nach unten, wir müssen mit der neuerlichen Räumung der Galerien beginnen, beide sind eingestürzt.«

Er steht jetzt vor dem Werkkommandanten, sein Gesicht ist kreideweiß, seine linke Hand mit einem blutgetränkten Lappen umwickelt. Partik ist auch in diesen Minuten erstaunlich ruhig, obwohl er unsere katastrophale Lage besser kennt als wir alle. Er scheint davon überzeugt zu sein, daß die Ladung auch den italienischen Stollen so weit verschüttet hat, daß eine Sprengung in den nächsten Tagen nicht zu erwarten sein wird.

»Beginnen Sie sogleich mit der Räumung unserer Galerien«, befiehlt er Gottschlich, »legen Sie Hörnetze aus, um zu erfahren, was die da drüben treiben, die nächsten Tage werden über Leben und Tod von Verle entscheiden.« Und zu mir gewandt: »Übrigens, warst du schon bei Oberst Ellison, er hat nach dir gefragt.«

Zwei Stunden später bin ich in Monterover. Ellison empfängt mich freundlich, bietet mir eine Zigarette an, sagt, ich solle mich setzen. Einigermaßen überrascht frage ich mich, was wohl der Grund zu dieser Art Auszeichnung sein möge.

Der Plan, den er nun mit wenigen Worten entwirft, erfüllt mich mit Skepsis und Hoffnung zugleich, obwohl ich fühle, daß es ein sogenanntes Himmelfahrtskommando ist.

»Du wirst mit deinem Landesschützen-Detachement einen überraschenden Erkundungsstoß in den Marcaiwald unternehmen, blitzschnell zum italienischen Stollendrang vordringen und versuchen, diesen unschädlich zu machen. Das ist die einzige Möglichkeit, um in letzter Stunde zu verhindern, daß Verle in die Luft fliegt«, sagt der Oberst an Hand einer Situationsskizze.

»Die Ausführung Ihres Planes scheint mir kaum durchführbar zu sein«, antworte ich zögernd.

Ellison gibt das ohne weiteres zu, sagt offen, ich könne ablehnen, er werde dann einen anderen Offizier beauftragen, mit meinem Detachement den Vorstoß durchzuführen.

Der Gedanke, für Rocca Alta und seine Besatzung etwas zu unternehmen, läßt mich jede andere Erwägung ausschalten.

Wir sollen im Morgengrauen hinaus, im Bodennebel gegen den mir wohlbekannten Marcairücken durchbrechen und, ohne Rücksicht auf die Gefahr abgeschnitten zu werden, geraden Weges bis zu den Blockhütten vordringen, in deren unmittelbarer Nähe der Stolleneingang liegen muß. Zehn Sappeure werden genügend Dynamit mitbringen, das dann am Stollenloch zur Explosion gebracht werden soll. Jede mögliche Hilfe und Feuerdeckung ist einkalkuliert.

Nach einer schlaflosen Nacht verlasse ich mit zweimal dreißig Mann das Fort. Es ist der 14. Mai 1916, den Tag werde ich nicht vergessen, solange ich lebe.

In Finsternis und Nebel schleichen wir, in zwei Gruppen getrennt, gegen den Marcaiwald. Bevor uns die ziehenden Schwaden ganz verschlucken, sehe ich mich noch einmal um. Düster ragt Verle in das sternenfunkelnde Firmament, ein ungeheurer Grabhügel, vom Dornenkranz der Spanischen Reiter umgeben. Zwei Augen glühen in seiner Mitte: die Handlampen des vorderen Panzerstandes.

Wir kommen so gut weiter, daß mir unser tollkühnes Unternehmen plötzlich ganz einfach erscheint.

Auf der Höhe der Malga Busa treffen wir zusammen und machen uns, ein Keil von sechzig Männern, zum Angriff fertig. Nichts wie vorwärts, heißt unsere Parole.

Schon haben wir den Wald erreicht, gehen vorsichtig weiter. Kein Laut, kein Geräusch ist zu hören. Da und dort knackt ein dürrer Zweig. Die Finsternis ist so groß, daß man fürchten muß, unversehens gegen einen Baum zu rennen. Und merkwürdig: Plötzlich haben wir das Gefühl, als würden Geräusche wachsen, als wären wir nicht mehr allein.

Mit einemmal, laut und nah: Ein italienischer Fluch – dann reißt ein Schuß die Stille auseinander und es beginnt ein wildes Geknatter von allen Seiten her.

Mein Bursche, ein braver, stiller Steirer, der eine

Handbreit über mir Deckung gesucht hatte, wird von einer Maschinengewehrgarbe getroffen. Ich ziehe ihn zu mir herunter, will fragen. Er kann nicht mehr antworten, stöhnt herzzerreißend, stirbt unter meinen Händen. Im gleichen Augenblick schlägt etwas schwer gegen meine Schulter. Im hilflosen ersten Schreck merke ich: Durchschuß von der linken Schulter gegen die rechte. Wenn das Rückgrat verletzt ist, dann gnade mir Gott. Da brüllt ein nächster Einschlag und verschüttet mich. Die Sinne schwinden, es wird Nacht. Als ich wieder zu mir komme, liege ich zwischen kleinen Fichten, mein Kopf ist benommen, im Rücken fühle ich rieselndes Blut, das kommt wohl vom Streifschuß. Kaspar Wider ist bei mir.

»Wir müssen weg, heraus aus dem Gebrüll, zurück über die Wiese«, schreit er.

Aus dem Wald hinter Verle, ja von überall her dröhnt das rasende Artilleriefeuer unserer Batterien. Sollte das schon die Offensive einleiten? Unter großen Schmerzen krieche ich weiter, lasse mich in einen Trichter fallen . . . will verschnaufen, zu Kräften kommen und dann versuchen, nach Rocca Alta zu gelangen . . .

Im Lager der Sterzinger Standschützen, wenige hundert Meter hinter der Turmhaubitzbatterie, beginnen sich Tag- und Dämmerzustand wieder zu scheiden. Ich bin wieder bei vollem Bewußtsein, liege in einer Sanitätsbaracke, Leutnant Wolf ist im Auftrag von Oberst Ellison bei mir. Er beruhigt mich, der Schuß über dem Schulterblatt ist verbunden, ebenso die Kopfwunde. Von draußen hören wir die vertraute Stimme unseres Werkkommandanten Partik, der vor den versammelten Landesschützen des Skidetachements die Namen der fünf Gefallenen verliest. Seine Ansprache geht im rollenden Kanonendonner der unzähligen Geschütze weiter, die das Feuer auf die italienischen Stellungen der sieben Gemeinden eröffnet haben. Es ist der 15. Mai 1916.

In Trient werde ich in einen Sanitätszug des Malteserordens verladen. Ich bin leicht gelähmt, also hat jener Schulterdurchschuß vermutlich doch das Rückgrat gestreift. Ein Mann beugt sich mit bestürztem Gesicht über mich: »Mein Gott, du bist's, Trenker, wie haben's denn dich zugerichtet?«

Er ist Sanitätsoffizier, kennt mich von der Grazer Technischen Hochschule her. Als er erzählt, daß unser Lazarettzug nach Beneschau in Böhmen dirigiert ist, bitte ich ihn herzlich, er möge doch versuchen, mich in einem Tiroler Lazarett unterzubringen. Im schönen, zu einem Spital umgewandelten Jesuitenseminar »Canisianum« von Innsbruck werde ich liebevoll aufgenommen und von guten Ärzten betreut. Nun liege ich wohlversorgt in einem sauberen, weichen Bett, weiß, daß ich weiterleben und bald geheilt sein werde.

Als ich nach Rocca Alta frage, bringt mir die freundliche Krankenschwester einige Zeitungen. Und wahrhaftig, nun lese ich schwarz auf weiß, wovon wir wochenlang auf Verle gesprochen hatten: Die Offensive ist in vollem Gange. Bei Gott, da stand es: Alle die Berge und Hügel, die ein volles Jahr lang als unerreichbare Ziele vor uns lagen, sind in unseren Händen. Die Levespitze, der Marcaiwald, der Costesin, die Verena, der Campolongo.

»Wissen Sie, Schwester, was das bedeutet?«

Die Gute schüttelte den Kopf. Wie sollte sie die Bedeutung dieser kurzen Nachrichten verstehen können? Doch für mich war dies eine Botschaft, die wenigstens einen Teil des Leids und der Not, die wir auf Verle durchlitten hatten, vergessen ließ.

Rocca Alta wird bleiben, was es in den schreckerfüllten Tagen des Kampfes war, ein Totenhügel vieler Kameraden, die ihre Pflicht erfüllten, wie das Gesetz es befahl.

Längst ist es still und einsam geworden um das alte zertrümmerte Sperrfort. Reste von Beton, Schutt und Eisen über lichtlosen Gängen und unterirdischen Höhlen inmitten einer idyllischen Landschaft. Bald wird niemand mehr wissen, was sich dort zugetragen hat.

Erklärung von Fachausdrücken

Rocca Alta wurde vorwiegend mit 28-Zentimeter- und 30,5-Zentimeter-Haubitzgranaten beschossen. Erstere haben eine Aufschlagsenergie von zirka 12000, letztere von rund 20000 Metertonnen. Nur der Umstand, daß beide Geschoßarten nicht mehr als 45 Grad Einfallswinkel erreichten, macht es verständlich, daß das Fort nicht gänzlich dem Erdboden gleichgemacht wurde.

Kaiserschützen, bis Januar 1917 Tiroler Landesschützen: 3 Regimenter mit den Bezeichnungen I., II. und III. Teil der k.k. österreichischen Landwehr, die ein erstes Aufgebot war. Gleich den k.u.k. Kaiserjägern eine erstklassige Alpentruppe, zur Verteidigung von Tirol bestimmt, aber schon 1914 in Galizien verwendet und zum größten Teil aufgerieben. Sie trugen den Auerhahnstoß auf der Kappe und ein silbernes Edelweiß auf grünen Kragenaufschlägen.

Tiroler Landsturm: Er setzte sich aus den ältesten Jahrgängen der Reserve (meist der Kaiserjäger) und Mindertauglichen, erst im Kriege Rekrutierten zusammen, wurde aber auch bereits im Herbst 1914 in Galizien verwendet. Ausgezeichnete Infanterie.

Tiroler Standschützen: Das »Letzte Aufgebot«, im Frühjahr 1915 ungefähr 38000 Mann. Keine Altersgrenze nach unten und oben. Es dienten 14jährige und 70jährige bei den Standschützen. Diese Freiwilligentruppe war aus dem unter Kaiser Maximilian erlassenen »Landlibell« von 1511 entstanden, das den Tirolern gegen die Verpflichtung, im Falle eines Angriffes auf ihr Land die Grenzen zu verteidigen, volle Waffenfreiheit gewährte. Demnach hatte im Frieden jede Gemeinde ihren Schießstand, Waffen und Munition für diese sonntäglichen Übungen wurden vom Staate beigestellt. Wer bei diesen Schützenkompanien »einrolliert« war, mußte im Kriegsfalle einrücken. Es meldeten sich aber 1915 noch viele andere. Die Standschützen hatten in den Napoleonischen Kriegen, später 1848 und 1866 gekämpft. Sie waren gemeinde- oder tälerweise zusammengesetzt, trugen die entsprechenden Bezeichnungen, z.B. »Standschützenbataillon Sterzing«, »Meran« oder »Gröden«, und wählten ihre Offiziere in freier Wahl. Sie trugen auf grünen Aufschlägen einen silbernen Tiroler Adler.

Kasematte: Bombensicher eingedeckter Wohnraum.

Kasemattblock: Die Summe dieser Wohnräume in einem Block vereinigt.

Kasemattkanonen: In der Kontereskarpe von Rocca Alta befanden sich Vier- bis Sechs-Zentimeter-Schnellfeuerkanonen, also für jeden »Grabenast« 2. Die Kanonen hatten sogenannte Fallblockverschlüsse und standen ähnlich wie die Traditorengeschütze hinter Stirnpanzern.

Kehle: Die Rückfront, die dem Feinde abgekehrte Seite eines Forts. Der die ganze Rückfront entlang verlaufende Graben heißt Kehlgraben, eine hier vorspringende Kampfanlage mit MG, die analog der Kontereskarpe zur Bestreichung des Kehlgrabens dient, ist der »Kehlkoffer«.

Kontereskarpe: Das Fort hat, wie aus der Skizze ersichtlich, einen in den Felsen gesprengten, tiefen und breiten »Frontgraben«, der dem Feinde die Ersteigung des »Hauptwerkes«, d.i. Batterie und Kasemattblock, erschweren soll.

Panzerkuppeln: Rocca Alta hatte 4 Kuppeln für die 4 »Turmhaubitzen«. Diese Anlagen, mit ihrem Unterbau »Türme« genannt, bestanden aus je einem in Beton eingebauten »Vorpanzer«, d.i. ein mächtiger Stahlring, der oben 24 »Zähne« trägt. In diese Zähne passen 24 analoge Ausnehmungen der Kuppel, so daß diese fest auf dem Vorpanzer saß. Soll nun die Kuppel in eine der 24 »Kuppelstellungen« gedreht werden, so wird sie zunächst mittels zweier »Kuppelträger« aus der Verzahnung gehoben, in die befohlene Kuppelstellung gedreht und wieder gesenkt, um gegen Schüsse, die sie tangential treffen, fest zu sein. Geschütz und Kuppelträger sind auf einem drehbaren »Podium« montiert, einer stählernen Plattform, die auf Kugellagern läuft. – Außer diesen 4 Kuppeln der Turmhaubitzbatterie hatte Rocca Alta einen drehbaren Beobachtungsstand (in Skizze 3 mit 14 bezeichnet). Dieser »Kommandantenturm« bestand aus einer kleineren, drehbaren Panzerkuppel auf dem höchsten Punkt des Kasemattblocks. Der Beobachter saß auf einer Art Fahrradsattel, der an der Kuppel befestigt war, und konnte also durch eine »Schlitzscharte« das Gelände in allen 360 Graden überblicken. – Um die Turmhaubitzbatterie zu kommandieren, besaß das Fort zwischen der 3. und 4. Haubitzkuppel einen fixen Beobachtungsstand, eine ovale Kuppel mit 2 Schlitzscharten, unter denen sich kreissektorförmige Stahlplatten für Landkarten, die »Plantische«, befanden.

Poterne: Die einzelnen Teile des Forts waren durch bombensicher eingedeckte, betonierte Gänge, sogenannte Poternen, verbunden.

Traditor, Traditorenbatterie: Der Traditor (»Verräter«) ist eine mit Geschützen armierte, von der Feindseite her unsichtbare Kampfanlage zur Bestreichung des Geländes gegen das Nachbarfort (Skizze 1, Nr. 5).

Verdeck eines Forts: Die Eindeckung. In Rocca Alta bestanden die Eindeckungen aus 3 bis 4 Meter Eisenbeton auf 0,50 Meter Stahlträgern »Mann an Mann«.

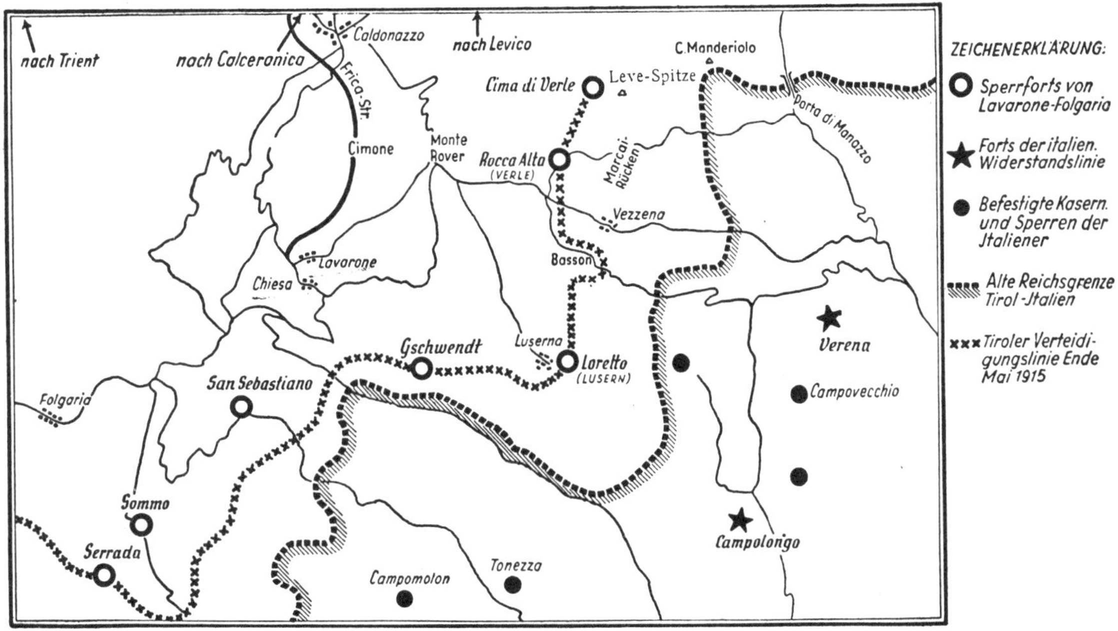

Die Sperrfortkette mit Rocca Alta (Verle)

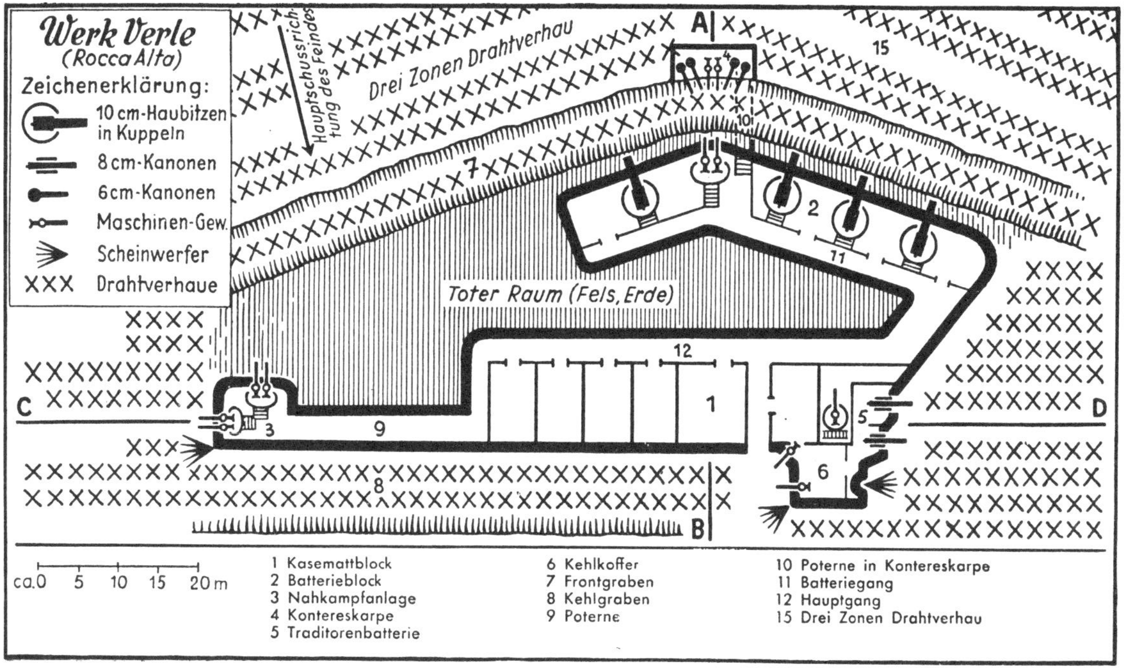

Längsschnitt durch das Werk Verle (Rocca Alta)

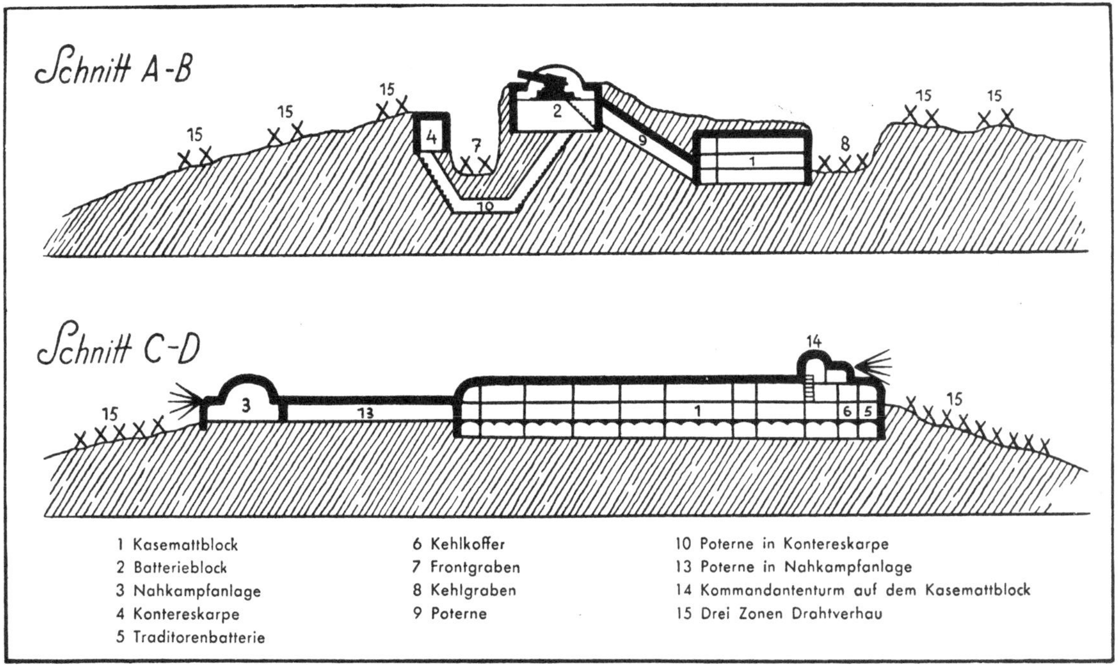

Querschnitt durch das Werk Verle (Rocca Alta)

TRENTO
Valsugana
Villazzano
Negrano
Povo
Susà
Canale
LAGO DI CALDONAZZO
(450)
S. Cristoforo
La Marzola
1738
Tenna
Valsorda
Vigolo Vattaro
349
Bosentino
Migazzone
Calceranica del Lago
Caldonazzo
Vattaro
Campregheri
Becco della Ceriola
Cma. del Campigolet
Centa S. Nicolò
Becco di Filadonna
Terzacima
Pso. della Fricca
Comando Austriaco
Cornetto
Lavarone
Chiesa
Carbonare
Nosellari
Pso. del Sommo
1343
ex Forte Cherle
Val d'Astico
Folgaria
350
Castebasse
Soglio d'Aspio
M. Durer
Serrada
Sommo Alto
1613